大师读书与做人

沈从文 ◎ 著

读书与做人

国际文化出版公司
·北京·

图书在版编目（CIP）数据

沈从文读书与做人 / 沈从文著. —北京：国际文化出版公司，2017.9
ISBN 978-7-5125-0986-3

Ⅰ. ①沈… Ⅱ. ①沈… Ⅲ. ①沈从文（1902—1988）-文集 Ⅳ. ① C53

中国版本图书馆 CIP 数据核字（2017）第 225251 号

沈从文读书与做人

作　　者	沈从文
总 策 划	葛宏峰
责任编辑	潘建农
统筹监制	闫翠翠
策划编辑	孟卓晨
美术编辑	秦　宇
出版发行	国际文化出版公司
经　　销	国文润华文化传媒（北京）有限责任公司
印　　刷	阳谷毕升印务有限公司
开　　本	710 毫米 ×1000 毫米　　16 开 17.5 印张　　　　　　　　260 千字
版　　次	2017 年 9 月第 1 版 2020 年 1 月第 2 次印刷
书　　号	ISBN 978-7-5125-0986-3
定　　价	56.00 元

国际文化出版公司
北京朝阳区东土城路乙 9 号邮编：100013
总编室：（010）64271551 传真：（010）64271578
销售热线：（010）64271187
传真：（010）64271187-800
E-mail: icpc@95777.sina.net
http://www.sinoread.com

代序　我年轻时读什么书

　　每个人认了不少单字，到应当读书的年龄时，家中大人必为他选择种种"好书"阅读。这些好书在"道德"方面照例毫无瑕疵，在"兴味"方面也照例十分疏忽。中国的好书其实皆只宜于三四十岁人阅读，这些大人的书既派归小孩子来读，自然有很大的影响，就是使小孩子怕读书，把读书认为是件极其痛苦的事情。有些小孩从此成为半痴，有些小孩就永远不肯读书了。一个人真真得到书的好处，也许是能够自动看书时，就家中所有书籍随手取来一本两本加以浏览，因之对书发生浓厚兴趣，且受那些书影响成一个人。

　　我第一次对于书发生兴味，得到好处，是五本医书。(我那时已读完了《幼学琼林》与《龙文鞭影》。《四书》也已成诵。这几种书简直毫无意义。)从医书中我知道鱼刺卡喉时，用猫口中涎液可以治愈。小孩子既富于实验精神，家中恰好又正有一只花猫，因此凡家中人被鱼刺卡着时，我就把猫捉来，实验那丹方的效果。又知道三种治癣疥的丹方，其一，用青竹一段，烧其一端，就一端取汁，据说这水汁就了不得。其二，用古铜钱烧红淬入醋里，又是一种好药。其三，烧枣核存性，用鸡蛋黄炒焙出油来，调枣核末，专治癞痢头。这部书既充满了有幻术意味的丹方，常常可实验，并且因这种应用上使我懂得许多药性，记得许多病名。

　　我第二次对于书发生兴味，得到好处，是一部《西游记》。前一书若养成我一点幼稚的实验的科学精神，后一书却培养了我的幻想。使我明白与科学精神相反那一面种种的美丽。这本书混合了神的尊严与人的谐趣，——一种富于泥土气息的谐趣。当时觉得它是部好书，到如今尚以为比许多堂皇大著还好。它那安排故事刻画人物的方法，就是个值得注意的方法。读书人千年来，皆称赞《项羽本纪》，说句公道话，《项羽本纪》中那个西楚霸王，他的神气只能活在书生脑子里。至于《西游记》上的猪悟能，他虽时时刻刻腾云驾雾，(驾的是黑云！)依然是个人。他世故，胆小心虚，又贪取一点小便宜，而且处处还装模作样，却依然是个很可爱的活人。读者——尤其是青年读者——若想在书籍中找寻朋友，猪悟能比楚霸王好像更是个好朋友。

我第三次看的是一部兵书，上面有各种套彩阵营的图说，各种火器的图说，看来很有趣味。家中原本愿意我世袭云骑尉，我也以为将门出将是件方便事情。不过看了那兵书残本以后，他给了我一个转机。第一，证明我体力不够统治人，第二，证明我行为受拘束忍受不了，且无拘束别人行为的兴味。而且那书上几段孙吴治兵的心法，太玄远抽象了，不切于我当前的生活，从此以后我的机会虽只许可我作将军，我却放下这种机会，成为一个自由人了。

这三种书帮助我，影响我，也就形成我性格的全部。

(本文原载于1935年6月《青年界》)

目录
CONTENTS

第一部分

 读书

鲁迅的战斗 / 003

伟大的收获 / 008

小说作者和读者 / 011

论中国创作小说 / 022

萧乾小说集题记 / 042

高植小说集序 / 044

读《西班牙游记》/ 046

从徐志摩作品学习"抒情" / 049

从周作人鲁迅作品学习抒情 / 055

郁达夫张资平及其影响 / 065

论施蛰存与罗黑芷 / 070

由冰心到废名 / 075

论穆时英 / 086

论冯文炳 / 089

论郭沫若 / 095

论落华生 / 101

论汪静之的《蕙的风》/ 104

论徐志摩的诗 / 112

论闻一多的《死水》/ 123

论焦菊隐的《夜哭》/ 128

论刘半农《扬鞭集》/ 133

论朱湘的诗 / 139

第二部分

做人

美与爱 / 151

生命 / 154

时间 / 157

悲观与乐观 / 159

烦闷 / 161

沉默 / 163

潜渊 / 167

长庚 / 171

不毁灭的背影 / 175

友情 / 180

从现实学习 / 184

杂 谈 / 201

一种态度 / 203

谈沉默 / 205

中国人的病 / 208

应声虫 / 211

关于学习 / 215

学鲁迅 / 219

烛 虚 / 221

读书人的赌博 / 240

真俗人和假道学 / 244

谈保守 / 248

元旦日致《文艺》读者 / 253

给某作家 / 256

给驻长沙一个炮队小军官 / 259

致一个作者的公开信 / 263

一周间给五个人的信摘录 / 265

自 传 / 267

沈从文
读书与做人

第一部分
读书

鲁迅的战斗

在批评上，把鲁迅称为"战士"，这样名称虽仿佛来源出自一二"自家人"，从年青人同情方面得到了附和，而又从敌对方面得到了近于揶揄的承认；然而这个人，有些地方是不愧把这称呼双手接受的。对统治者的不妥协态度，对绅士的泼辣态度，以及对社会的冷而无情的讥嘲态度，处处莫不显示这个人的大胆无畏精神。虽然这大无畏精神，若能详细加以解剖，那发动正似乎也仍然只是中国人的"任性"；而属于"名士"一流的任性，病的颓废的任性，可尊敬处并不比可嘲弄处为多。并且从另一方面去检察，也是证明那软弱不结实；因为那战斗是辱骂，是毫无危险的袭击，是很方便的法术。这里在战斗一个名词上，我们是只看得鲁迅比其他作家诚实率真一点的。另外是看得他的聪明，善于用笔作战，把自己位置在有阴影处。不过他的战斗还告了我们一件事情，就是他那不大从小利害打算的可爱处。从老辣文章上，我们又可以寻得到这个人的天真心情。懂世故而不学世故，不否认自己世故，却事事同世故异途，是这个人比其他作家名流不同的地方。这脾气的形成，有两面，一是年龄，一是生长的地方；我以为第一个理由较可解释得正确。

鲁迅是战斗过来的，在那五年来的过去。眼前仿佛沉默了，也并不完全消沉。在将来，某一个日子，某一时，我们当相信还能见到这个战士，重新的披坚持锐（在行为上他总仍然不能不把自己发风动气的样子给人取笑），向一切挑衅，挥斧扬戈吧。这样事，是什么时候呢？是谁也不明白的。这里所需要的自然是他对于人生的新的决定一件事了。

可是，在过去，在这个人任性行为的过去，本人所得的意义是些什么呢？是成功的欢喜，还是败北的消沉呢？

用脚踹下了他的敌人到泥里去以后，这有了点年纪的人，是不是真如故

事所说"掀髯喝喝大笑"？从各方面看，是这个因寂寞而说话的人，正如因寂寞而唱歌一样，到台上去，把一阕一阕所要唱的歌唱过，听到拍手，同时也听到一点反对声音，但歌声一息，年青人皆离了座位，这个人，新的寂寞或原有的寂寞，仍然粘上心来了。为寂寞，或者在方便中说，为不平，为脾气的固有，要战斗，不惜牺牲一切，作恶詈指摘工作，从一些小罅小隙方便处，施小而有效的针螫，这人是可以说奏了凯而回营的。原有的趣味不投的一切敌人，是好像完全在自己一枝笔下扫尽了，许多年青人皆成为俘虏感觉到战士的可钦佩了。这战士，在疲倦苏息中，用一双战胜敌人的眼与出奇制胜的心，睨视天的一方作一种忖度，忽然感到另外一个威严向他压迫，一团黑色的东西，一种不可抗的势力，向他挑衅；这敌人，就是衰老同死亡，像一只荒漠中以麋鹿作食料的巨鹰，盘旋到这略有了点年纪的人心头上，鲁迅吓怕了，软弱了。

从《坟》《热风》《华盖》各集到《野草》，可以搜索得出这个战士先是怎样与世作战，而到后又如何在衰老的自觉情形中战栗与沉默。他如一般有思想的人一样，从那一个黑暗而感到黑暗的严肃；也如一般有思想的人一样，把希望付之于年青人，而以感慨度着剩余的每一个日子了。那里有无可奈何的，可悯恻的，柔软如女孩子的心情，这心情是忧郁的女性的。青春的绝望，现世的梦的破灭，时代的动摇，以及其他纠纷，他无有不看到感到；他写了《野草》。《野草》有人说是诗，是散文，那是并无多大关系的。《野草》比其他杂感稍稍不同，可不是完全任性的东西。在《野草》上，我们的读者，是应当因为明白那些思想的蛇缭绕到作者的脑中，怎样的苦了这"战士"，把他的械缴去，被幽囚起来，而锢蔽中聊以自娱的光明的希望，是如何可怜的付之于年青时代那一面的。懂到《野草》上所缠缚的一个图与生存作战而终于用手遮掩了双眼的中年人心情，我们在另外一些过去时代的人物，在生存中多悲愤，任性自弃，或故图违反人类生活里所有道德的秩序，容易得到一种理解的机会。从生存的对方，衰老与死亡，看到敌人所持的兵刃，以及所掘的深阱，因而更坚持着这生，顽固而谋作一种争斗，或在否定里谋解决，如释迦牟尼[1]，这自然是一个伟大而可敬佩的苦战。同样看到

---

[1] 释迦牟尼，佛教创始人，释迦牟尼意为释迦旗的圣人。

了一切，或一片，因为民族性与过去我们哲人一类留下的不健康的生活观念所影响，在找寻结论的困难中，跌到了酒色声歌各样享乐世道里，消磨这生的残余，如中国各样古往今来的诗人文人，这也仍然是一种持着生存向前而不能，始反回毁灭那一条路的勇壮的企图。两种人皆是感着为时代所带走，由旧时代所培养而来的情绪不适宜于新的天地，在积极消极行为中向黑暗反抗，而那动机与其说是可敬可笑，倒不如一例给这些人以同样怜悯为恰当的。因为这些哲人或名士，那争斗的情形，仍然全是先屈服到那一个深阱的黑暗里，到后是恰如其所料，跌到里面去了。

同死亡衰老作直接斗争的，在过去是道教的神仙，在近世是自然科学家。因为把基础立在一个与诗歌同样美幻的唯心的抽象上面努力，做神仙的是完全失败了。科学的发明，虽据说有了可惊的成绩，但用科学来代替那不意的神迹，反自然的实现，为时仍似乎尚早。在中国，则知识阶级的一型中，所谓知识阶级不缺少绅士教养的中年人，对过去的神仙的梦既不能作，新的信赖复极缺少，在生存的肯定上起了惑疑，而又缺少堕入放荡行为的方便，终于彷徨无措，仍然如年纪方在二十数目上的年青人的烦恼，任性使气，睚眦之怨必报，多疑而无力向前，鲁迅是我们所知道见到的一个。

终于彷徨了自己的脚步，在数年来作着那个林语堂[1]教授所说的装死时代的鲁迅先生，在那沉默里（说是"装死"原是侮辱了这个人的一句最不得体的话），我们是可以希望到有一天见到他那新的肯定后，跃马上场的百倍精神情形的。可是这事是鲁迅先生能够做到的，还是高兴去做的没有？虽然在左翼作家联盟添上了一个名字。这里是缺少智慧作像林教授那种答案的言语的。

在这个人过去的战斗意义上，有些人，是为了他那手段感到尊敬，为那方向却不少小小失望的。但他在这上面有了一种解释，作过一种辩护过。那辩护好像他说过所说的事全是非说不可。"是意气，把'意气'这样东西除去，把'趣味'这样东西除去，把因偏见而孕育的憎恶除去，鲁迅就不能写一篇文章了"。上面的话是我曾听到过一个有思想而对于鲁迅先生认识的年青人某君说过。那年青人说的话，是承认批评这字样，就完全建筑在意气与

---

[1] 林语堂，现代作家、学者。《语丝》长期撰稿人，二十世纪二十年代"闲适幽默"小品文的倡导者。

趣味两种理由上而成立的东西。但因为趣味同意气，即兴的与任性的两样原因，他以为鲁迅杂感与创作对世界所下的那批评，自己过后或许也有感到无聊的一时了。我对于这个估计十分同意。他那两年来的沉默，据说是有所感慨而沉默的。前后全是感慨！不作另外杂感文章，原来是时代使他哑了口。他对一些不可知的年青人，付给一切光明的希望，但对现在所谓左翼作者，他是在放下笔以后用口还仍然在作一种不饶人的极其缺少尊敬的批评的，这些事就说明了那意气粘膏一般还贴在心上。个人主义的一点强项处，是这人使我们有机会触着他那最人性的一面，而感觉到那孩子气的爱娇的地方的。在这里，我们似乎不适宜于用一个批评家口吻，说"那样好这样坏"拣选精肥的言语了，在研究这人的作品一事上，我们不得不把效率同价值暂时抛开的。

　　现在的鲁迅，在翻译与介绍上，给我们年青人尽的力，是他那排除意气而与时代的虚伪作战所取的一个最新的而最漂亮的手段。这里自然有比过去更大的贡献的意义存在。不过为了那在任何时皆可从那中年人言行上找到的"任性"的气分，那气分，将使他仍然会在某样方便中，否认他自己的工作，用俨然不足与共存亡的最中国型的态度，不惜自污那样说是"自己仍然只是趣味的原故做这些事"，用作对付那类掮着文学招牌到处招摇兜揽的人物，这是一定事实吧。这态度，我曾说过这是"最中国型"的态度的。

　　鲁迅先生不要正义与名分，是为什么原因？

　　现在所谓好的名分，似乎全为那些伶精方便汉子攫到手中了，许多人是完全依赖这名分而活下的，鲁迅先生放弃这正义了。作家们在自己刊物上自己作伪的事情，那样聪明的求名，敏捷的自炫，真是令人非常的佩服，鲁迅明白这个，所以他对于那纸上恭敬，也看到背面的阴谋。"战士"的绰号，在那中年人的耳朵里，所振动的恐怕不过只是那不端方的嘲谑。这些他那杂感里，那对于名分的逃遁，很容易给人发笑的神气，是一再可以发现到的。那不好意思在某种名分下生活的情形，恰恰与另一种人太好意思自觉神圣的，据说是最前进的文学思想掮客的大作家们作一巧妙的对照。在这对照上，我们看得出鲁迅的"诚实"，而另外一种的适宜生存于新的时代。

　　世界上，蠢东西仿佛总是多数的多数，在好名分里，在多数解释的一个态度下，在叫卖情形中，我们是从掮着圣雅各[1]名义活得很舒泰的基督徒那一方面，可以憬然觉悟作着那种异途同归的事业的人是应用了怎样狡猾诡诈的方法而又如何得到了"多数"的：鲁迅并不得到多数，也不大注意去怎样获得，这一点是他可爱的地方，是中国型的作人的美处。这典型的姿态，到鲁迅，或者是最后的一位了。因为在新的生产关系下长成的年青人，如郭沫若，如……在生存态度下，是种下了深的顽固的，争斗的力之种子，贪得，进取，不量力的争夺，空的虚声的呐喊，不知遮掩的战斗，造谣，说谎，种种在昔时为"无赖"而在今日为"长德"的各样行为，使"世故"与年青人无缘，鲁迅先生的战略，或者是不会再见于中国了！

本篇原发刊物不详

---

[1] 圣雅各，雅各，一译雅各伯，《圣经》中人物。

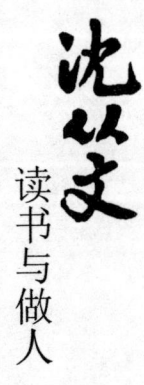

伟大的收获

中国话剧运动若从春柳社[1]算起，到如今已将近三十年。把创作剧本约略数数看，大的小的总共算来，却数不出三十个单行本。剧本写作者和导演者，也还不到三十人。用这个数目来装点中国三十年的话剧，说来未免太寒伧了。虽从民八以后就有所谓戏剧专门学校（如北京的人艺戏专校，山东的戏剧学校，南京的国立戏剧专校），和美专的戏剧系（如从前北京的美专戏剧系），以及若干爱美的剧团[2]（如南方的南国社，北方的小剧场），职业剧团（如中国旅行剧团），作种种努力，教育部还特派过专家去国外考察，考选学生出国留学。话剧运动总依然热闹不起来，观众对它无多大兴味。话剧的出演，只是玩票的剧团募捐办游艺会时一项节目，若从职业上着想，还老像是作赔本生意似的。这种寂寞当然有种种原因，如导演人材的缺乏，剧本的缺乏，都是事实。看看职业剧团不得不临时拉人排演编译的脚本，玩票剧团到排戏时也不能不用编译剧本充数，就可明白。其次如有历史背景的京剧抬头，而且势力日益扩大，如方便而又普遍的有声电影的活动，自然都成为话剧发展极大的障碍。仅就这几件事看来，话剧的将来，也就很令人悲观了。它或许还有一条出路，侵入电影，转到那个新的充满了希望的事业上去，但这只是剧本作者个人的出路，对于话剧前途，是只有更加消沉的。想起到现在的话剧团体还常常用《茶花女》[3]来号召观众，我们作观众的在失望之余，实在不免还感到一点羞惭。

话剧在艺术部门或文学部门都显得异常寂寞，因之对于锲而不舍从事于此道的朋友，我们更特别表示敬意，留下一点希望。《雷雨》剧本引起社会

---

[1] 春柳社，清末综合性文艺团体，以戏剧为主，1906年成市于日本东京，为中国早期话剧第一个演出团体。主要成员有李叔同、欧阳予倩等。
[2] 爱美的剧团，系法文amateur的音译，即非职业之意。爱美的剧团为"五四"时期提倡的一种戏剧运动。
[3] 《茶花女》，剧本，法国小仲马著。

普遍的注意，恰好证明这种普遍情绪的存在。它的分量，它所孕育的观念，便表现作者一个伟大的未来。《日出》是作者曹禺先生第二个四幕剧，分别登载在《文季月刊》[1]上，写的是烂熟了的都市生活苦乐的对照；花钱的在一种如何空虚无聊事情上花钱，挣钱的生活在一种如何现实苦痛生活里挣钱。写人物如时髦女子陈白露，富孀顾八奶奶，男妓似的白相人胡四，都凸出在纸上，呼之欲出。写特殊空气如第三幕之三四等妓院，声色交错，在舞台上是否能表现得轻重调合恰到好处，尚有待于导演的努力，至少在剧本上却可说是一篇有声有色的散文。此外如写李秘书之狡而诈，张乔治之俗而伪，阿根、翠喜在业务上的当然本色，方达生、李太太在性格上的各有不同，都显得大手笔如一个精明拳师，出手不凡，而且恰到好处。全剧在分配上虽不大相称，（如第三幕之与一、二、四对照），在场面上又似乎太"热闹"了一点，因人物进进出出于一会客室中，虽热闹也就微嫌杂乱（如第二、四幕之各事凑来）。且在小小人事上也有可商量处（如写盖一座大洋楼，仅用一二十个人工打地基。买公债不由经理本人或银行业务主任，却派给一个秘书去办，且一出手就是二百万。又银行多的是保险箱，经理文件既秘密，却搁在人人可开的抽屉里。扣工钱一类事，一个庶务主任也许可以上下其手，秘书实无从为力；更何况盖大房子照例是包工，一个银行秘书哪能兼作包工人的事务？旅馆茶房只是一人，照业务上习惯似乎不能在需要人的晚上陪胡四逛下处许久。一个银行经理即或不经董事会通过，可随时升一个私人作襄理，经理也无和襄理来结算薪水的道理。……凡此种种，大致都是作者对于各业程序习惯认识不大完备，因图剧情热闹，致有疏忽处错误处）。此外在人物性格行动上也有些可斟酌地方，（如小东西的生活观，潘月亭在业务上的应十分精明却胡涂，小东西在三等下处还被人嫌是小雏儿不上盘，却反而受那个无形金八垂青。……凡此种种或放大，或缩小，或加强，或忽略，为求得"戏剧"的效果起见，自不可免，小毛病不足为病。但与人情违反，场面又过于热闹杂乱，在演出效果上，就容易把它的庄严性减少，而邻于谐趣，反造成"文明戏"空气，这一点似乎很值得作者注意）。但就全个剧本的组织，与人物各如其分的刻画，尤其是剧本所孕育的观念看来，依然是今

---

[1] 《文季月刊》，系《文学季刊》的改称，郑振铎、章靳以主编。

年来一宗伟大的收获。要中国话剧运动活泼一点,且与当前文学运动目的一致,异途同归,这种作品尤其有意义,有贡献,应当得到社会注意和重视。

这个剧本作者似从《大饭店》电影得到一点启示,尤其是热闹场面的交替,具有大饭店风味。这一点,用在中国话剧上来试验,还可说是"新"的。近代话剧的观众,既因生活日益复杂,剧作者的种种新试验,观众是必然能接受的。如果一个作者注意到话剧的观众,明白它到底还是社会中知识分子居多,极端相反的一种试验,就是减少场面的复杂,而集中人物行为语言增加剧情分量的方法,似乎同样值得有人来努力。作者第三个剧本的问世,也许能够用一个比较单纯的形式。

十二月十日

本篇原载1937年1月1日天津《大公报》

小说作者和读者

我们想给小说下一个简单而明白的定义，似乎不大容易。但目下情形，"小说"这两个字似乎已被人解释得太复杂太多方面，反而把许多人弄糊涂了，倒需要把它范围在一个比较素朴的说明里。个人只把小说看成是"用文字很恰当记录下来的人事"，这定义说它简单也并不十分简单。因为既然是人事，就容许包含了两个部分：一是社会现象，即是说人与人相互之间的种种关系；二是梦的现象，即是说人的心或意识的单独种种活动。单是第一部分不大够，它太容易成为日常报纸记事。单是第二部分也不够，它又容易成为诗歌。必需把"现实"和"梦"两种成分相混合，用语言文字来好好装饰、剪裁，处理得极其恰当，方可望成为一个小说。

我并不说小说须很"美丽"的来处理一切，因为美丽是在文字辞藻以外可以求得的东西。我也不说小说需要很"经济"的来处理一切，即或是一个短篇，文字经济依然不是这个作品成功的唯一条件。我只说要很"恰当"，这恰当意义，在使用文字的量与质上，就容许不必怕数量的浪费，也不必对于辞藻过分吝啬。故事内容发展呢，无所谓"真"，也无所谓"伪"，要的只是恰当。全篇分配要恰当，描写分析要恰当，甚至于一句话一个字，也要它在可能情形下用得不多不少，妥贴恰当。文字作品上的真美善条件，便完全从这种恰当产生。

我们得承认，一个好作品照例会使人觉得在真美感觉以外，还有一种引人"向善"的力量。我说的向善，这个名词的意义，不仅仅是属于社会道德一方面"做好人"为止。我指的是这个读者从作品中接触了另外一种人生，从这种人生景象中有所启示。对人生或生命能作更深一层的理解。普通"做好人"的庸俗乡愿道德，社会虽异常需要，然而有许多简单而便利的方法和

工具可以应用，且在那个多数方面极容易产生效果，似乎不必要文学中小说来作这件事。小说可作的事远比这个大。若勉强运用它作工具来处理，实在费力而不大讨好。（只看看历史上绝大多数说教作品的失败，即可明白把作品有意装入一种教义，永远是一种动人理论，见诸实行并不成功。）至于生命的明悟，使一个人消极的从肉体理解人的神性和魔性如何相互为缘，并明白人生各种型式，扩大到个人生活经验以外。或积极的提示人，一个人不仅仅能平安生存即已足，尚必需在生存愿望中，有些超越普通动物肉体基本的欲望，比饱食暖衣保全首领以终老更多一点的贪心或幻想，方能把生命引导向一个更崇高的理想上去发展。这种激发生命离开一个动物人生观，向抽象发展与追求的欲望或意志，恰恰是人类一切进步的象征，这工作自然也就是人类最艰难伟大的工作。我认为推动或执行这个工作，文学作品实在比较别的东西更其相宜。而且说得夸大一点，到近代，这件事别的工具都已办不了时，惟有小说还能担当。原因简明，小说既以人事作为经纬，举凡机智的说教，梦幻的抒情，都无一不可以把它综合组织到一个故事发展中。印刷术的进步，交通工具的进步，又可以把这些作品极便利的分布到使用同一文字的任何一处读者面前去。托尔斯泰或曹雪芹过去的成就，显然就不是用别的工具可以如此简便完成的！二十世纪虽和十八九世纪情形大不相同，最大不同是都市文明的进步，人口集中，剥夺了多数人的闲暇，从从容容来阅读小说的人已经不怎么多，从小说中来接受人生教育的更不会多了。可是在中国，一个小说作品若具有一种崇高人生理想，希望这理想在读者生命中保留一种势力，依然并不十分困难。中国人究竟还有闲，尤其是比较年青的读书人，在习惯上用文学作品来耗费他个人的剩余生命，是件已成习惯的时髦事情。若文学运动能在一个良好影响上推动，还可望造成另外一种人的习惯，即人近中年，当前只能用玩牌博弈耗费剩余生命的中层分子，转而来阅读小说。

可是什么作品可称为恰当？说到这一点，若想举一个例来作说明时，倒相当困难了。因为好作品多，都只能在某一点上得到成功。譬如用男女爱情作为题材，同样称为优秀作品的作品，好处就无不有个限制。从中国旧小说看来，我们就知道《世说新语》[1]的好处，在能用素朴文字保存魏晋间人

---

[1] 《世说新语》，笔记小说，南朝宋临川王刘义庆撰。

物行为言语的风格或风度，相当成功，不像唐人小说。至于唐人小说的好处，又是处理故事时，或用男女爱憎恩怨作为题材（如《霍小玉传》、《李娃传》[1]），或用人与鬼神灵怪恋爱作为题材（如《虬髯客传》、《柳毅传》[2]），无不贴近人情。可是即以贴近人情言，唐人短篇小说与明代长篇小说《金瓶梅》又大不相同。《金瓶梅》的好处，却在刻画市井人物性情，从语言运用上见出卓越技巧。然而同是从语言控制表现技巧，《金瓶梅》与清代小说《红楼梦》面目又大异。《红楼梦》的长处，在处理过去一时代儿女纤细感情，恰如极好宋人画本，一面是异常逼真，一面是神韵天成。……不过就此说来，倒可得到另外一种证明，即一个作品其所以成功，安排恰当是个重要条件。只要恰当，写的是千年前活人生活，固然可给读者一种深刻印象，即写的是千年前活人梦境或驾空幻想，也同样能够真切感人。《三国演义》在历史上是不真的，毫无关系，《西游记》在人事上也不会是真的，同样毫无关系。它的成功还是"恰当"，能恰当给人印象便真。那么，这个恰当究竟应当侧重在某一点上？我以为一个作品的恰当与否，必需以"人性"作为准则。是用在时间和空间两方面都"共通处多差别处少"的共通人性作为准则。一个作家能了解它较多，且能好好运用文字来表现它，便可望得到成功，一个作家对于这一点缺少理解，文字又平常而少生命，必然失败。所以说到恰当问题求其所以恰当时，我们好像就必然要归纳成为两个条件：一是作者对于语言文字的性能，必需具敏锐的感受性，且有高强手腕来表现它。二是作者对于人的情感反应的同差性，必需有深切的理解力，且对人的特殊与类型能明白刻画。

　　换句话说，小说固然离不了讨论人表现人的活动事情，但作者在他那个作品的制作中，却俨然是一个"上帝"，（这自然是一种比喻。）我意思是他应当有上帝的专制和残忍，细心与耐性，透明的认识一切，再来处理安排一切，作品方可望给人一个深刻而完整的印象。一个作家在写作过程中，"天才"与"热情"，常常都不可免成为毫无意义的名词。所有的只是对人事严密的思索，对文字保持精微的敏感，追求的只是那个"恰当"。

　　关于文字的技巧与人事理解，在过去，这两点对于一个小说作家，本

---

[1] 《霍小玉传》，唐传奇篇名，唐蒋昉作。《李娃传》，唐传奇篇名，唐白行简作。
[2] 《虬髯客传》，唐传奇篇名，唐末五代人杜光庭作。《柳毅传》，唐传奇篇名，唐李朝威作。

来不应当成为问题。可是到近来却成为一个问题。这有一种特别原因,即近二十年中国的社会发展,与中国新文学运动不可分,因此一来小说作家有了一个很特别的地位。这地位也有利也有害,也帮助推进新文学的发展,也妨碍伟大作品产生。新作品在民十五左右已有了商品价值,在民十八又有了政治意义,风气习惯影响到作家后,作家的写作意识,不知不觉从"表现自我"成为"获得群众"。于是留心多数,再想方法争夺那个多数,成为一种普遍流行文学观。"多数"既代表一种权力的符号,得到它即可得到"利益",得到利益自然也就象征"成功"。跟随这种习惯观念,不可免产生一种现象,即作家的市侩工具化与官僚同流化。尤其是受中国的政治习惯影响,伪民主精神的应用,与政治上的小帮闲精神上相通,到时代许可竞卖竞选时,这些人就常常学习诌谀群众来争夺群众,到时代需要政治集权时,又常常用捧场凑趣方式来讨主子欢心。写成作品具宣传味,且用商品方式推销,作家努力用心都不免用在作品以外。长于此者拙于彼,因此一来,作者的文字技巧与人事知识,当然都成为问题了。这只要我们看看当前若干作家如何把作品风格之获得有意轻视,在他们作品中,又如何对于普通人情的极端疏忽,就可明白近十年来的文学观,对于新文学作品上有多大意义,新的文学写作观,把"知识"重新提出又具有何等意义了。作品在文体上无风格无性格可言,这也就是大家口头上喜说的"时代"意义。文学在这种时代下,与政治大同小异,就是多数庸俗分子的抬头和成功。这种人的成功,一部分文学作品便重新回到"礼拜六"派旧作用上去。成为杂耍,成为消遣品。若干作家表面上在为人生争斗,貌作庄严,全不儿戏,其实虚伪处竟至不可想象。二十年来中国政治上的政策变动性既特别大,这些人求全讨好心切,忽而彼忽而此的跳猴儿戏情形,更是到处可见。因此若干活动作家写成的作品,即以消遣品而论,也很少有能保存到五年以上,受时间陶冶,还不失去其消遣意义的。提及这一点时,对于这类曾经一时得到多数的作家与作品,我无意作何等嘲讽。不过说明这种现象为什么而来,必然有些什么影响而已。这影响自然很不好,但不宜派到某一个作家来负责。这是"时代"!

想得到读者本不是件坏事。一个作者拿笔有所写作,自然需要读者。需要多数读者更是人之常情。因为写作动机之一种,而且可说是最重要的一种，超越功利思想以上，从心理学家说来，即作品需要多数的重视，方可抵补作者人格上的自卑情绪，增加他的自高情绪。抵补或增加，总之都重在使作者个人生命得到稳定，觉得"活下来，有意义"。若得到多数不止抽象的可以稳定生命，还可望从收入增多上具体的稳定生活，那么，一个作家有意放弃多数，离开多数，也可以说不仅是违反流行习惯，还近于违反动物原则了。因为动物对于生命的感觉，有一个共通点，即思索的运用，本来为满足食与性而有，即不能与这两种本能分开。多数动物只要能繁殖，能吃喝，加上疲乏时那点睡眠，即可得到生命的快乐。人既然是动物之一，思想愿望贴近地面，不离泥土，集中于满足"食"与"性"，得到它就俨然得到一切，当然并不出奇，近于常态。

可是这对于一般人，话说得过去。对于一个作家，又好像不大说得过去。为什么？为的是作家在某种意义上，是比较能够用开明脑子在客观上思索人生，研究人生，而且要提出一种意见表示出人生应有些事与普通动物不同的。他有思索，他要表现。一个人对人生能作较深的思索，是非爱憎取予之际，必然会与普通人不大相同。这不同不特要表现到作品上，还会表现到个人行为态度上！

所以把写作看作本来就是一种违反动物原则的行为，又像是件自然不过的事情。为的是他的写作，实在还被另外一种比食和性本能更强烈的永生愿望所压迫，所苦恼。他的创作动力，可说是从性本能分出，加上一种想象的贪心而成的。比生孩子还更进一步，即将生命的理想从肉体分离，用一种更坚固材料和一种更完美形式保留下来。生命个体虽不免死亡，保留下来的东西却可望百年长青（这永生愿望，本不是文学作家所独具，一切伟大艺术品就无不由同一动力而产生）。愿望既如此深切，永生意义，当然也就不必需普通读者来证实了！他的不断写作，且俨然非写不可，就为的是从工作的完成中就已得到生命重造的快乐。

为什么我们有这种抽象的永生愿望？这大约是我们人类知识到达某种程度时，能够稍稍离开日常生活中的哀乐得失而单独构思，就必然会觉得生命受自然限制，生活受社会限制，理想受肉体限制，我们想否认，想反抗，尽一切努力，到结果终必败北。这败北意思，就是活下来总不能如人意。即

这种不如意的生活，时间也甚短促，不久即受生物学的新陈代谢律所拘束，含恨赍志而死。帝王蝼蚁，华屋山丘，刹那间即不免同归消灭于乌有之乡。任何人对死亡想要逃避，势不可能。任何人对社会习惯有所否认，对生活想要冲破藩篱，与事实对面时，也不免要被无情事实打倒。个人理想虽纯洁崇高，然而附于肉体的动物基本欲望，还不免把他弄得拖泥带水。生活在人与人相挨相撞的社会中，和多数人哺糟啜醨，已感觉够痛苦了，更何况有时连这种贴近地面的平庸生活，也变成可望而不可及，有些人常常为社会所抛弃，所排斥，生活中竟只能有一点回忆，或竟只能作一点极可怜的白日梦。一个作者触着这类问题时，自然是很痛苦的！然而活下来是一种事实，不能否认。自杀又违反生物的原则，除非神经衰弱到极端，照例不易见诸实行。人既得怪寂寞痛苦的勉强活下来，综合要娱乐要表现的两种意识，与性本能结合为一，所以说，写作是一种永生愿望。试从中国历史上几个著名不朽文学作家遗留下的作品加以检查，就可明白《离骚》或《史记》，杜工部[1]诗或曹雪芹小说，这些作品的产生，情形大都相去不远。我们若透过这些作品的表面形式，从更深处加以注意，便自然会理解作者那点为人生而痛苦的情形。这痛苦可说是惟有写作，方能消除。写作成后，愿望已足，这人不久也就精尽力疲，肉体方面生命之火已告熄灭，人便死了，人虽死去，然而作品永生，却无多大问题。

这个"永生"，我指的不是读者数量上问题，因为一个伟大作家的经验和梦想，既已超越世俗甚远，经验和梦想所组成的世界，自然就恰与普通人所谓"天堂"和"地狱"鼎足而三，代表了"人间"，虽代表"人间"，却正是平常人所不能到的地方。读者对于这种作品的欣赏，绝不会有许多人。世界上伟大作品能在人的社会中长久存在，且在各种崇拜，赞美，研究，爱好，以及其他动人方式中存在，其实也便是一种悲剧。正如《红楼梦》题词所载：

"满纸荒唐言，一把酸辛泪，都言作者痴，谁解其中味[2]？"

从作品了解作者，实在不是一件容易事。所以一个诚实的作者若需要读

---

[1] 《离骚》《楚辞》，篇名，战国楚屈原作。《史记》，记传体史书，西汉司马迁著。杜工部，即杜甫。因杜甫曾任检校工部员外郎，故有此称。
[2] 原文为"满纸荒唐言，一把辛酸泪！都云作者痴，谁解其中味?"引文略有误。

者,需要的或许倒是那种少数解味的读者。作者感情观念的永生,便靠的是那在各个时代中少数读者的存在,实证那个永生的可能的梦。对于在商业习惯与流行风气下所能获得的多数读者,有心疏忽或不大关心,都势不可免。

另外还有一种作家,写作动力也可说是为痛苦,为寂寞,要娱乐,要表现。但情绪生活相当稳定,对文学写作看法只把它当作一种中和情感的方式。平时用于应世的聪明才智,到写作时即变成取悦读者的关心,以及作品文字风格的注意。作品思想形式自然能追随风气,容易为比较多数读者接受。因此一来,作品在社会上有时也会被称为"伟大",只因为它在流行时产生功利作用相当大。这种作家在数量上必相当多,作品分布必比较广,也能产生好影响,即使多数读者知稍稍向上。也能产生不好影响,即使作者容易摹仿,成为一时风气,限制各方面有独创性的发展。文学史上遗留下最多的篇章,便是这种作家的作品。

另外又还有一种作家,可称为"新时代"产物。这种作家或受了点普通教育,为人小有才技,或办党从政,出路不佳,本不适宜于与文字为缘,又并无什么被压抑情感愿望迫切需要表现,只因为明白近二十年有了个文学运动,在习惯上文学作家又有了个特殊地位,一个人若能揣摩风气,选定一种流行题目,抄抄撮撮,从事写作,就可很容易的满足那种动物基本欲望。于是这种人就来作文学运动,来充作家。写作心理状态,完全如科举时代的应制[1],毫无个人的热诚和兴趣在内。然而一个作家既兼具思想领导者与杂耍技艺人两种身分,作品又被商人看成商品,政客承认为政治场面点缀品,从事于此的数量之多,可以想象得出。人数既多,龙蛇不一,当然也会偶然有些像样作品产生,不过大多数实无可望。然而要说到"热闹"或"成功"时,这些作家的作品,照例是比上述两种作家的作品还容易热闹成功的。只是一个人生命若没有深度,思想上无深度可言,虽能捉住题目,应制似的产生作品,因缘时会,作伪售巧,一时之间得到多数读者,这种人的成就,是会受时间来清算,不可免要随生随灭的。

好作家固然稀少,好读者也极难得!这因为同样都要生命有个深度,与平常动物不同一点。这个生命深度,与通常所谓"学问"积累无关,与通

---

[1] 应制,奉皇帝命而写作。

常所谓"事业"成就也无关。所以一个文学博士或一个文学教授，不仅不能产生什么好文学作品，且未必即能欣赏好文学作品。普通大学教育虽有个习文学的文学系，亦无助于好作品的读者增多或了解加深。不良作品在任何时代都特别流行，正反映一种事实，即社会上有种种原因，养成多数人生下来莫名其妙，活下来实无所谓，上帝虽俨然给了他一个脑子，许他来单独使用这个脑子有所思索，总似乎不必要，不习惯。这种人在学校也热诚的读莎士比亚或曹子建诗，可是在另外一时，却用更大热诚去看报纸上刊载的美人蟹和三脚蟾。提到这一点时，我们实应当对人生感到悲悯。因为这也正是"人生"。这不思不想的动物性，是本来的。普通大学教育虽在四年中排定了五十门课目，要他们一一习读，可并无能力把这点动物性完全去掉。不过作者既有感于生命重造的宏愿和坚信，来有所写作，读者自然也有想从作品中看出一点什么更深邃的东西，来从事阅读。这种读者一定明白人之所以为人，为的是脑子发达已超过了普通动物甚远，它已能单独构思，从食与性两种基本愿望以外玩味人生，理解人生。他生活下来一种享受，即是这种玩味人生，理解人生。或思索生命什么是更深的意义，或追究生命存在是否还可能产生一点意义。如此或如彼，于是人方渐渐远离动物的单纯，或用推理归纳方式，或单凭梦幻想象，创造出若干抽象原则和意义。我们一代复一代便生存在这种种原则意义中，或因这种种原则意义产生的"现象"中。罗素称人与动物不同处，为有"远虑"，这自然指的是人类这种精神向上部分而言。事实上多数人与别的动物不同处，或许就不过是生活在因思索产生的许多观念和工具中罢了。近百年来这种观念和工具发达不能一致，属于物质的工具日有变迁，属于精神的观念容易凝固，因此发生种种的冲突，也就发生各式各样的悲剧。这冲突的悲剧中最大的一种，即每个民族都知道学习理解自然，征服自然，运用自然，即可得到进步，增加幸福。这求进步幸福的工具，虽日益新奇，但涉及人与人的问题时，思想观念就依然不能把战争除外，而且居然还把战争当作竞争生存唯一手段。在共同生活方面，集群的盲目屠杀，因工具便利且越来越猛烈。一个文学作家如果同时必然还是一个思想家，他一定就会在这种现象上看出更深的意义。若明白战争的远因实出于"工具进步"与"观念凝固"的不能两相调整，就必然会相信人类还可望在抽象观念上建设一种新原则，使进步与幸福在明日还可望从屠杀方式外获得。他不会否认也不反对当前的战争，说不定还是特别鼓吹持久战争的一分子，可是他也许在作品中，却说明白了这战争的意义，给人类一种较高教育！一个特殊的读者，他是乐意而且盼望从什么人作品中，领受这种人生教育的。

若把这种特殊读者除外不计，试将普通读者来分一分类时，大致也有不同的三种：一是个人多闻强记，读的书相当渊博，自有别的专业，惟已养成习惯，以阅读文学作品来耗费剩余生命的。这种人能有兴趣来阅读现代小说的，当然并不怎么多。二是受了点普通教育，或尚在学校读书，或已服务社会，生来本无所谓，也有点剩余生命要耗费，照流行习惯来读书的。既照流行习惯读书，必不可免受流行风气趣味控制，对于一个作品无辨别能力，也不需要这种能力。这种读者因普通教育发达，比例上必占了一个次多数。三是正在中学或大学读书，年纪青，幻想多（尤其是政治幻想与男女幻想特别多），因小说总不外革命恋爱两件事，于是接受一个新的文学观，以为文学作品可以教育他，需要文学作品教育他（事实上倒是文学作品可以娱乐他满足他青年期某种不安定情绪），这种读者情感富余而兴趣实在不高，然而在数量上倒顶多。若以当前读者年龄来分类，年纪过了三十五，还带着研究兴趣或欣赏热诚的读者，实在并不多。年纪过了二十五，在习惯上把文学作品当成教育兼娱乐的工具来阅读的，数目还是不甚多。唯有年龄自十五岁到二十四岁之间，把新文学作家看成思想家，社会改革者，艺员明星，三种人格的混合物，充满热诚和兴趣，来与新作品对面的，实在是个最多数。这种多数读者的好处，是能够接受一切作品，消化一切作品。坏处是因年龄限制，照例不可免在市侩与小政客相互控制的文学运动情形中，兴趣易集中于虽流行却并不怎么高明的作品。

若讨论到近二十年新文学运动的过去以及将来发展时，我们还值得把这部分读者看得重要一些。因为他们其实都在有形无形帮助近二十年新出版业的发达，使它成为社会改革工具之一种，同时还支持了作家在社会上那个特殊地位。作家在这个地位上，很容易接受多数青年的敬重和爱慕，也可以升官发财，也可以犯罪致死，一切全看这个人使用工具的方法态度而定。所以

如从一个文学运动理论家观点看来，好作家有意抛弃这个多数读者，对读者可说是一种损失，对作家也同样是一种损失。这种读者少不了新文学作品，新文学作品也少不了他们。一个好作品在他们生活中以及此后生命发展中，如用的得法，所能引起巨大的作用，显然比起别的方面工具来，实在大得多大得多。然而怎么一来，方可望使这种作家对于这种多数读者多有一分关心？这种读者且能提高他的欣赏兴趣，从大作品接受那种较深刻的观念？在目前，文学运动理论家，似乎还无什么确定有力的意见提出。尤其是想调和功利思想与美丽印象于一个目的，理论不是支离破碎，就是大而无当，难望有如何效果。

我们也可以那么说，关于有意教育对象而写作这件事，期之于第一种作家，势无可望。至于第二种作家呢，希望倒比较多。至于第三种作家呢，我们却已觉得他们似乎过分关心读者，许多本来还有点成就的作者，都因此毁了。我们只能用善意盼望他们肯在作品上多努点力，把工作看得庄严一点，弄出一些成绩。怕的是他们只顾教育他人，忘了教育自己，末了还是用官派作家或委员董事资格和读者对面，个人虽俨然得到了许多读者，文学运动倒把这一群读者失去了。

一面是少数始终对读者不能发生如何兴趣，一面是多数照老办法以争夺群众为目的：所以说到这里，我们实触着了一个明日文学运动的问题。我们若相信这件事还可以容许一个作家对于理论者表示一点意见，留下一些希望，应当从某一方面来注意？个人以为理论家先得承认对第一种作家，主张领导奖励是末节小事，实不必需。这种作家需要的是"自由"，政治上负责人莫过分好事来管制它，更莫在想运用它失败以后就存心摧残它，只要能用较大的宽容听其自由发展，就很好了。至于第三种作家呢，如政治上要装幌子，以为既奖励就可领导，他们也乐于如此"官民合作"，那就听他们去热闹好了。这些人有时虽缺少一点诚实，善于诪张为幻，捧场凑趣，因此在社会也一时仿佛有很大影响。不过比起社会上别的事情来，决不会有更了不得的恶影响的。这些人的作品虽无永久性，一时之间流行亦未尝不可给当前社会问题增加一种忍受能力与选择能力。但有一点得想办法，即对于第二种不好不坏可好可坏的作家，如何来提出一种客观而切实意见，鼓励他们意识向上，把写作对于人类可能的贡献，重新有一个看法。在他们工作上，建立起比"应付目前"还稍微崇高一些的理想。理论者的成就如何，我们从他个人气质上大约也可以决定：凡带政客或文学教授口吻的，理论虽好像具体，其实却极不切题，恐无何等成就。具哲学与诗人情绪的，意见虽有时不免抽象凿空，却可望有较新较深影响。这问题与我题目似乎相去一间，说下去恐与本题将离远了。所以即此为止。

一个作家对于文学运动的看法，或不免以为除了文学作品本身成就，可以使作品社会意义提高，并刺激其他优秀作品产生，单纯的理论实在作不了什么事。但他不一定轻视具有诚实良好见解的理论，这一点应当弄明白。目下有一件事实，即理论者多数是读书多，见事少，提出来的问题，譬如说"小说"这么一个问题吧，问题由一个有经验的作家看来，就总觉得他说的多不大接头。所以关于这类意见，说不定一个作家可能尽的力，有时反而比理论者多。

　　　　　　　　本篇发表于1940年8月15日《战国策》

论中国创作小说

一

关于怎么样去认识新的创作小说,这像是一件必须明白的事。因为中国在目下,创作已经是那么多了,在数量上,性质上,作成一种分类统计还没有人。一个读者,他的住处如是离上海或北平较远,愿意买一本书看,便感到一种困难。他不知道应当买什么书为好。不一定是那些住在乡僻地方的年青人,即或是上海、北平、武昌、南京、广州这些较大地方,大学生或中学生,愿意在中国新书上花一点钱,结果还是不知道如何去选择他所欢喜的书。远近一些人,能够把钱掏出给书店,所要的书全是碰运气而得到的书。听谁说这书好,于是花钱买来;看到报纸上广告很大,于是花钱买来;从什么刊物上,见有受称赞的书,于是花钱买来。买书的目的,原为对中国新的创作怀了十分可感的好意,尤其是僻处内地的年青人,钱是那么难得,书价却又这么贵。但是,结果每一个读者,全是在气运中造成他对文学的感情好坏,在市侩广告中,以及一些类似广告的批评中,造成他对文学的兴味与观念。经营出版事业的,全是在赚钱上巧于打算的人。一本书影响大小估价好坏,商人看来全在销行的意义上。这销行的道理,又全在一点有形的广告,与无形的广告上。结果完全在一种近于欺骗的情形下,使一些人成名。这欺骗,在"市侩发财""作家成名"以外,同时也就使新的文学陷到绝路上去,许多人在成绩上感到悲观了。许多人在受骗以后,对创作,便用卑视代替了尊严。并且还有这样的一种事实,便是从十三年后,中国新文学的势力,由北平转到上海以后,一个不可免避的变迁,是在出版业中,为新出版物起了一种商业的竞卖。一切趣味的俯就,使中国新的文学,与为时稍前低级趣味的海派文学[1]，有了许多混淆的机会。因此，影响创作方向与创作态度非常之大。从这混淆的结果上看来，创作的精神，是完全堕落了的。

因这个不良的影响，不止是五年来的过去，使创作在国内年青的人感情方面受了损失，还有以后的趋势，也自然为这个影响所毒害，使新的创作者与创作的诵读者，皆转到恶化的兴味里去，实在是一种很不好的现象。如今我来说几个目下的中国作家与其作品，供给关心到新文学的人作一种参考。我不在告你们买某一本书或不买某一本书，因为在我自己的无数作品里，便从不指点一个年青人应买某一个集子去看。为年青人选书读，开书单，这件事或者可以说是一个"责任"，但不是"这一篇文章上的责任"。这里我将说到的，是什么作者，在他那个时代里，如何用他的作品与读者见面，他的作品有了什么影响，所代表的是一种什么倾向，在组织文学技术上，这作者的作品的得失……我告你们是明白那些已经买来的书，如何用不同一的态度去认识，去理解，去赏鉴，却不劝你们去买某一个人的作品，或烧某一个人的书。买来的不必烧去，预备买的却可以小心一点，较从容的选择一下。我知道，还有年青朋友们，是走到书店去，看看那一本书封面还不坏，题目又很动人，因此非常慷慨的把钱送给书店中小伙计手上，拿书回去一看，才明白原来是一本不值得一看的旧书的。因此在机会中，我要顺便说到买书的方法，以及受骗以后的救济。

二

"创作"这个名词，受人尊敬与注意，由"五四"运动而来。创作小说受人贱视与忽视，则现在反而较十年前的人还多。"五四"运动左右，思想"解放"与"改造"运动，因工具问题，国语文学运动随之而起。国语文学的提倡者，胡适之、陈独秀等，使用这新工具的机会，除了在论文外，是只能写一点诗的。《红楼梦》、《水浒》、《西游记》等书，被胡适之提出，给了一种新的价值，使年青人用一个新的趣味来认识这类书。同时译了一些短篇小说，写了许多有力的论文。另外是周作人耿济之[2]等的翻译，以及其他翻译，在文学的新定义上，给了一些帮助。几个在前面走一点的人，努力的

---

[1] 海派文学，此处指"礼拜六派"。
[2] 耿济之，翻译工作者，文学研究会发起人之一。

结果，是使年青人对这运动的意义，有了下面的认识：

使文字由"古典的华丽"转为"平凡的亲切"是必须的。

使"眩奇艰深"变为"真实易解"是必须的。

使语言同文字成为一种东西，不再相去日远是必须的。

使文字方向不在"模仿"而在"说明"，使文字在"效率"而不在"合于法则"是必须的。

同时"文学是人生"，这解释，摇动到当时一切对文学运动尽力的人的信仰，因此各人皆能勇敢的、孩气的，以天真的心，处置幼稚单纯的文字，写作"有所作为"的诗歌。对一切制度的惑疑，习惯的抗议，莫不出之以最英雄的姿态。所以"文学是一种力，为对习惯制度推翻建设，或纠正的意义而产生存在。"这个最时行的口号，在当时是已经存在而且极其一致的。虽然幼稚，但却明朗健康，便是第一期文学努力所完成的高点。在诗上，在其他方向上，他们的努力，用十年后的标准，说"中国第一期国语文学，是不值得一道，而当时的人生文学，不过一种绅士的人道主义观，这态度也十分软弱"，那么指摘是不行的。我们若不疏忽时代，在另外那个时代里，可以说他们所有的努力，是较之目前以翻译创作为穿衣吃饭的作家们，还值得尊敬与感谢的。那个时代文学为主张而制作，却没有"行市"。那个最初期的运动，并不概括在物质的欲望里面，而以一个热诚前进。这件事，到如今却不行了的。一万块钱或三千块钱，由一个商人手中，分给作家们，便可以定购一批恋爱的或革命的创作小说，且同时就支配一种文学空气，这是一九二八年以来的中国的事情。较前一些日子里，那是没有这个便宜可占，也同时没有这个计划可行的。

并且应当明白，当时的"提倡"者却不是"制作"者，他们为我们文学应当走去的路上，画了一些图，作了一些说明，自己并不"创作"。他们的诗是在试验上努力的。小说还没有试验的暇裕，所以第一期创作的成绩比诗还不如。

第一期的创作同诗歌一样，若不能说是"吓人的单纯"，便应当说那是"非常朴素"。在文字方面,与在一个篇章中表示的欲望,所取的手段方面,都朴素简略,缺少修饰,显得匆促与草率。每一个作品,都不缺少一种欲望,就是用近于言语的文字,写出平凡的境界的悲剧或惨剧。用一个印象复述的方法,选一些自己习惯的句子,写一个不甚坚实的观念——人力车夫的苦、军人的横蛮、社会的脏污、农村的萧条,所要说到的问题太大,而所能说到的却太小了。中国旧小说又不适于模仿,从一本名为《雪夜》的小说上,看看一个青年作者,在当时如何创作,如何想把最大的问题,用最幼稚的文字,最简单的组织来处置,《雪夜》可以告我们的,是第一期创作,在"主张"上的失败,缺少的是些什么东西。《雪夜》作者汪敬熙君,是目前国内治心理学最有成就的一个人,这作品,却是当时登载于《新潮》、《新青年》一类最有力量的刊物上面,与读者见面的。这本书,告给我们的,是那个时代一个年青人守着当时的文学信仰,忠实的诚恳的写成的一本书。这不是"好作品",却是"当时的一本作品"。

在"人生文学"上,那试验有了小小阻碍,写作方向保持那种态度,似乎不能有多少意义。一面是创作的体裁与语言的方法,从日本小说得到了一种暗示,鲁迅的创作,却以稍稍不同的样子产生了。写《狂人日记》,分析病狂者的心的状态,以微带忧愁的中年人感情,刻画为历史一名词所毒害的、一切病的想象,在作品中,注入嘲讽气息,因为所写的故事超拔一切同时创作形式,文字又较之其他作品为完美,这作品,便成为当时动人的作品了。这作品意外的成功,使作者有兴味继续写下了《不周山》等篇,后来汇集为《呐喊》,单行印成一集。但从这一个创作集上,获得了无数读者的友谊。其中在《晨报副刊》登载的一个短篇,以一个诙谐的趣味写成的《阿Q正传》,还引起了长久不绝的论争,在表现的成就上,得到空前的注意。当时还要"人生的文学",所以鲁迅那种作品,便以"人生文学"的悲悯同情意义,得到盛誉。因在解放的挣扎中,年青人苦闷纠纷成一团,情欲与生活的意识,为最初的睁眼而眩昏苦恼,鲁迅的作品,混和的有一点颓废,一点冷嘲,一点幻想的美,同时又能应用较完全的文字,处置所有作品到一个较好的篇章里去,因此鲁迅的《呐喊》,成为读者所欢喜的一本书了。时代促成这作者的高名,王统照、冰心、庐隐、叶绍钧,莫不从那情形中为人注

意,又逐渐为世所遗忘,鲁迅作品的估价,是也只适宜于从当时一般作品中比较的。

还有一个情形,就是在当时"人生文学"能拘束作者的方向,却无从概括读者的兴味。作者许可有一个高尚尊严的企图,而读者却需要一个诙谐美丽的故事。一些作者都只注意自己"作品",乃忘却了"读者"。鲁迅一来,写了《故乡》、《社戏》,给年青人展览一幅乡村的风景画在眼前。使各人皆从自己回想中去印证。又从《阿Q正传》上,显出一个大家熟习的中国人的姿式,用一种不庄重的谐趣,用一种稍稍离开艺术范围不节制的刻画,写成了这个作品。作者在这个工作上,恰恰给了一些读者所能接受的东西,一种精神的粮食,按照年青人胃口所喜悦而着手烹炒,鲁迅因此意外的成功了。其实鲁迅作品的成就,使作品与读者成立一种友谊,是"趣味"却不是"感动"。一个读过鲁迅的作品的人,所得的印象,原是不会超出"趣味"以上的。但当时能够用他的作品给读者以兴味的并无多人。能"说"发笑的故事,农村的故事,像鲁迅那样人或者很多,能"写"的却只有他一个。《阿Q正传》在艺术上是一个坏作品,正如中国许多坏作品一样,给人的趣味也还是低级的谐谑,而缺少其他意味的。作者注意到那以小丑风度学小丑故事的笔法,不甚与创作相宜,在这作品上虽得到无量的称赞,第二个集子《彷徨》,却没有那种写作的方法了。在《呐喊》上的《故乡》与《彷徨》上的《示众》一类作品,说明作者创作所达到的纯粹,是带着一点儿忧郁,用作风景画那种态度。长处在以准确鲜明的色,画出都市与农村的动静。作者的年龄,使之成为沉静,作者的生活各种因缘,却又使之焦躁不宁,作品中憎与爱相互混和,所非常厌恶的世事,乃同时显出非常爱着的固执,因此作品中感伤的气分,并不比郁达夫为少。不过所不同的,郁达夫是一个以个人的失望而呼喊,鲁迅的悲哀,是看清楚了一切,在病的衰弱里,辱骂一切,嘲笑一切,却同时仍然为一切所困窘,陷到无从自拔的沉闷里去了的。

在第一期创作上,以最诚实的态度,有所写作,且十年来犹能维持那种沉默努力的精神,始终不变的,还是叶绍钧。写他所见到的一面,写他所感到的一面,永远以一个中等阶级的身分与气度,创作他的故事,在文学方面，则明白动人；在组织方面，则毫不夸张。虽处处不忘却自己，却仍然使自己缩小到一角上。一面是以平静的风格，写出所能写到的人物事情。叶绍钧的创作，在当时是较之一切人作品为完全的。《隔膜》代表作者最初的倾向，在作品中充满淡淡的哀戚。作者虽不缺少那种为人生而来的忧郁寂寞，因为早婚的原因，使欲望平静，乃能以作父亲态度，带着童心，写成了一部短篇童话。这童话名为《稻草人》。读《稻草人》，则可明白作者是在寂寞中怎样做梦，也可以说是当时一个健康的心，所有的健康的人生态度。求美，求完全，这美与完全，却在一种天真的想象里，建筑那希望，离去情欲，离去自私，是那么远，那么远！在一九二二年后创造社浪漫文学势力暴长，"郁达夫式的悲哀"成为一个时髦的感觉后，叶绍钧那种梦，便成一个嘲笑的意义而存在，被年青人所忘却了，然而从创作中取法，在平静美丽的文字中，从事练习，正确的观察一切，健全的体会一切，细腻的润色，美的抒想，使一个故事在组织篇章中，具各样不可少的完全条件，叶绍钧的作品，是比一切作品，还适宜于取法的。他的作品缺少一种眩目的惊人的光芒，却在每一篇作品上，赋予一种温暖的爱，以及一个完全无疵的故事，故给读者的影响，将不是趣味，也不是感动，是认识。认识一个创作应当在何种意义下成立，叶绍钧的作品，在过去，以至于现在，还是比一切其他作品为好。

在叶绍钧稍次一点时间里，冰心、王统照，两人的作品，在《小说月报》以及其他刊物上发现了。

烦恼这个名词，支配到一切作者的心。每一个作者，皆似乎"应当"，或者"必须"，在作品上解释这物与心的纠纷，因此"了解人生之谜"这句到现今已不时髦的语言，在当时，却为一切诗人所引用。自然的现象，人事的现象，因一切缘觉而起爱憎与美恶，所谓诗人，莫不在这不可究竟的意识上，用一种天真的态度，去强为注解，因此王统照、冰心这两人写诗，在当时便称为"哲理的诗"。在小小篇章中，说智慧聪明言语，冰心女士的小诗，因由于从泰戈尔小诗[1]一方面得到一种暗示，所有的作品，曾经得到非常的成功。使诗人温柔与聪慧的心扩大，用着母性一般的温暖的爱，冰心女士

---

[1] 泰戈尔小诗，指泰戈尔《飞鸟集》等诗集中的短诗。

在小诗外创作小说，便写成了他的《超人》这个小说集上各篇章，陆续发表于《小说月报》上时，作者所得的赞美，可以说是空前的。十年来在创作方面，给读者的喜悦，在各个作家的作品中，还是无一个人能超过冰心女士。以自己稚弱的心，在一切回忆上驰骋，写卑微人物，如何纯良具有优美的灵魂，描画梦中月光的美，以及姑娘儿女们生活中的从容，虽处处略带夸张，却因文字的美丽与亲切，冰心女士的作品，以一种奇迹的模样出现，生着翅膀，飞到各个青年男女的心上去，成为无数欢乐的恩物，冰心女士的名字，也成为无人不知的名字了。冰心女士的作品，在时代的兴味歧途上，渐渐像已经为人忘却了，然而作者由作品所显出的人格典型，女性的优美灵魂，在其他女作家的作品中，除了《女人》作者凌叔华[1]外，是不容易发现了的。

　　冰心女士所写的爱，乃离去情欲的爱，一种母性的怜悯，一种儿童的纯洁，在作者作品中，是一个道德的基本，一个和平的欲求。当作者在《超人》集子里，描画到这个现象时，是怀着柔弱的忧愁的。但作者生活的谧静，使作者端庄，避开悲愤，成为十分温柔的调子了。

　　"解释人生"，用男子观念，在作品上，以男女关系为题材，写恋爱，在中国新的创作中，王统照是第一位。同样的在人生上看到纠纷，而照例这纠纷的悲剧，却是由于制度与习惯所形成，作者却在一种朦胧的观察里，作着否认一切那种诗人的梦。用繁丽的文字，写幻梦的心情，同时却结束在失望里，使文字美丽而人物黯淡，王统照的作品，是同他那诗一样，被人认为神秘的朦胧的。使语体文向富丽华美上努力，同时在文字中，不缺少新的倾向，这所谓"哲学的"象征的抒情，在王统照的《黄昏》《一叶》两个作品上，那好处实为其他作家所不及。

　　在文学研究会一系作者中，还有一个比较重要的作者，是以落华生用作笔名的许地山。在"技术组织的完全"与"所写及的风光情调的特殊"两点上，落华生的《缀网劳蛛》，是值得注意的。使创作的基本人物，在实现的情境里存在，行为与生活，叙述真实动人，这由鲁迅或郁达夫作品所显示出的长处，不是落华生长处。落华生的创作，同"人生"实境远离，却与艺术中的"诗"非常接近。以幻想贯穿作品于异国风物的调子中，爱情与宗教，

---

[1] 凌叔华，现代女作家、画家。

颜色与声音，皆以与当时作家所不同的风度，融会到作品里。一种平静的、从容的、明媚的、聪颖的，在笔致、散文方面，由于落华生作品所达到的高点，却是同时几个作者无从企望的高点。

与上列诸作者作品，取不同方向，从微温的、细腻的、惑疑的、淡淡寂寞的憧憬里离开，以夸大的、英雄的、粗率的、无忌无畏的气势，为中国文学拓一新地，是创造社几个作者的作品。郭沫若、郁达夫、张资平，使创作无道德要求，为坦白自白，这几个作者，在作品方向上，影响较后的中国作者写作的兴味实在极大。同时，解放了读者兴味，也是这几个人。但三人中郭沫若，创作方面是无多大成就的。在作品中必不可少的文字组织与作品组织，皆为所要写到的"生活愤懑"所毁坏，每一个创作，在一个生活片段上成立，郭沫若的小说是失败了的。为生活缺憾夸张的描画，却无从使自己影子离开，文字不乏热情，却缺少亲切的美。在作品对谈上，在人物事件展开与缩小的构成上，则缺少必需的节制与注意。从作者的作品上，找寻一个完美的篇章，不是杂记，不是感想，是一篇有组织的故事，实成为一个奢侈的企图。郭沫若的成就，是以他那英雄的气度写诗，在诗中，融化旧的辞藻与新的名词，虽泥沙杂下，在形式的成就上毫无可言，调子的强悍，才情的横溢，或者写美的抒情散文，却自有他的高点。但创作小说，三人中却为最坏的一个。

张资平，在他第一个小说集《冲积期化石》这本书上，在《上帝儿女们》及其他较短创作上，使读者发生了极大兴味。"五四"运动引起国内年青人心上的动摇，因这动摇所生出的苦闷，虽在诗那一方面，表现得比创作为多，然而由于作品提出那眩目处，加以综合的渲染，为人类行为——那年青人最关切的一点——而发生的问题，诗中却缺少作品能够满足年青人的。把恋爱问题，容纳到一个艺术组织里，落华生的作品，因为文章的完美，对读者而言，却近于失败了。冰心女士因环境与身分，有所隐避，缺少机会写到这一方面。鲁迅因年龄关系，对恋爱也羞于下笔了。叶绍钧，写小家庭夫妇生活，却无性欲的纠纷。王统照，实为第一期中国创作者中对男女事件最感兴味的一人，作品中的男女关系，由于作者文学意识所拘束，努力使作品成为自己所要求的形式，给人的亲切趣味却不如给人惊讶迷惑为多。张资

平，以"学故事的高手"那种态度，从日本人作品中得到裁体与布局的方便，写年青人亟于想明白而且永远不发生厌倦的"恋爱故事"，用平常易解的文字，使故事从容发展，其中加入一点明白易懂的讥讽，琐碎的叙述，乃不至于因此觉得过长。错综的恋爱，官能的挑逗，凑巧的遇合，平常心灵生的平常悲剧，最要紧处还是那文字无个性，叙述的不厌繁冗，年青人，十二年左右的年青人，切身的要求，是那么简单明白，向艺术的要求，又那么不能苛刻，于是张资平的作品，给了年青人兴奋和满足，用作品揪着了年青人的感情，张资平的成就，也成为空前的成就了。俨然为读者而有所制作，故事的内容，文字的幽默，给予读者以非常喜悦，张资平的作品，得到的"大众"，比鲁迅作品为多。然而使作品同海派文学混淆，使中国新芽初生的文学，态度与倾向，皆由热诚的崇高的企望，转入低级的趣味的培养，影响到读者与作者，也便是这一个人。年青读者从张资平作品中，是容易得到一种官能抽象的满足，这本能的向下发泄的兴味，原是由于上海旧派文学所酝酿成就的兴味，张资平加以修正，却以稍稍不同的意义给年青人了。

然而从张资平作品中感到爱悦的人，却多是缺少在那事件上展其所长的角色。这些年青男子，是"备员"却不是"现役"。恋爱这件事在他们方面，发生好奇的动摇，心情放荡，生活习惯却拘束到这实现的身体，无从活泼。这里便发生了矛盾，发生了争持。"情欲的自决"，"婚姻的自决"，这口号从"五四"喊起，喊了几年，年青人在这件事却空怀"大志"，不能每人皆可得到方便。张资平小说告给年青人的只是"故事"，故事是不能完全代替另外一个欲望的。于是，郁达夫，以衰弱的病态的情感，怀着卑小的可怜的神情，写成了他的《沉沦》。这一来，却写出了所有年青人为那故事而眩目的忧郁了。

生活的卑微，在这卑微生活里所发生的感触，欲望上进取，失败后的追悔，由一个年青独身男子用一种坦白的自暴方法，陈述于读者，郁达夫，这个名字从《创造周报》上出现，不久以后成为一切年青人最熟习的名字了。人人皆觉得郁达夫是个可怜的人，是个朋友，因为人人皆可从他作品中，发现自己的模样。郁达夫在他作品中，提出的是当前一个重要问题。"名誉、金钱、女人、取联盟样子，攻击我这零落孤独的人……"这一句话把年青人心说软了。在作者的作品上,年青人,在渺小的平凡生活里,用憔悴的眼看四方,再看看自己,有眼泪的都不能悭吝他的眼泪了。这是作者一人的悲哀么?不,这不是作者;却是读者。多数的读者,诚实的心是为这个而鼓动的。多数的读者,由郁达夫作品,认识了自己的脸色与环境。作者一支富有才情的笔,却使每一个作品,在组织上即或完全忽略,也仍然非常动人。一个女子可以嘲笑冰心,因为冰心缺少气概显示自己另一面生活,不如稍后一时淦女士[1]对于自白的勇敢。但一个男子,一个端重的对生存不儿戏的男子,他却不能嘲笑郁达夫。放肆的无所忌诞的为生活有所喊叫。到现在却成了一个可嘲笑的愚行,因为时代带走了一切陈腐,新的方向据说个人应当牺牲。然而展览苦闷由个人转为群众,十年来新的成就,是还无人能及郁达夫的。说明自己,分析自己,刻画自己,作品所提出的一点纠纷处,正是国内大多数青年心中所感到的纠纷处。郁达夫,因为新的生活使他沉默了,然而作品提出的问题,说到的苦闷,却依然存在于中国多数年青人生活里,一时不会失去的。

感伤的气分,使作者在自己作品上,写到放荡无节制的颓废里,作为苦闷的解决,关于这一点,暗示到读者,给年青人在生活方面,生活态度有大影响,这影响,便是"同情"于《沉沦》上人物的"悲哀",也同时"同意"于《沉沦》上人物的"任性"。这便是作者从作品上发生的不良结果,虽为时较后,用"大众文学"、"农民文学"作呼号,却没有多少补救的。作者所长是那种自白的诚恳,虽不免夸张,却毫不矜持,又能处置文字,运用词藻,在作品上那种神经质的人格,混合美恶,揉杂爱憎,不完全处、缺憾处,乃反而正是给人十分尊敬处。郭沫若用英雄夸大样子,有时使人发笑,在郁达夫作品上,用小丑的卑微神气出现,却使人忧郁起来了。鲁迅使人忧郁,是客观的写到中国小都市的一切,郁达夫,只会写他本身,但那却是我们青年人自己。中国农村是崩溃了,毁灭了,为长期的混战,为土匪骚扰,为新的物质所侵入。可赞美的或可憎恶的,皆在渐渐失去原来的型范,鲁迅不能凝视新的一切了。但年青人心灵的悲剧,却依然存在,在沉默里存在,郁达夫,则以另外意义而沉默了的。

---

[1] 淦女士,即冯沅君,现代女作家。

三

让我们忘却了上面提到的这几个人，因为另外还有值得记忆的作者。是的，上面的作者，有些人，是在我们还没有忘却他以前，他自己就早已忘却他的作品了。汪敬熙、王统照、落华生几个人，在创作上留下的意义，是正如前一期新诗作者俞平伯等一样的意义，作品成为"历史底"了的。鲁迅、郁达夫、冰心、郭沫若，这些自己并不忘却自己的人，我们慢慢的也疏忽了。张资平，在那巨量的产额下，在那常常近于"孪生"的作品里，给人仍然是那种原来趣味，但读者，用一个人嘲弄的答谢给作者，是一件平常而正当的行为。他的作品继续了新海派的作风，同上海几个登载图画摄影的通俗杂志可以相提并记。叶绍钧因为矜持，作风拘束到自己的习惯里，虽在寂寞中还能继续创作，但给人的感动，却无从超越先一时期所得的成功了。

这个时代是说到十二年十三年为止的。

四

十三年左右，在国内创作者中为人所熟习的名字，是下面几个人。许钦文、冯文炳、王鲁彦、黎锦明、胡也频。各人文字风格皆有所不同，然而贯以当时的趣味，却使每个作者皆自然而然写了许多创作。同鲁迅的讽刺作品取同一的路线。绅士阶级的滑稽，年青男女的浅浮，农村的愚暗，新旧时代接替的纠纷，凡属作家，凝眸着手，总不外乎上述各点。同时因文字方面所受影响，北方文学运动所提示的简明体裁，又统一了各个作者，故所谓个性，还仅能在文学风格上微有不同，"人生文学"一名词，虽无从概括作者，然而作品所显示的一面，是无从使一作者独有所成就的。其中因思想转变使其作品到一种新的环境里去，其作品能不为时代习气所限，只一胡也频。但这转换是十八年后的事，去当时写作已四年了。

从上述各作者作品作一系统检阅，便可明白放弃辞藻的文学主张，到十三年后，由于各个新作家的努力，限度已如何展开，然而同时又因这主张，如何拘束了各个作品。创造社的兴起，在另一意义上，也可说作了一种新的试验，在新的语体文中容纳了旧的辞藻，创造社诸人在文体一方面，是从试验而得到了意外好影响的。这试验一由于作者一支笔可以在较方便情形下处置文字，一由于读者易于领会。在当时，说及创造社的，莫不以"有感情"盛道创造社同人的成功，这成就，在文字一方面是较之在思想方面为大的。

用有感情的文字，写当时人所朦瞳的所谓两性问题，由于作者的女性身分，使作品活泼于一切读者印象中，到后就有了淦女士。一面是作者所写到的一种事情，给了年青读者的兴奋，一面是作者处置文字的手段，较之庐隐还更华美，以"隔绝之后"命题，登载于《创造季刊》上时，淦女士所得到的盛誉，超越了冰心，惹人注意与讨论，较之郁达夫鲁迅作品，似都更宽泛而长久。

用有诗气息的文字，虽这文字所酝酿的气息十分旧，然而说到的却是十分新，淦女士作品，在精神的雄强泼辣上，给了读者极大惊讶与欢喜。年青人在冰心方面，正因为除了母性的温柔，得不到什么东西，而不无小小失望，淦女士作品，却暴露了自己生活最眩目的一面。这是"一个传奇"，"一个异闻"。是的，毫无可疑的，这是当时的年青人所要的作品。"一个异闻"，淦女士作品，是在这意义下被社会认识而加以欢迎了。文字比冰心的华美，却缺少冰心的亲切，但她说到的是自己，她具有展览自己的勇敢，她告给人是自己在如何解决自己的故事，她同时是一个女人，为了对于"爱"这名词有所说明，在一九二三年前，女作家中还没有这种作品。在男子作品中，能肆无所忌的写到一切，也还没有。因此淦女士作品，以崭新的趣味，兴奋了一时代的年青人。《卷葹》这本书，容纳了作者初期几个作品，到后还写有《劫灰》及其他，笔名改为阮君。

淦女士的作品，是感动过许多人的，比冰心作品更给人感动，这全是事实。但时代稍过，作品同本人生活一分离，淦女士的作品，却以非常冷淡的情形存在，渐渐寂寞下去了。因作者的作品价值，若同本人生活分离，则在作者作品里，全个组织与文字技巧，便已毫无惊人的发现。把作者的作品当一个艺术作品来鉴赏，淦女士适宜于同庐隐一起，时至今日，她的读者应当是那些对于旧诗还有兴味的人来注意的。《超人》在时代各样趣味下，还是一本适宜于女学生阅读的创作，《卷葹》能给当时的年青人感动，却不能如《超人》长久给人感动，《卷葹》文字的美丽飘逸处，能欣赏而不足取法。

在第二时期上，女作家中，有一个使人不容易忘却的名字，有两本使人无从忘却的书，是叔华女士的《花之寺》同《女人》。把创作在一个艺术的作品上去努力写作，忽略了世俗对女子作品所要求的标准，忽略了社会的趣味，以明慧的笔，去在自己所见及一个世界里，发现一切，温柔的也是诚恳的写到那各样人物姿态，叔华的作品，在女作家中别走出了一条新路。"悲剧"这个名词，在中国十年来新创作各作品上，是那么成立了非常可笑的定义，庐隐的作品，淦女士的作品，陈学昭[1]的作品，全是在所谓"悲剧"的描绘下面使人倾心拜倒的表现自己的生活。或写一片人生，饿了饭暂时的失业，穿肮脏旧衣为人不理会，家庭不容许恋爱把她关锁在一个房子里，死了一个儿子，杀了几个头。写出这些事物的外表，用一些诱人的热情夸张句子，这便是悲剧。郭沫若是写这浮面生活的高手，也就因为写到那表面，恰恰与年青的鉴赏程度相称，艺术标准在一种俯就的情形下低落了。使习见的事，习见的人，无时无地不发生的纠纷，凝静的观察，平淡的写去，显示人物"心灵的悲剧"，或"心灵的战争"，在中国女作家中，叔华却写了另外一种创作。作品中没有眼泪，也没有血，也没有失业或饥饿，这些表面的人生，作者因生活不同，与之离远了。作者在自己所生活的一个平静世界里，看到的悲剧，是人生的琐碎的纠葛，是平凡现象中的动静，这悲剧不喊叫，不呻吟，却只是"沉默"。在《花之寺》一集里，除《酒后》一篇带着轻快的温柔调子外，人物多是在反省里沉默的。作者的描画，疏忽到通俗的所谓"美"，却从稍稍近于朴素的文字里，保持到静谧，毫不夸张的使角色出场，使故事从容的走到所要走到的高点去。每一个故事，在组织方面，皆有缜密的注意，每一篇作品，皆在合理的情形中"发展"与"结束"。在所写及的人事上，作者的笔却不为故事中卑微人事失去明快，总能保持一个作家的平静。淡淡的讽刺里，却常常有一个悲悯的微笑影子存在。时代这东西，影响及于一切中国作者，作品中，从不缺少"病的焦躁"，十年来年青作者作品的成就，也似乎全在说明到这"心上的不安"，然而写出的却缺少一种遐裕，即在作家中如叶绍钧，《城中》一集，作者的焦躁便十分显明的。叔华女士的作品，不为狭义的"时代"产生，为自己的艺术却给中国写了两本

---

[1] 陈学昭，现代女作家，浅草社成员。

好书。

但作者也有与叶绍钧同一凝固在自己所熟习的世界里，无从"向更广泛的人生多所体念"，无从使作品在"生活范围以外冒险"的情形。小孩、绅士阶级的家庭、中等人家姑娘的梦、绅士们的故事，为作者所发生兴味的一面。因不轻于着笔到各样世界里，谨慎处，认真处，反而略见拘束了。作者是应当使这拘束得到解放机会，作品涉及其他各方面，即在失败里少不气馁，则将来，会更能写出无数极好的故事的。作者所写到的一面，只是世界极窄的一面，所用的手法又多是"描写"而不是"分析"，文字因谨慎而略显滞呆，缺少飘逸，不放荡，故年青读者却常欢喜庐隐与阮君，而没有十分注意叔华，也是自然的。

五

还有几本书同几个作者，应归并在这时代里去的，是杨振声先生的《玉君》同川岛[1]的《月夜》，章衣萍的《情书一束》。

《月夜》在小品散文中有诗的美质。《情书一束》则写儿女情怀，微带一点儿荡、一点儿谐趣，写成了这一本书。《情书一束》得到的毁誉，由于书店商人的技巧，与作者本作品以外的另一类作品，比《沉沦》或《呐喊》都多，然而也同样比这两本书容易为人忘却。因为由于作者清丽的笔，写到儿女事情，不庄重处给人以趣味。这趣味，在上海《幻洲》[2]一类刊物发表后，《情书一束》的读者，便把方向挪到新的事物上去了。

《玉君》这本书，在出世后是得到国内刊物极多好评的。作者在故事组织方面，梦境的反复，使作品的秩序稍感紊乱，但描写乡村动静，声音与颜色，作者的文字，优美动人处，实为当时长篇新作品所不及。且中国先一期中篇小说，张资平《冲积期化石》，头绪既极乱，王统照《黄昏》，也缺少整个的组织的美，《玉君》在这两个作品以后问世，却用一个新的方法写一个传奇，文字艺术又不坏，故这本书不单是在过去给人以最深印象，在目下，也仍然是一本可读的书。因作者创作态度，在使作品"成为一个作品"，却不在使作品"成为一个时髦作品"，故在这作品的各方面，不作趋

---

[1] 川岛，即章廷谦，现代作家，《语丝》撰稿人。
[2] 《幻洲》，文艺性半月刊，叶灵凤、潘汉年编辑。

时的讽刺,不作悲苦的自白,皆不缺少一个典型的法则。小小缺憾处,作者没有在第二个作品里有所修正,因为这作品,如《月夜》《雪夜》一样,作者皆在另一生活上,抛弃了创作的兴味,在自己这作品上,也似乎比读者还容易把它先已忘却了、

这时还有几个作者几种作品,因为他们的工作,在另外一件事上,有了更多更好的贡献,因此我们皆疏忽了的,是郑振铎先生的《家庭故事》,赵景深[1]先生的《烧饼》,徐霞村[2]先生的《古国的人们》。

又有几个作家的作品,为了别一种原因,使我们对于他的名字同作品都疏远了一点,然而那些作品在当时却全是一些刊物读者最好的粮食的,在北方,还有闻国新、蹇先艾、焦菊隐、于成泽[3]、李健吾、罗暄岚等创作。在南方,则有周全平、叶灵凤,由创造社的《创造》而《幻洲》、《洪水》[4],各刊物上继续写作了不少文章,名字成为了南方读者所熟习的名字(其中最先为人注意的还有一个倪贻德)。还有彭家煌。在武昌,则有刘大杰、胡云翼[5]。在湖南,则有罗黑芷。这些作者的作品,在同一时代,似乎比较冷落一点,既不同几个已经说到的作家可以相提并论,即与或先或后的作家如冯文炳、许钦文、黎锦明、王鲁彦、胡也频而言,也不如此数人使人注意。这里我们不能不承认"数量"、"文字个性"、"所据地位"几种关系,或成就了某一些作者,或妨碍了某一些作者,是一种看来十分稀奇,实在却很平常的事实。冯文炳是以他的文字"风格"自见的。用十分单纯而合乎所谓"口语"的文字,写他所见及的农村儿女事情,一切人物出之以和爱,一切人物皆聪颖明事,习于其所占据那个世界的人情,淡淡的描,细致的刻画,由于文字所蕴酿成就的特殊空气,很有人欢喜那种文章。许钦文能用仿佛速写的笔,擦擦的自然而便捷的画出那些乡村人物的轮廓,写出那些年青人在恋爱里的纠纷,与当时看杂感而感到喜悦的读者读书的耐心与趣味是极相称的。黎锦明承鲁迅方法,出之以粗糙的描写,尖刻的讥讽,夸张的刻画,文字的不驳杂中,却有一种豪放气派,这气派的独占,在他名为《雹》的一

---

[1] 赵景深,现代作家、文学史家、翻译家,文学研究会成员。
[2] 徐霞村,法国文学研究者,曾编辑过《熔炉》杂志。
[3] 闻国新,现代作家。于成泽,现代作家。
[4] 《洪水》,创造社刊物之一。
[5] 彭家煌,现代作家。刘大杰,现代作家、文学史家。胡云翼,著名词学研究家、文学史家。

集中间，实很有些作品较之同时其他作家的作品更为可爱的。鲁彦的《柚子》，抑郁的气分，遮没了每个作品，文字却有一种美，且组织方面和造句方面，承受了北方文学运动者所提出的方向，干净而亲切，同时讥讽的悲悯的态度，又有与鲁迅相似处，当时文学风气是《阿Q正传》支配到一部分人趣味的时节，故鲁彦风格也从那一路发展下去了。胡也频，以诗人清秀的笔转而作小说，由于生活一面的体念，使每一个故事皆在文字方而毫无微疵，在组织方面十分完美。其初期作品《圣徒》、《牧场上》可作代表，到后方向略异，作品中如《光明在前面》等作，则一个新的人格和意识，见出作者热诚与爱的取舍，由忧郁徘徊而为勇敢的向前，有超越同时同类一般作品的趋势。

但我们有时却无力否认名字比较冷落的作家，比名字热闹的作家有什么十分相悬的界域。在中国，初期的文坛情形，滥入了若干毫无关系的分子，直到如今还是免不了的。在创作中有为玩玩而写作的作家，也有因这类的玩玩而写作的人，挡住前路，成为风气，占据刊物所有的篇章，终于把写作无从表现的作家，在较大刊物上把作品与读者晤面的，照例所得读者注意处较多，与书业中有关系的，照例他那作品常有极好的销数，欢喜自画自赞的，不缺少互相标榜兴味的，他们分上得到的好处，是一个低头在沉默中创作的作家所无分的。从小小的平凡的例子上看去，蒋光慈、长虹、章衣萍……这一类名字，莫不在装点渲染中比起任何名字似乎还体面一些。那理由，我们若不能从他们的作品中找寻得到时，是只有从另外一个意义下去领会的。有些作家用他的作品支持到他的地位，有些作家又正是用他的地位支持到作品。故如所传说，一个名作者用一元千字把作品购为己有，这事当然并不稀奇。因为在上述情形中，无数无名无势的新进者，出路是不要钱也无人愿意印行他们的著作的。这些事因近年来经营新出版业者的加多，而稍稍使习气破除，然而凡是由于以事业生活地位而支持到作品地位的，却并不因此有所动摇。文学趣味的方面，并不在乎读者而转移。读者就永远无能力说需要些什么，不要些什么，故时到今日，风气一转，便轮到小学生书籍充满市面的时候了。

六

把上述诸作者，以及其中近于特殊的情形，作不愉快的叙述，可以暂且放下不用再提了的。

从各方面加以仔细的检查，在一些作品中，包含孕育着的浮薄而不庄重的气息，实大可惊人，十年来中国的文学，在创作一方面，由于诙谐趣味的培养，所受的不良影响，是非常不好的把讽刺的气息注入各样作品内，这是文学革命稍后一点普遍的现象，这现象到如今经过两种打击还依然存在，无产阶级文学和民族主义文学皆不能纠正它。过去一时代文学作品，大多数看来，皆不缺少病的纤细，前面说到的理由，是我们所不能不注意的。

使作品皆病于纤巧，一个作品的动人，受读者欢迎，成为时髦的作品，全赖这一点，这种过失是应当有人负责的。胡适之为《儒林外史》重新估价，鲁迅、周作人、西滢[1]等杂感，西林[2]的戏，张资平的小说，以及另外一些人的莫泊桑契诃夫作品的翻译，这些人的成绩，都是我们十分感谢，却又使我们在感谢中有所抗议。这些作品毫无可疑处，是对于此后一般作品方而有了极大的暗示。由于《新青年》陈独秀等那类杂感，读者们学会了对制度用辱骂和讽刺作反抗的行为，由于《创造》成仿吾那种批评，读者们学会了轻视趣味不同的文学的习惯，由于《语丝》派所保持的态度而写成的杂感和小品散文，养成了一种趣味，是尖巧深刻的不良趣味。用这态度有所写作，照例可以避去强调的冲突，而能得到自得其乐的满足。用这态度有所写作，可以使人发笑，使人承认，使人同意。但同时另外指示到创作方向，"暗示"或"影响"到创作的态度，便成为不良的结果。我们看看年轻人的作品中，每一个作者的作品，总不缺少用一种谐趣的调子，不庄重的调子写成的故事。每一个作者的作品，皆有一种近于把故事中人物嘲讽的权利，这权利的滥用，不知节制，无所顾忌，因此使作品深深受了影响，许多创作皆不成为创作，完全失去其正当的意义，这失败处是应归之于先一时作俑者的。文学由"人生严肃"转到"人生游戏"，于中年人情调虽合，所谓含泪微笑的作品，乃出之于不足语此的年轻作者，故结果留下一种极可非难的习气。

---

[1] 西滢，即陈源，现代作家，现代评论派重要成员。
[2] 西林，即丁西林，现代剧作家。

说一句俏皮一点的话,作一个小丑的姿式,在文体方面,则有意杂糅文言与口语,使之混和,把作品同"诙谐"接近,许多创作,因此一来连趣味也没有了。在把文学为有意识向社会作正面的抗议的情形里,所有的幼稚病,转到把文学为向恶势力作旁敲侧击的行为,抓他一把,捏他一下,仿佛虽聪明知慧了许多,然而创作给人也只是一点趣味,毫无其他可企望的了。舒老舍先生,集中了这创作的谐趣意识,以夸诞的讽刺,写成了三个长篇,似乎同时也就结束了这趣味的继续存在。因为十六年后,小巧的杂感,精致的闲话,微妙的对白剧,千篇一律的讽刺小说,也使读者和作者有点厌倦了,于是时代便带走了这个游戏的闲情,代替而来了一些新的作家与新的作品。

这方向的转变,可注意的不是那几个以文学为旗帜的人物,虽然他们也写了许多东西,如钱杏邨[1]先生所指出的蒋光慈、洪灵菲等等。但我想说到的,是那些仅以作品直接诉之于读者,不仰赖作品以外任何手段的作家,有几个很可注意到的人:

一、以十五六年以来革命纠纷的时代为背景,作者体念的结果,写成了《动摇》、《追求》、《幻灭》三个有连续性的恋爱革命小说,是茅盾。

二、以一个进步阶级女子,在生活方面所加的分析,明快爽朗又复细腻委婉的写及心上所感到的纠纷,着眼于低级人物的生活,而能写出平常人所着眼不到处,写了《在黑暗中》的是丁玲。

三、就是先前所说及的集中了讽刺与诙谐用北京风物作背景,写了《赵子曰》、《老张哲学》等作的是老舍。

在短篇方面,则施蛰存先生一本《上元灯》,最值得保留到我们的记忆里。

把习气除去,把在创作中不庄重的措辞,与自得其乐沾沾自喜的神气消灭,同时也不依赖其他装点,只把创作当成一个企图,企图它成一个艺术作品,在沉默中努力,一意来写作,因此作品皆能以一种不同的风格产生而存在,上述各作者的成就,是我们在另一时候也不能忘却的。使《黄昏》、《玉君》等作品与茅盾《追求》并列,在故事发展上,在描写技巧上,皆见

---

[1] 钱杏邨,即阿英,现代作家、戏剧家、文学史家。

出后者超越前者处极多。大胆的以男子丈夫气分析自己，为病态神经质青年女人作动人的素描，为下层女人有所申诉，丁玲女士的作品，给人的趣味，给人的感动，把前一时几个女作家所有的爱好者兴味与方向皆扭转了。他们厌弃了冰心，厌弃了庐隐，淦女士的词人笔调太俗，叔华女士的闺秀笔致太淡，丁玲女士的作品恰恰给了读者们一些新的兴奋。反复酣畅的写出一切，带着一点儿忧郁，一点儿轻狂，攫着了读者的感情，到目前，复因自己意识就着时代而前进，故尚无一个女作家有更超越的惊人的作品可以企及的。

讽刺因夸张而转入诙谐滑稽，老舍先生的作品，在或一意义上，是并不好的。然而一时代风气，作家之一群，给了读者以忧郁，给了读者以愤怒，却并无一个作者的作品，可以使年青人心上的重压稍稍轻松。读《赵子曰》，读《老张哲学》，却使我们感觉作者能在所写及的事物上发笑，而读者却因此也可以得到一个发笑机会。这成就已不算十分坏了。关于故都风物一切光景的反照，老舍长处是一般作者所不能及的，人物性格的描画，也极其逼真动人，使作品贯以一点儿放肆坦白的谐谑，老舍各作品，在风格和技术两方面都值得注意。

冯文炳、黎锦明、王鲁彦、许钦文……等等，作品可以一贯而谈处便是各个作家的"讽刺气分"。这气分，因各人笔致风格而小异，并却不完全失去其一致处。这种风气的形成，有应上溯及前面所述及"诙谐趣味"的养成，始能明白其因缘的。毫无可疑处，各个作者在讽刺方面，全是失败了的。读者这方面的嗜好，却并不能使各个作家的作品因之而纯粹。诚实的制作自己所要制作的故事，清明的睥睨一切，坦白的申述一切，为人生所烦恼，便使这烦恼诉之于读者，南方《创造》派所形成的风气实比之于北方《语丝》派为优。浅薄幼稚，尚可望因时代而前进，使之消灭；世故聪明，却使每个作者在写作之余，有泰然自得的样子，文学的健康性是因此而全毁了的。十六年革命小说兴起，一面是在对文学倾向有所提示，另一面也掊击到这种不良趣味。这企图，在创作方面，并无何等积极的贡献，在这一面却是不为无益的。虽当时大小杂感家以《奔流》为残垒，有所保护，然而"白相的文学态度"随即也就因大势所趋而消灭了。几个短篇作者，在先一时所得到的优越地位，另有了代替的人物，施蛰存、孙席珍、沉樱[1]，是几个较熟习的名字。这些人是不会讽刺的。在把创作当一个创作的态度诚恳上而言，几人的成就，虽不一定较之另外数人为佳，然而把作品从琐碎的牢骚里拖出，不拘宥到积习里，作品却较纯粹多了。《上元灯》笔头明秀，长于描绘，虽调子有时略感纤弱，却仍然可算为一个完美的作品。这作品与稍前一年两年的各作品较，则可知道以清丽的笔，写这世界行将消失或已消失的农村传奇，冯文炳、许钦文、施蛰存有何种相似又有何种不同处。

孙席珍写了《战场上》，关于战争还另外写了一些作品。然这类题材，对于作者并不适宜，因作者所认识另一生活不多，文字技巧又不能补其所短，故对于读者无多大兴味。但关于战争，作暴露的抗议，作者以外还无另一人。

与施蛰存笔致有相似处，明朗细致，气派因生活与年龄拘束，无从展开，略嫌窄狭，然而能使每一个作品成为一个完美好作品，在组织文字方面皆十分注意，且为女作者中极有希望的，还有一个女子作家沉樱。

本篇原载1931年4月15日《文艺月刊》

---

[1] 孙席珍，现代作家。沉樱，现代女作家。曾编辑《京报·文学周刊》。

萧乾小说集题记

在都市住上十年，我还是个乡下人。第一件事，我就永远不习惯城里人所习惯的道德的愉快，伦理的愉快。

我崇拜朝气，欢喜自由，赞美胆量大的，精力强的。一个人行为或精神上有朝气，不在小利小害上打算计较，不拘拘于物质攫取与人世毁誉，他能硬起脊梁，笔直走他要走的道路，他所学的或同我所学的完全是两样东西，他的政治思想或与我的极其相反，他的宗教信仰或与我的十分冲突，那不碍事，我仍然觉得这是个朋友，这是个人。我爱这种人也尊敬这种人。因为这种人有气魄，有力量。这种人也许野一点，粗一点，但一切伟大事业伟大作品就只这类人有分。他不能避免失败，他失败了能再干。他容易跌倒，但存跌倒以后仍然即刻可以爬起。

至于怕事，偷懒，不结实，缺少相当偏见，凡事投机取巧媚世悦俗的人呢，我不习惯同这种人要好，他们给我的"同情"，还不如另一种人给我"反对"有用。这种"城里人"仿佛细腻，其实庸俗。仿佛和平，其实阴险。仿佛清高，其实鬼祟。这世界若永远不变个样子，自然是他们的世界。右倾革命的也罢，革右倾的命的也罢，一切世俗热闹皆有他们的分。就由于应世技巧的圆熟，他们的工作常常容易见好，也极容易成功。这种人在"作家"中就不少。老实说，我讨厌这种城里人。

曾经有人询问我，"你为什么要写作？"

我告他说："因为我活到这世界里有所爱。美丽，清洁，智慧，以及对全人类幸福的幻影，皆永远觉得是一种德性，也因此永远使我对它崇拜和倾心。这点情绪同宗教情绪完全一样。这点情绪促我来写作，不断的写作，没有扶倦，只因为我将在各个作品各种形式里，表现我对于这个道德的努力。

人事能够燃起我感情的太多了,我的写作就是颂扬一切与我同在的人类美丽与智慧。若每个作品还皆许可作者安置一点贪欲,我想到的是用我作品去拥抱世界,占有这一世纪所有青年的心。……生活或许使我平凡与堕落,我的感情还可以向高处跑去,生活或许使我孤单独立,我的作品将同许多人发生爱情同友谊……"

这是个乡下人的意见,同流行的观点自然是不相称的。

朋友萧乾弟一个短篇小说集子行将付印了,他要我在这个集子说几句话,他的每篇文章,第一个读者几乎全是我。他的文章我除了觉得很好,说不出别的意见。这意见我相信将与所有本书读者相同的。至于他的为人,他的创作态度呢,我认为只有一个"乡下人",才能那么生气勃勃勇敢结实。我希望他永远是乡下人,不要相信天才,狂妄造作,急于自见。应当养成担负失败的忍耐,在忍耐中产生他更完全的作品。

二十二年十二月十三日
本篇发表于1934年12月15日天津《大公报》

高植[1]小说集序

我在最近一个论文里，曾说到中国十年来的创作小说，有几个作者，为一种诙谐趣味所支配，如何留下了不良的结果，这病的传染，找寻那些应该负一点儿责任的人，可非议的名字是很多的。我又说到过，这到如今已不值得年青作者来继续保留的趣味，以老舍君作品为止，如何综合了这趣味，也如何结束了这趣味。新的趋势是从另一个方向着手的。如果我们还能注意或高兴去注意二年来几个为国人所最留心的作家，以及其各样作品，便会觉得我所提到的一切，不至于与事实怎样悖谬。

讽刺与诙谐，使许多作品用小丑神气存在，这是稍前一些时代一种极不幸的事情。我对某些人这种文学态度，找寻了一个适当的名称，便是"白相文学态度。"白相的文学态度到今日是否完全消灭，此后是否还将继续存在，全不能知道。由于白相的文学态度产生的作品，不能完美，缺少健康，走入邪路，那是当然而无可否认的。

新的趋势意见极不一致，然而却能一致同诙谐渐渐离远了，因社会意识严肃了自己心情，写了一些新的作品的胡也频君，作品到近年来为最可注意的一个，新的作风在另一面便是不诙谐。丁玲作品不诙谐。茅盾作品不诙谐。施蛰存作品不诙谐。巴金作品不诙谐。以笔名沉樱、小铃写了极多美丽短篇小说为新的女作家中之一的陈女士，也是不诙谐的。（将笔放肆刻薄到作品中人物，先一时成为作家权利的事，近年来乃似乎成为了作家一样忌讳，平常人看来是极古怪。）自从含着一点儿放荡，一点儿任性，小气的不庄重的趣味，为一个新来的时代带走后，上述诸人作品的影响，纠正了无数读者对文学作品的不庄重观念，同时也就暗示到了一些新的无名作家，给他

---

[1] 高植，现代小说作家。本篇是为高植小说集《酒后》所写。

们引出一条更适宜于创作的道路。由写作的儿戏态度转成严重，认为文学一个必然的条件时，无论普罗作者，或是民族主义文学者，否认这个问题全不可能的。虽到了一九三〇年，在北方，因为生活从容，还有《骆驼草》[1]产生，以趣味作"写作自由"的护身衣甲，但这趣味的刊物旋即消灭，使人忘记。在南方，有些时髦刊物，趣味也无从证明，创作已认真了一点，然而整个的趋势，则以文学附丽于"生存争斗"和"民族意识"上，使创作摆脱了肤浅的讽刺，拘束到"不儿戏"情形中，成为必然的要求了。

这新的写作态度，还没有使什么人作品伟大起来的事实，却已令人敬视它的存在。这个非白相文学态度，最好的影响，是可以坚实许多新从事于写作而名字还极陌生的作家的。他们要这样才有更好的成就，更可希望的前途。他们不论为何种文学主义所拘束，皆较之受不良趣味所拘束为害较少。我同时留心这件事，注意到那些以诚实底严肃底态度而创作的人，在年青朋友中，高植君便是我所发现的一个。他的努力和耐心，是我在所有朋友中最难见到的，把文学当成一种事业，他有勇气使他凝眸最远的一方。不为目前任何失败所挫折，也不为小小成就而眩目。他在每一作品中皆承认自己的失败，然而失败却不能妨碍他取新的姿势的向前。他用的是最傻的也正是最诚实可爱的方法来写作小说，在平时，便留心到一切事情，任何琐碎的现象，皆不缺少注意的兴味，任何生活都愿意领会，在任何情形下，他皆不忘记他的创作！然而同时这样试验了又去作那样试验的他，宽泛的人生经验，所触着的是那么少，却只想象一切皆可在他手下以艺术的形式重现，"他不自信当前月亮的全圆，却相信终要以由他手下产生一个正圆的月，"他那可爱的傻处，正是一个艺术家必须的性格，依我想，这性格应当为年轻作家一种最好的德性，伟人的作品，必与这德性相伴而产生，那是毫无可疑的。

他的第一个集子听说已经付印了，我能在这集子的读者前面说出我的喜悦，实在比作者还觉得高兴，因为作者是并不以这个作品限制了自己的成就，而我却为了朋友这态度，而期待着第二个集子的印行的。

二十年六月八日成于北京
本篇发表于1931年7月1日《创作月刊》

---

[1] 骆驼草，周刊，1930年在北京创刊。

读《西班牙游记》[1]

一般人写欧洲游记时，总容易把它写成一本极蹩脚的"旅行指南"。有旅行指南的毛病，没有旅行指南的详尽，因为多半说的只是自己足迹所经过的种种，走过身时一切只是走马观花，这里有什么那里有什么，那些材料的来源，却当真还是从旅行指南得来的。虽间或还记下一点点生活经验，记的也是有形的，浮面的，读完它时我们若想一想，所得印象自然不免如此：这个旅行者的宗旨，并不是为旅行，只是在旅行时写点游记。他或者在旅行时只读旅行指南，抄旅行指南，或者此外也根据旅行指南看了一些异味风土人情，古迹名画，可是都不相干。旅行对于他无影响，少意义，那是很明白的。他虽耗费了一笔金钱（说不定这金钱还是国家的）却不能启发他的性灵或感情。回国后，虽写了一本游记，其实，不写它，反而省事。

好游记不是没有。邓先生这本薄薄的西班牙游记，就是一本写得有意思的书。篇幅不大，所记的又零零碎碎，但无碍于它是一本有意思的书。二十四年本刊开始刊载这些记游文章时（题作"癸酉行笥杂记"）人人都说这文章"怪"。不特所记的和一般旅行游记不同，便是用来记事抒情的文字，也完全和一般人的文字不同。易言之，就是这游记怪的有意思。所记的差不多全是作者个人的感觉或认识。从小处着眼，如记西班牙之妇女和斗牛，繁杂而不猥琐；从大处着眼，如记法国和西班牙之建筑雕刻，扼要而又说的当行。记游文章说的与人"不同"还容易，难的是比别人深刻而中肯。这本游记的好处，就正是笔下深刻而中肯。尤其是贯注篇章中有一种流动而又声色交错的美丽，且情趣洋溢，是小诗，是画。

"作者若不是个哲学家，也一定是个艺术家"，这是一般读过这游记的

---

[1]《西班牙游记》，邓以蛰著。

读者必然的估计。这估计一点不错。作者对一切都有他度越流俗的看法，譬如说，凡到过巴黎的中国人，总不忘掉那座大铁塔，塔上有些什么玩意儿，也说的津津有味。他却把那东西看作丑恶的代表，以为越放大越显得丑陋可笑，高耸入云，正合给汽车公司作广告用！你说他不懂巴黎吗？正相反，不特那个死的巴黎——建筑，雕刻，或绘画，对于他都充满了兴味，便是那个活鲜鲜的巴黎，说来他也并不比"老巴黎"懂得更少！初到巴黎他也许不免目迷五色，有点不知所措——至少是见到巴黎那些美丽时髦女人的鼻子，眼睛，眉毛，头发，身段时，这远自东方来的美术家，不免有点惊讶，永远惊讶。然而，当他说出法国人的好坏时，你就知道法国人在他手上的轻重分量了。如本书记咖啡馆那一段：

> 说到咖啡馆，我从前在国内所得的观念，说是可以会朋友谈心，可以男女诉说幽情，可以读书看报，可以写信，好像是非常雅静的所在，……灯光暗暗的，房间小小的，坐位窝软软的，无事不宜的一类。谁知大谬不然，为是一种钻头无缝，人挤满了一堂，好叫你赏识赏识社会生活的伟大！真的，一进到咖啡馆乃觉到人的晶核点不是"自我"，是人与人偎贴的"人性"。尽管不相识，不相交谈，断不了此性的交流。相识交谈已不是友道的要素，友道不在人群的划分，而在人性之归纳。法国人的性格能总摄而不损其周到，能放浪也不伤其细致；好处是：不讲友道而人情自通，不讲风格而步骤适宜，不知吟风弄月而情感无微不入，坏处是：不着边际，虚伪，残酷，好利，中国人怛怩的耻辱之心恐怕他们也没有。这样庞杂汗漫的咖啡馆的生活，所以只有法国才能够有。

试想想，一个忘不了向中国读者夸说他上铁塔的老巴黎，能不能够写得出这种文字？

本书侧重在西班牙记游，所以如"希尔哥斯"一章记西班牙女子和舞蹈，"瓦兰洽赶热闹"一章记当地人在节日的狂欢状况，"斗牛"一章记西班牙斗牛之盛况，写出这个民族的性格和风光，美丽的人，可说是游记中的

珠玉。关心这个国家近日内战的，读过这几段短短游记，就会明白当前这个民族热烈流血的悲剧，原可说是这个民族性格所促成的。热情，这个民族的本质，排遣它，用在承平时是歌舞和娱乐，乱世却命定只有流血。

本书似乎也有一个缺点，为大多数好书无可奈何的缺点，就是它篇幅太少了，读来不大过瘾。一个读者若为这本书所吸引，神往于斗牛场的斗牛，和Burzos-Telebo两地方古典风的窗下唱歌等事，尤其会把这书篇幅太少，认为一个缺点。掩上书时他会带点埋怨口气说：你既然带我到这个国家来，你就得多有一分耐心，把凡是你认为值得逛的值得见识的全走到看到，才是道理。大部分全逛到见到了，再结束也不迟！

我希望作者能有这种兴致，诚如本书题记所说，在另一时再给我们一部大书。因为这个美丽国家目前已变成一个国际大球场，各处都有各种飞机投下各种炸弹在不断的轰炸和屠杀，国内那几个在世界上以保存丰富管理完善的博物馆，和一些有名的大小建筑，目前业已毁去不少，那点残余将来也难免被毁去。作者旅行西班牙既久，如能用文字使它再生，实在是件极有意义的工作。

廿六年一月廿日
本篇原载1937年2月26日天津《大公报》

从徐志摩作品学习"抒情"

在写作上想到下笔的便利,是以"我"为主,就官能感觉和印象温习来写随笔。或向内写心,或向外写物,或内外兼写,由心及物由物及心混成一片。方法上富于变化,包含多,体裁上更不拘文格文式,可以取例作参考的,现代作家中,徐志摩作品似乎最相宜。

譬如写风景,在《我所知道的康桥[1]》,说到康桥天然的景色,说到康河,实在妩媚美丽得很。他要你凝神的看,要你听,要你感觉到这特殊风光:

康桥的灵性全在一条河上;康河,我敢说,是全世界最秀丽的一条河水。……河身多的是曲折,上游是有名的拜伦潭……当年拜伦[2]常在那里玩的。有一个老村子叫格兰骞斯德,有一个果子园,你可以躺在累累的桃李树荫下吃茶,花果会掉入你的茶杯,小雀子会到你桌上来啄食,那真是别有一番天地。这是上游。下游是从骞斯德顿下去,河面展开,那是春夏间竞舟的场所。上下河分界处有一个坝筑,水流急得很,在星光下听水声,听近村晚钟声,听河畔倦牛刍草声,是我康桥经验中最神秘的一种:大自然的优美、宁静,调谐在这星光与波光的默契中,不期然的淹入了你的性灵。
……
这河身的两岸都是四季常青最葱翠的草坪。从校友居的楼上望去,对岸草场上,不论早晚,永远有十数匹黄牛与白马,胫踝没在恣蔓的草丛中,从容的在咬嚼,星星的黄花在风中动荡,应和着它们尾鬃的扫拂。桥的两端有斜倚的垂柳与掬荫护住。水是澈底的清

[1] 康桥,通译剑桥,在英国东南部,这里是指剑桥大学。
[2] 拜伦,英国浪漫主义诗人,剑桥大学毕业。

澄,深不足四尺,匀匀的长着长条的水草。这岸边的草坪又是我的爱宠,在清朝,在傍晚,我常去这天然的织锦上坐地,有时读书,有时看水,有时仰卧着看天空的行云,有时反仆着搂抱大地的温软。

但河上的风流还不止两岸的秀丽,你得买船去玩。

……

你站在桥上去看人家撑,那多不费劲,多美!尤其在礼拜天有几个专家的女郎,穿一身缟素衣服,裙裾在风前悠悠的飘着,戴一顶宽边的薄纱帽,帽影在水草间颤动。你看她们出桥洞时的姿态,捻起一根竟像没分量的长竿,只轻轻的,不经心的往波心里一点,身子微微的一蹲,这船身便波的转出了桥影,翠条鱼似的向前滑了去。她们那敏捷,那闲暇,那轻盈,真是值得歌咏的。

在初夏阳光渐暖时,你去买一只小船,划去桥边荫下,躺着念你的书或是做你的梦,槐花香在水面上飘浮,鱼群的唼喋声在你的耳边挑逗。或是在初秋的黄昏,迎着新月的寒光,望上流僻静处远去。爱热闹的少年们携着他们的女友,在船沿上支着双双的东洋彩纸灯,带着话匣子,船心里用软垫铺着,也开向无人迹处去享受他们的野福——谁不爱听那水底翻的音乐在静定的河上描写梦意与春光!

……

静极了,这朝来水溶溶的大道,只远处牛奶车的铃声,点缀这周遭的沉默。顺着这大道走去,去到尽头,再转入林子里的小径,往烟雾浓密处走去,头顶是交枝的榆荫,透露着漠楞楞的曙色。再往前走去,走尽这林子,当前是平坦的原野,望见了村舍,初青的麦田;更远三两个馒形的小山掩住了一条通道,天边是雾茫茫的,尖尖的黑影是近村的教寺。听,那晓钟和缓的清音。这一带是此邦中部的平原,地形像是海里的轻波,默沉沉的起伏,山岭是望不见的,有的是常青的草原与沃腴的田壤。登那土阜上望去,康桥只是一带茂林,拥戴着几处婷婷的尖阁。妩媚的康河也望不见踪迹,你只能循着那锦带似的林木想象那一流清浅。村舍与树林是这地盘上的棋子,有村舍处有佳荫,有佳荫处有村舍。这早起是看炊烟的时辰：朝雾渐渐的升起，揭开了这灰苍苍的天幕（最好是微霞后的光景），远近的炊烟，成丝的，成缕的，成卷的，轻快的，迟重的，浓灰的，淡青的，惨白的，在静定的朝气里渐渐的上腾，渐渐的不见，仿佛是朝来人们的祈祷，参差的翳入了天听。朝阳是难得见的，这初春的天气，但它来时是起早人莫大的愉快。顷刻间这田野添深了颜色，一层轻纱似的金粉糁上了这草，这树，这通道，这庄舍。顷刻间这周遭弥漫了清晨富丽的温柔。顷刻间你的心怀也分润了白天诞生的光荣。……（摘引自《巴黎的鳞爪》）

对自然的感印下笔还容易，文字清而新，能凝眸动静光色，写下来即令人得到一种柔美印象。难的是对都市光景的捕捉，用极经济篇章，写一个繁华动荡、建筑物高耸、人群交流的都市。文字也俨然具建筑性，具流动性。如写巴黎：

咳，巴黎！到过巴黎的一定不会再希罕天堂；尝过巴黎的，老实说，连地狱都不想去了。整个的巴黎就像是一床野鸭绒的垫褥，衬得你通体舒泰，硬骨头都给熏酥了的——有时许太热一些，那也不碍事，只要你受得住。赞美是多余的，正如赞美天堂是多余的；咒诅也是多余的，正如咒诅地狱是多余的。巴黎，软绵绵的巴黎，只在你临别的时候轻轻地嘱咐一声："别忘了，再来！"其实连这都是多余的，谁不想再去？谁忘得了？

香草在你的脚下，春风在你的脸上，微笑在你的周遭。不拘束你，不责备你，不督饬你，不窘你，不恼你，不揉你。它搂着你，可不缚住你：是一条温存的臂膀，不是根绳子。它不是不让你跑，但它那招逗的指尖却永远在你的记忆里晃着。多轻盈的步履，罗袜的丝光随时可以沾上你记忆的颜色。

但巴黎却不是单调的喜剧。赛因河的柔波里掩映着罗浮宫的倩影，它也收藏着不少失意人最后的呼吸。流着，温驯的水波；流着，缠绵的思怨。咖啡馆：和着交颈的软语，开怀的笑响，有踞坐

在屋隅里蓬头少年计较自毁的哀思。跳舞场：和着翻飞的乐调，迷醉的酒香，有独自支颐的少妇思量着往迹的怆心。浮动在上一层的许是光明，是欢畅，是快乐，是甜蜜，是和谐；但沉淀在底里阳光照不到的才是人事经验的本质：说重一点是悲哀，说轻一点是惆怅。谁不愿意永远在轻快的流波里漾着，可得留神了你往深处去时的发见！

……

放宽一点说，人生只是个机缘巧合：别瞧日常生活河水似的流得平顺，它那里面多的是潜流，多的是漩涡，——轮着的时候，谁躲得了给卷了进去？那就是你发愁的时候，是你登仙的时候，是你辨着酸的时候，是你尝着甜的时候。

巴黎也不定比别的地方怎样不同，不同就在那边生活流波里的潜流更猛，漩涡更急，因此你叫给卷进去的机会也就更多。（摘自《巴黎的鳞爪·引言》）

同样是写"物"，前面从实处写所见，后面从虚处写所感。在他的诗中也可以找出相近的例。从实处写，如《石虎胡同七号》；从虚处写，如《云游》。

> 我们的小园庭，有时荡漾着无限温柔：
> 善笑的藤娘，袒酥怀任团团的柿掌绸缪；
> 百尺的槐翁，在微风中俯身将棠姑抱搂；
> 黄狗在篱边，守候睡熟的狗儿，他的小友；
> 小雀儿新制求婚的艳曲，在媚唱无休——
> 我们的小园庭，有时荡漾着无限温柔。
>
> 我们的小园庭，有时淡描着依稀的梦景：
> 雨过的苍茫与满庭荫绿，织成无声幽冥；
> 小蛙独坐在残兰的胸前，听隔院蚓鸣；

一片化不尽的雨云，倦展在老槐树顶；
掠檐前作圆形的舞旋，是蝙蝠，还是蜻蜓？——
我们的小园庭，有时淡描着依稀的梦景。

我们的小园庭，有时轻喟着一声奈何：
奈何在暴雨时，雨槌下捣烂鲜红无数；
奈何在新秋时，未凋的青叶惆怅地辞树；
奈何在深夜里，月儿乘云艇归去，西墙已度；
远巷薤露的乐音，一阵阵被冷风吹过——
我们的小园庭，有时轻喟着一声奈何。

我们的小园庭，有时沉浸在快乐之中：
雨后的黄昏，满院只美荫清香与凉风；
大量的寒翁，巨樽在手，寒足直指天空；
一斤，两斤，杯底喝尽，满怀酒欢，满面酒红，
连珠的笑响中，浮沉着神仙似的酒翁——
我们的小园庭，有时沉浸在快乐之中。（《石虎胡同七号》）

那天你翩翩的在空际云游，
自在，轻盈，你本不想停留
在天的那方或地的那角，
你的愉快是无拦阻的逍遥。
你更不经意在卑微的地面
有一流涧水，虽则你的明艳
在过路时点染了他的空灵，
使他惊醒，将你的倩影抱紧。
他抱紧的只是绵密的忧愁，
因为美不能在风光中静止。
他要，你已飞渡万重的山头，

去更阔大的湖海投射影子!
他在为你消瘦,那一流涧水,
在无能的盼望,盼望你飞回!（《云游》）

一切优秀作品的制作,离不了手与心。更重要的,也许还是培养手与心那个"境",一个比较清虚寥廓,具有反照反省能够消化现象与意象的境。单独把自己从课堂或寝室、朋友或同学拉开,静静的与自然对面,即可慢慢得到。关于这问题,下面的自白便很有意思。作者的散文,以富于热情见长,风格独具。可是这热情的培养与表现,却从一个单独的境中得来的：

"单独"是一个耐人寻味的现象。我有时想它是任何发现的第一个条件。你要发现你的朋友的"真",你得有与他单独的机会。你要发现你自己的真,你得给你自己一个单独的机会。你要发现一个地方（地方一样有灵性）,你也得有单独玩的机会。我们这一辈子,认真说,能认识几个人？能认识几个地方？我们都是太匆忙,太没有单独的机会。
……
但一个人要写他最心爱的对象,不论是人是地,是多么使他为难的一个工作？你怕,你怕描坏了它,你怕说过分了恼了它,你怕说太谨慎了辜负了它。……（《我所知道的康桥》）

徐志摩作品给我们感觉是"动",文字的动,情感的动,活泼而轻盈,如一盘圆圆珠子,在阳光下转个不停,色彩交错,变幻眩目。他的散文集《巴黎的鳞爪》代表他作品最高的成就。写景,写人,写事,写心,无一不见出作者对于现世光色的敏感,与对于文字性能的敏感。

本篇原载1940年8月6日《国文月刊》创刊号

从周作人鲁迅作品学习抒情

徐志摩作品给我们感觉是"动",文字的动,情感的动,活泼而轻盈,如一盘圆莹珠子在阳光下转个不停,色彩交错,变幻眩目。他的散文集《巴黎的鳞爪》代表他作品最高的成就。写景,写人,写事,写心,无一不见出作者对于现世光色的敏感,与对于文字性能的敏感。若从反一方面看,同样,是这个人生,反应在另一作者观感上表现出来却完全不相同。我们可以将周氏兄弟的作品,提出来说说。

周作人作品和鲁迅作品,从所表现思想观念的方式说似乎不宜相提并论:一个近于静静的独白;一个近于恨恨的咒诅。一个充满人情温暖的爱,理性明莹虚廓,如秋天,如秋水,于事不隔;一个充满对于人事的厌憎,情感有所蔽塞,多愤激,易恼怒,语言转见出异常天真。然而有一点却相同,即作品的出发点,同是一个中年人对于人生的观照,表现感慨。这一点和徐志摩实截然不同。从作品上看徐志摩,人可年青多了。

抒情文应不限于写景,写事,对自然光色与人生动静加以描绘,也可以写心,从内面写,如一派澄清的涧水,静静的从心中流出。周作人在这方面的长处,可说是近二十年来新文学作家中应首屈一指。他的特点在写对一问题的看法,近人情而合道理。如论"人",就很有意思,那文章题名《伟大的捕风》。

> 我最喜欢读《旧约》里的《传道书》。传道者劈头就说"虚空的虚空",接着又说道:"已有的事后必再有,已行的事后必再行。日光之下并无新事。"这都是使我很喜欢读的地方。
> ……

已有的事后必再有，已见的事后必再行，此人生之所以为虚空的虚空也欤？传道者之厌世盖无足怪，他说："我又专心察明智慧、狂妄和愚昧，乃知这也是捕风，因为多有智慧就多有愁烦，加增智识就加增忧伤。"话虽如此，对于虚空的唯一的办法，其实还只有虚空之追踪。而对于狂妄与愚昧之察明，乃是这虚无的世间第一有趣味的事，在这里我不得不和传道者意见分歧了。勃阑特思[1]批评福罗贝尔[2]，说他的性格是用两种分子合成："对于愚蠢的火烈的憎恶，和对于艺术无限的爱。这个憎恶，与凡有的憎恶一例，对于所憎恶者感到一种不可抗的牵引。各种形式的愚蠢，如愚行，迷信，自大，不宽容，都磁力似的吸引他，感发他。他不得不一件件的把他们描写出来。"……

察明同类之狂妄和愚昧，与思索个人的老死病苦，一样是伟大的事业，积极的人可以当一种重大的工作，在消极的也不失为一种有趣的消遣。虚空尽由他虚空，知道他是虚空，而又偏去追迹，去察明，那么这是很有意义的，这实在可以当得起说是伟大的捕风。法儒巴思卡耳[3]在他的《感想录》上曾经说过：

"人只是一根芦苇，世上最脆弱的东西，但他是一根会思想的芦苇。这不必要世间武装起来，才能毁坏他；只需一阵风，一滴水，便足以弄死他了。但即使宇宙害了他，人总比他的加害者还要高贵。因为他知道他是将要死了，知道宇宙的优胜。宇宙却一点不知道这些。"（《周作人散文钞》）

本文说明深入人生，体会人生，意即可以建设一种对于人生的意见。消遣即明知的享乐，即为向虚无有所追求，亦无妨碍。

又说人之所以为人，在明知和感觉所以形成重要。而且能表现这明知和感觉。

又如谈文艺的宽容，正可代表"五四"以来自由主义者对于"文学上的

---

[1] 勃阑特思，一译勃兰兑斯，法国文艺批评家、文学史家。
[2] 福罗贝尔，即福楼拜，法国作家。
[3] 巴思卡尔，通译巴斯卡，法国物理学家、数学家。

自由"一种看法：

> 文艺以自己表现为主体，以感染他人为作用，是个人的而亦为人类的。所以文艺的条件是自己表现，其余思想与技术上的派别都在其次。——（他的意思是适用于已有成绩，不适于预约方向。）是研究的人便宜上的分类，不是文艺本质上判分优劣的标准。各人的个性既然是各各不同（虽然在终极仍有相同之一点，即是人性），那么表现出来的文艺，当然是不相同。现在倘若拿了批评上的大道理要去强迫统一，即使这不可能的事情居然实现了，这样文艺作品已经失了他唯一的条件，其实不能成为文艺了。因为文艺的生命是自由不是平等，是分离不是合并，所以宽容是文艺发达的必要的条件。（这里表示对当时的一为观念否认，对文言抗议。）然而宽容决不是忍受。不滥用权威去阻遏他人的自由发展是宽容，任凭权威来阻遏自己的自由发展而不反抗是忍受。正当的规则是：当自己求自由发展时，对于压迫的势力，不应取忍受的态度；当自己成了已成势力之后，对于他人的自由发展，不可不取宽容的态度。聪明的批评家自己不妨属于已成势力的一分子，但同时应有对于新兴潮流的理解与承认。他的批评是印象的鉴赏，不是法理的判决，是诗人的而非学者的批评。文学固然可以成为科学的研究，但只是已往事实的综合与分析，不能作为未来的无限发展的轨范。文艺上的激变不是破坏（文艺的）法律，乃是增加条文。譬如无韵诗的提倡，似乎是破坏了"诗必须有韵"的法令，其实他只是改定了旧时狭隘的范围，将他放大，以为"诗可以无韵"罢了。表示生命之颤动的文学，当然没有不变的科律；历代的文艺在他自己的时代都是一代的成就，在全体上只是一个过程。要问文艺到什么程度是大成了，那犹如问文化怎样是极顶一样，都是不能回答的事，因为进化是没有止境的。许多人错把全体的一过程认做永久的完成，所以才有那些无聊的争执，其实只是自扰。何不将这白费的力气去做正当的事，走自己的路程呢。

近来有一群守旧的新学者，常拿了新文学家的"发挥个性，注重创造"的话做挡牌，（指学衡派[1]言）以为他们不应该"对于文言者仇视之"；这意思似乎和我所说的宽容有点相像，但其实是全不相干的。宽容者对于过去的文艺固然予以相当的承认与尊重，但是无所用其宽容，因为这种文艺已经过去了，不是现在的势力所能干涉，便再没有宽容的问题了。所谓宽容乃是说已成势力对于新兴流派的态度，正如壮年人的听任青年的活动。其重要的根据，在于活动变化是生命的本质，无论流派怎么不同，但其发展个性，注重创造，同是人生的文学的方向，现象上或是反抗，在全体上实是继续，所以应该宽容，听其自由发育。若是"为文言"或拟古（无论拟古典或拟传奇派）的人们，既然不是新兴的更进一步的流派，当然不在宽容之列。——这句话或者有点语病，当然不是说可以"仇视之"，不过说用不着人家的宽容罢了。他们遵守过去的权威的人，背后得有大多数人的拥护，还怕谁去迫害他们呢。老实说，在中国现在文艺界上宽容旧派还不成为问题，倒是新派究竟已否成为势力，应否忍受旧派的压迫，却是未可疏忽的一个问题。（《自己的园地》）

在《自己的园地》一文中，对于人与艺术，作品与社会，尤有极好的见地。第一节谈到文学创造，不以卑微而自弃，与当时思想界所提出的劳工神圣、人类平等原则相同，并以社会的宽广无所不容为论。次一节则谈为人生与为艺术两种文艺观的差别性何在，且认为人生派非功利而功利自见，引"种花"作例：

我们自己的园地是文艺，这是要在先声明的。我并非厌薄别种活动而不屑为，——我平常承认各种活动于生活都是必要；实在是小半由于没有这样的材能，大半由于缺少这样的趣味，所以不得不在这中间定一个去就。但我对于这个选择并不后悔，并不惭愧地面

---

[1] 学衡派，指20世纪20年代《学衡》杂志的主要撰稿者吴宓、胡先骕等。

的小与出产的薄弱而且似乎无用。依了自己的心的倾向，去种蔷薇地丁，这是尊重个性的正当办法。即使如人所说各人果真应报社会的恩，我也相信已经报答了，因为社会不但需要果蔬药材，却也一样迫切的需要蔷薇与地丁。——如有蔑视这些的社会，那便是白痴的只有形体而没有精神生活的社会，我们没有去顾视他的必要。

　　有人说道：据你所说，那么你所主张的文艺，一定是人生派的艺术了。泛称人生派的艺术，我当然没有什么反对，但是普通所谓人生派是主张"为人生的艺术"的，对于这个我却有一点意见。"为艺术而艺术"将艺术与人生分离，并且将人生附属于艺术。至于如王尔德[1]的提倡人生之艺术化，固然不很妥当，"为人生的艺术"以艺术附属于人生，将艺术当作改造生活的工具而非终极，也何尝不把艺术与人生分离呢？我以为艺术当然是人生的，因为他本是我们感情生活的表现，叫他怎能与人生分离？"为人生"——于人生有实利，当然也是艺术本有的一种作用，但并非唯一的职务。总之艺术是独立的，却又原来是人性的，所以既不必使他隔离人生，又不必使他服侍人生，只任他成为浑然的人生艺术便好了。"为艺术"派以个人为艺术的工匠，"为人生"派以艺术为人生的仆役。现在却以个人为主人，表现情思而成艺术，即为其生活之一部，初不为福利他人而作；而他人接触这艺术，得到一种共鸣与感兴，使其精神生活充实而丰富，又即以为实生活的基本。这是人生的艺术的要点，有独立的艺术美与无形的功利。我所说的蔷薇、地丁的种作便是如此，有些人种花聊以消遣，有些人种花志在卖钱，真种花者以种花为其生活，——而花亦未尝不美，未尝于人无益。

　　胡适之在《五十年来中国之文学》称他的文章为用平淡的谈话，包藏深刻的意味。作品的成功，彻底破除了"美文不能用白话"的迷信。朱光潜[2]论《雨天的书》，说到这本书的特质，第一是清，第二是冷，第三是简洁。两个批评者的文章，都以叙事说理明白见长，却一致推重周作人的散文为具有

---
[1] 王尔德，英国唯美主义作家。
[2] 朱光潜，现代美学家、文艺批评家。

朴素的美。这种朴素的美，很影响到十年来过去与当前未来中国文学使用文字的趋向。它的影响也许是部分的，然而将永远是健康而合乎人性的。他的文章虽平淡朴素，他的思想并不萎靡，在《国民文学》一文中，便表现得极彻底。而且国民文学的提倡，是由他起始的。苏雪林在她的《论周作人》一文中，把他称为一个"思想家"，很有道理。如论及中国问题时：

> 希腊人有一种特性，也是从先代遗传下来的，是热烈的求生欲望。他不是苟延残喘的活命，乃是希求美的健全的充实的生活……中国人实在太缺少求生的意志，由缺少而几乎至于全无。——中国人近来常以平和忍耐自豪，这其实并不是好现象。我并非以平和为不好，只因为中国的平和耐苦不是积极的德性，乃是消极的衰耗的症候，所以说不好。譬如一个强有力的人他有压迫或报复的力量而隐忍不动，这才是真的平和。中国人的所谓爱平和，实在只是没气力罢了，正如病人一样。这样没气力下去，当然不能"久于人世"。这个原因大约很长远了，现在且不管他，但救济是很要紧的。这有什么法子呢？我也说不出来，但我相信一点兴奋剂是不可少的：进化论的伦理学上的人生观，互助而争存的生活，尼采与托尔斯泰，社会主义与善种学，都是必要。（周作人的《新希腊与中国》）

然而这种激进思想，似因年龄堆积，体力衰弱，很自然转而成为消沉，易与隐逸相近，所以曹聚仁[1]对于周作人的意见，是"由孔融[2]到陶潜"。意即从愤激到隐逸，从多言到沉默，从有为到无为。精神方面的衰老，对世事不免具浮沉自如感。因之嗜好是非，便常有与一般情绪反应不一致处。二十六年北平沦陷后，尚留故都，即说明年龄在一个思想家所生的影响，如何可怕。

周作人的小品文，鲁迅的杂感文，在二十年来中国新文学活动中，正说明两种倾向：前者代表田园诗人的抒情，后者代表艰苦斗士的作战；同样

---

[1] 曹聚仁，现代作家，曾主编《涛声》。
[2] 孔融，汉末文学家，"建安七子"之一。

是看明白了"人生",同源而异流:一取退隐态度,只在消极态度上追究人生,大有自得其乐意味;一取迎战态度,冷嘲热讽,短兵相接,在积极态度上正视人生,也俨然自得其乐。对社会取退隐态度,所以在民十六以后,周作人的作品,便走上草木虫鱼路上去,晚明小品文提倡上去。对社会取迎战态度,所以鲁迅的作品,便充满与人与社会敌对现象,大部分是骂世文章。然而从鲁迅取名《野草》的小品文集看看,便可证明这个作者另一面的长处,即纯抒情作风的长处,也正浸透了一种素朴的田园风味。如写"秋夜":

在我的后园,可以看见墙外有两株树,一株是枣树,还有一株也是枣树。

这上面的夜的天空,奇怪而高,我生平没有见过这样的奇怪而高的天空。他仿佛要离开人间而去,使人们仰面不再看见。然而现在却非常之蓝,闪闪地睒着几十个星星的眼,冷眼。他的口角上现出微笑,似乎自以为大有深意,而将繁霜洒在我的园里的野花草上。

我不知道那些花草真叫什么名字,人们叫他们什么名字。我记得有一种开过极细小的粉红花,现在还开着,但是更极细小了,她在冷的夜气中,瑟缩地做梦,梦见春的到来,梦见秋的到来,梦见瘦的诗人将眼泪擦在她最末的花瓣上,告诉她秋虽然来,冬虽然来,而此后接着还是春,蝴蝶乱飞,蜜蜂都唱起春词来了。她于是一笑,虽然颜色冻得红惨惨地,仍然瑟缩着。

枣树,他们简直落尽了叶子,先前,还有一两个孩子来打他们别人打剩的枣子,现在是一个也不剩了,连叶子也落尽了。他知道小粉红花的梦,秋后要有春;他也知道落叶的梦,春后还是秋。他简直落尽叶子,单剩干子,然而脱了当初满树是果实和叶子时候的弧形,欠伸得很舒服。但是,有几枝还低亚着,护定他从打枣的竿梢所得的皮伤,而最直最长的几枝,却已默默地铁似的直刺着奇怪而高的天空,使天空闪闪地鬼睒眼;直刺着天空中圆满的月亮,使月亮窘得发白。

鬼眱眼的天空越加非常之蓝，不安了，仿佛想离去人间，避开枣树，只将月亮剩下。然而月亮也暗暗地躲到东边去了，而一无所有的干子，却仍然默默地铁似的直刺着奇怪而高的天空，一意要制他的死命，不管他各式各样地眱着许多蛊惑的眼睛。

哇的一声，夜游的恶鸟飞过了。

我忽而听到夜半的笑声，吃吃地，似乎不愿意惊动睡着的人，然而四围的空气都应和着笑。夜半，没有别的人，我即刻听出这声音就在我嘴里，我也即刻被这笑声所驱逐，回进自己的房。灯火的带子也即刻被我旋高了。

后窗的玻璃上丁丁地响，还有许多小飞虫乱撞。不多久，几个进来了，许多从窗纸的破孔进来的。他们一进来，又在玻璃的灯罩上撞得丁丁地响。一个从上面撞进去了，他于是遇到火，而且我以为这火是真的。两三个却休息在灯的纸罩上喘气。那罩是昨晚新换的罩，雪白的纸，折出波浪纹的叠痕，一角还画出一枝猩红色的栀子。

猩红的栀子开花时，枣树又要做小粉红花的梦，青葱地弯成弧形了……。我又听到夜半的笑声；我赶紧砍断我的心绪，看那老在白纸罩上的小青虫，头大尾小，向日葵子似的，只有半粒小麦那么大，遍身的颜色苍翠得可爱，可怜。

我打一个呵欠，点起一支纸烟，喷出烟来，对着灯默默地敬奠这些苍翠精致的英雄们。

这种情调与他当时译《桃色的云》、《小约翰》大有关系。与他的恋爱或亦不无关系。这种抒情倾向，并不仅仅在小品文中可以发现，即他的小说大部分也都有这个倾向。如《社戏》、《故乡》、《示众》、《鸭的喜剧》、《兔和猫》，无不见出与周作人相差不远的情调，文字从朴素见亲切处尤其相近。然而对社会现象表示意见时，迎战态度的文章，却大不相同了。如纪念因三一八惨案请愿学生刘和珍被杀即可作例[1]：

---

[1] 指鲁迅《纪念刘和珍君》一文。

真的猛士，敢于直面惨淡的人生，敢于正视淋漓的鲜血。这是怎样的哀痛者和幸福者？然而造化又常常为庸人设计，以时间的流驶，来洗涤旧迹，仅使留下淡红的血色和微漠的悲哀。在这淡红的血色和微漠的悲哀中，又给人暂得偷生，维持着这似人非人的世界。我不知道这样的世界何时是一个尽头！

　　……

　　时间永是流驶，街市依旧太平，有限的几个生命，在中国是不算什么的，至多，不过供无恶意的闲人以饭后的谈资，或者给有恶意的闲人作"流言"的种子。至于此外的深的意义，我总觉得很寥寥，因为这实在不过是徒手的请愿。人类的血战前行的历史，正如煤的形成，当时用大量的木材，结果却只是一小块，但请愿是不在其中的，更何况是徒手。

　　然而既然有了血痕了，当然不觉要扩大。至少，也当浸渍了亲族，师友，爱人的心，纵使时光流驶，洗成绯红，也会在微漠的悲哀中永存微笑的和蔼的旧影。陶潜说过："亲戚或余悲，他人亦已歌，死去何所道，托体同山阿。"倘能如此，这也就够了。

感慨沉痛，在新文学作品中实自成一格。另外一种长处是冷嘲，骂世，如《二丑艺术》可以作例：

　　浙东的有一处的戏班中，有一种脚色叫作"二花脸"，译得雅一点，那么，"二丑"就是。他和小丑的不同，是不扮横行无忌的花花公子，也不扮一味仗势的宰相家丁，他所扮演的是保护公子的拳师，或是趋奉公子的清客。总之：身分比小丑高，而性格却比小丑坏。

　　义仆是老生扮的，先以谏诤，终以殉主；恶仆是小丑扮的，只会作恶，到底灭亡。而二丑的本领却不同，他有点上等人模样，也懂些琴棋书画，也来得行令猜谜，但倚靠的是权门，凌蔑的是百姓，有谁被压迫了，他就来冷笑几声，畅快一下，有谁被陷害了，

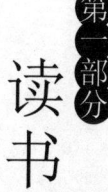

他又去吓唬一下,吆喝几声。不过他的态度又并不常常如此的,大抵一面又回过脸来,向台下的看客指出他公子的缺点,摇着头装起鬼脸道:你看这家伙,这回可要倒楣哩!

这最末的一手,是二丑的特色。因为他没有义仆的愚笨,也没有恶仆的简单,他是知识阶级。他明知道自己所靠的是冰山,一定不能长久,他将来还要到别家帮闲,所以当受着豢养,分着余炎的时候,也得装着和这贵公子并非一伙。

二丑们编出来的戏本上,当然没有这一种角色的,他那里肯;小丑,即花花公子们编出来的戏本,也不会有,因为他们只看见一面,想不到的。这二花脸,乃是小百姓看透了这一种人,提出精华来,制定了的角色。

世间只要有权门,一定有恶势力,有恶势力,就一定有二花脸,而且有二花脸艺术。我们只要取一种刊物,看他一个星期,就会发现他忽而怨恨春天,忽而颂扬战争,忽而译萧伯纳演说,忽而讲婚姻问题;但其间一定有时要慷慨激昂的表示对于国事的不满:这就是用出末一手来了。

这最末的一手,一面也在遮掩他并不是帮闲,然而小百姓是明白的,早已使他的类型在戏台上出现了。

本篇原载1940年9月16日《国文月刊》

郁达夫张资平及其影响

这两人，是国内年青人皆知道的。知道第一个会写感伤小说，第二个会写恋爱小说。使人同情也在这一点，因为这是年青人两个最切身的问题。穷，为经济所苦恼，郁达夫那自白的坦白，仿佛给一切年青人一个好机会，这机会是用自己的文章，诉于读者，使读者有"同志"那样感觉。这感觉是亲切的。友谊的成立，是一本《沉沦》。其他的作品，可说是年青人已经知道从作者方面可以得到什么东西以后才引起的注意，是兴味的继续，不是新的发现。实在说来我们也并没有在《沉沦》作者其他作品中得到新的感动。《日记九种》，《迷羊》，全是一贯的继续下来的东西。对于《日记九种》发生更好印象，那理由，就是我们把作家一切生活当作一个故事，从作品认识作家，所以《日记九种》据说有出版界宅前的销路。看《迷羊》也仍然是那意义。似乎我们活到这世界上，不能得人怜悯，也无机会怜悯别人，谈一下《沉沦》一类东西，我们就有一种同情作者的方便了。这里使我们相信作家一个态度的正确，是在另一件事上，似乎像是论文上，作者曾引另外一个作家的话，说文学是"表现自己"。仿佛还有下面补充，"文学表现自己越忠实越有成就"。又好像这是为卢骚[1]《忏悔录》而言，又像是为对于加作者以冷嘲的袭击者而作的抗议。表现自己，是不是文学绝对的法则，把表现自己意义只包括在写自己生活心情的一面？这问题，加以最简单的解释，也可以说一整天。因为界限太宽，各处小节上皆有承认或否认理由。但说到《沉沦》，作者那态度，是显然在"表现自己"—"最狭意义"上加以拥护的。把写尽自己心上的激动一点为最大义务，是自然主义的文学。郁达夫，是这样一个人。他也就因为这方法的把持，不松手，从起首到最近，还是一个模样，他的成就算是最纯净的成就。

---
[1] 卢骚，即卢梭，法国启蒙思想家、哲学家、教育学家、文学家。《忏悔录》是他的自传性作品。

但是到现在，怎么样？现在的世评，于作者是不利的，时代方向掉了头，这是一个理由。还有更大更属于自己的一个理由，是他自己把那一个创作的冲动性因恋爱消失，他不能再用他那所长的一套"情欲的忧郁"行动装到自己的灵魂上，他那性格，又似乎缺少写《情书一束》作者[1]那样能在歌颂中度日子的自白精神，最适宜于写情诗的生活中此时的他，却觍觍了，消沉了。对作者，有所失望的青年，并能从这方面了解作者，或者会觉得不好意思即对作者加以无怜悯的讽刺的。因为在"保持自己"这一点上看来，缺少取巧，不作夸张的郁达夫，是仍然有可爱处的郁达夫。他的沉默也仍然告给我们"忠于自己"的一种可尊敬的态度。

他那由于病弱的对于世态的反抗，或将正因可以抛弃了"性的忧郁"那一面，而走到更合用更切实的社会运动作着向上的提倡的。

另外有相似处或相同处，然向始终截然立于另一地位上的是张资平。张资平，把这样名字提起时，使我们所生的印象，似乎是可以毫不惊讶的说：

"这是中国大小说家！"

请注意大字，是数量的大。是文言文"汗牛充栋"那个意思。他的小说真多，这方面，也真有了不得的惊人能耐。不过我们若是愿意去在他那些小说中加以检查，考据或比较，就可知道那容易产生的理由了。还有人说这作者一定得有人指出什么书从什么书译出以后，作者才肯声明那是译作的。其实，少数的创作，也仍然是那一个模型出来的。似乎文人的笔，也应当如母亲的身，对于所生产的一切全得赋予一个相类的外表，相通的灵魂。张资平在他作品方面实在是常常孪生。常常让读者疑心两篇文章不单出于一只手，又出于同一时间，忠厚的说，就是他那文章"千篇一律"。然而说到这个时，本文作者是缺少那嘲弄意义的。

这里就有问题了。为的是怎么郁达夫的一套能引起人同情，张资平却因永远是那一套失败呢？那因为是两种方向。一个表白自己，抓得着自己的心情上因时间空间而生的变化，那么读者也将因时间空间的距离，读郁达夫小说发生兴味以及感兴。张资平，写的是恋爱，三角或四角，永远维持到一个通常局面下，其中纵不缺少引起挑逗抽象的情欲感印，在那里抓着年青人的心，但在技

---

[1] 《情书一束》作者即章衣萍。

术的精神，思想，力，美，各方面，是很少人承认那作品是好作品的。我们是因为在上海的缘故，许多人皆养成一种读小报的习惯的。不怕是《晶报》[1]，是别的，总而言之把那东西放在身边时，是明知道除了说闲话的材料以外将毫无所得的。但我们从不排斥这样小报。张资平小说，其所以使一些人发生欢喜，放到枕下，赠给爱人，也多数是那样原因。因为它帮助了年青人在很不熟习的男女事情方面得到一个荒唐犯罪的方便。在他全集里，每一篇皆给我们一个证据。郁达夫作品告给我们生理的烦闷，我们却从张资平作品取到了解决。

所以张资平也仍然是成功了的：他懂"大众"，"把握大众"，且知道"大众要什么"，比提倡大众文艺的郁达夫似乎还高明，就按到那需要，造了一个卑下的低级的趣味标准。

使他这样走他自己的道路的，是也在"创造"上起首的几种作品发表后所得到年青人的喝彩。那时的同情是空前的。也正因有那种意料以外的同情成就，才确定了创造社一般人向前所选的路径。作者在收了"友谊的利息"以后，养成了"能生产"的作者了。

怎么样会到这样？是读者。"五四"运动在年青人方面所起的动摇，是全国的一切青年的心，然而那做人的新的态度，文学的新的态度，是仅仅只限于活动中心的北京的。其波动，渐远渐弱，取了物理公律，所以中国其余省分，如广西，如云南，是不受影响的。另外因民族性那种关系，四川湖南虽距离较远，却接受了这运动的微震，另作阔度的摆动。因为地方习惯以及旧势力反应的关系，距离较近的上海，反而继续了一种不良趣味不良嗜好，这里我们又有来谈一谈"礼拜六"[2]这个名称所附属的文学趣味的必要了。现在说礼拜六派，大家所得的概念是暧昧的，小会比属于政治趣味的改组派[3]，以及其他什么派为容易明白。或者说这是盘踞在上海各报纸附张上作文的一般作品而言，或者说像现在小报的趣味，或者……其实，礼拜六派所造成的趣味，是并不比某一种新文化运动者所造成的趣味为两样的。当年的礼拜六派，是大众的趣味所在的制造者。是有实力的，能用他们的生活，也

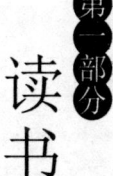

---

[1] 《晶报》，上海一种低级趣味的小报，原为《神州日报》副刊。
[2] "礼拜六"即《礼拜六》，一种通俗文学杂志，主要刊载以白话写的言情小说，这类小说迎合小市民趣味。故将在《礼拜六》上发表这类作品的作家称作"礼拜六派"，亦称"鸳鸯蝴蝶派"。
[3] 改组派，即"中国国民党政组同志会"的简称。是以汪精卫、陈公博为首的政治派别，其目的是与蒋介石争夺党权、政权。

是忠实，也是大胆，……错误或失败的地方，只是绅士阶级对绅士阶级的文字的争夺，到了肉搏的情况，到后是文言文失败，思想方面有了向新的一面发展的机会，人道的，民众的，这类名词培养在一般人口上，而且那文学概念也在年青人心上滋长，因此礼拜六派一种趣味便被影响，攻击，而似乎失败了。其实呢，礼拜六派并不是代表绅士的。礼拜六派只可以说是海派，是上海地方的一切趣味的表现，此时这类趣味的拥护者，制造者，领会者，依然存在，新文学运动并不损及他们丝毫。新文学发展，自然是把内地一些年青人的礼拜六趣味夺去了，但这本不是礼拜六派应有的同志，不过当时只有《礼拜六》可看，这些年青人就倾向于《礼拜六》那种方便因缘罢了。

　　承继《礼拜六》，能制礼拜六派死命的，至少是从上海一部分学生中把趣味掉到另一方向的，是如像"良友"[1]一流的人物。这种人分类应当在新海派。他们说爱情，文学，电影，以及其他，制造上海的口胃，是礼拜六派的革命者。帮助他们这运动的是基督教所属的学生，是上帝的子弟，是美国生活的模仿者，作这攻礼拜六运动而仍然继续礼拜六趣味发展的有《良友》一类杂志。

　　这里我们有为难处了，就是把身在创造社作左倾文学运动的张资平的作品处置的费事。论性质，精神，以及所给人的趣味的成分，张资平作品，最相宜的去处，是一面看《良友》上女校皇后一面谈论电影接吻方法那种大学生的书桌上，在这些地方，有他最诚实的读者以及最大的成就。由他手写出的革命文学，也仍然是要这种读者来欣赏的。

　　放到别的去处呢？也仍然是成功，是他那味道因为有一种十六岁到二十四五岁年青男女共通的甜处，可是一个不以欣赏皇后小影为日课的年青人（譬如说内地男女分校的中学生），是不懂那文章好处的。

　　张资本作品的读者，在上海，应当比别的作家的读者为多，才不是冤屈。

　　至于两人的影响，关于作风的，现在可数出那因影响而成功的，有下面几个人可提：

　　间接的，又近于直接而以女性本身为基础，走出自己的路，到现在尚常为人称道大胆作家的，有冯沅君女士。在民十左右，会有女子能在本身上加以大胆的解剖，虽应当说是"五四"运动力量摇动于女子方面当然的结果，

---

[1] "良友"全名《良友图画杂志》，上海良友图书印刷公司编辑发行。

但，在所取的方向上，以及帮助这不安于现状叫喊的观点上，我们是显然得承认这以"淦女士"笔名发表她的《隔绝之后》是有了创造社作家的启示，才会产生那作品的。

另外一个——或者说一群，就是王以仁、叶鼎洛、周全平、倪贻德、叶灵风等[1]作风与内含所间接为郁达夫或创造社影响的那一面，显出了与以北平作根据而活动于国内的文学运动稍稍异型。趣味及文体，那区别，是一个略读现代中国文学作品的人即可以指出的。那简直可以说是完全两样东西，一个因守了白话运动所标的实在主义，用当时所承受的挪威易卜生以及俄国几个作家思想，作为指导及信仰，发展到朴素实在一面去。一个则因为缺少这拘束，且隐隐反抗这拘束，由上海创造社方面作大本营，挂了尼采[2]式的英雄主义，或波特莱耳[3]的放荡颓废自弃的喊叫，成了到第二次就接受了最左倾的思想的劳动文学的作者集团，且取了进步的姿态，作高速度的跃进。

但基础，这些人皆是筑于一个华丽与夸张的局面下，文体的与情绪的，皆仍然不缺少那"英雄的向上"与"名士的放纵"相纠结，所以对于"左倾"这意义，我们从各作者加以检查，似乎就难于随便首肯了。

取向前姿势，而有希望向前，能理解性苦闷以外的苦闷，用有丰彩的文字表现出来，是郁达夫。张资平，一个聪明能干的人，他将在他说故事的方向上永远保守到"博人同意"一点上，成为行时的人去了。张资平是会给人趣味不会给人感动的，因为他的小说，差不多全是一些最适宜于安插在一个有美女照片的杂志上面的故事。

在新的时代开展下，郁达夫为一种激浪所影响，或将给我们一个机会加以诚实的敬视。我们对张资平自然也不缺少这东西，那是因为他写故事的勇敢与耐力，取恋爱小说内含，总可以希望写出一个好东西来。伟大的故事的成因，自然不能排斥这人间男女的组织，我们现在应当承认张资平的小说，是还能影响到一般新兴的作者，且在有意义的暗示中，产生轮廓相近精神不同的作品的。

本篇原载1930年3月10日《新月》

---

[1] 王以仁等均为现代作家，其创作均受郁达夫作品直接或间接的影响。
[2] 尼采，德国哲学家，唯意志论者，提倡"超人哲学"。
[3] 波特莱耳，即波特莱尔，法国诗人，其创作对欧美象征主义诗歌影响极大。

论施蛰存与罗黑芷

把施蛰存名字，与罗黑芷这名字放在一处相提并论，有些方便处。

一、这两人皆以被都市文明侵入后小城小镇的毁灭为创作基础，把创作当诗来努力，有所写作。

二、两人的笔致技巧的某一方面得失有相近处。

然而实在也可以说，因两人各异其趣，创作中人物中心表现的方法完全不同，对照的论及，可以在比较中见出两人各在创作一面的成就，以及其个性所在，因此放在一处论及的。

以被都市物质文明毁灭的中国中部城镇乡村人物作模范，用略带嘲弄的悲悯的画笔，涂上鲜明正确的颜色，调子美丽悦目，而显出的人物姿态又不免有时使人发笑，是鲁迅先生的作品独造处。分得了这一部分长处，是王鲁彦，许钦文，同黎锦明[1]。王鲁彦把诙谐嘲弄拿去，许钦文则在其作品中，显现了无数鲁迅所描写过的人物行动言语的轮廓，黎锦明，在他的粗中不失其为细致的笔下，又把鲁迅的讽刺与鲁彦平分了。另外一点，就是因年龄体质这些理由，使鲁迅笔下忧郁的气氛，在鲁彦作品虽略略见到，却没有文章风格异趣的罗黑芷那么同鲁迅相似。另外，于江南风物，农村静穆和平，作抒情的幻想，写了如《故乡》、《社戏》诸篇表现的亲切，许钦文等没有做到，施蛰存君，却也用与鲁迅风格各异的文章，补充了鲁迅的说明。

略近于纤细的文体，在描写上能尽其笔之所诣，清白而优美，施蛰存君在此等成就上，是只须把那《上元灯》一个集子在眼前展开，就可以明白的。柔和的线，画出一切人与物，同时能以安详的态度，把故事补充成为动人的故事，如《上元灯》中《渔人何长庆》、《妻之生辰》、《上元灯》诸

---

[1] 黎锦明，现代作家。

篇,作者的成就,在中国现代短篇作家中似乎还无人可企及。《粟与芋》,从别人家庭中,见出一种秘密,因而对人生感到一点忧愁,作风近于受了一点周译日本小说集中之《乡愁》,《到纲目去》等暗示而成,然作者所画出的背景,却分明的有作者故乡松江那种特殊的光与色。即如写《闵行秋日纪事》,以私贩一类题材,由作者笔下展开,也在通篇交织着诗的和谐。作者的技巧,可以说是完美无疵的。

以一个自然诗人的态度,观察及一切世界姿态,同时能用温暖的爱,给予作品中以美而调和的人格,施蛰存君比罗黑芷君作品应完全一点。然而作者方向也就限制到他的文体中,拘于纤细,缺少粗犷,无从前进了。作者当意识转换,在《上元灯》稍后,写了稍长的短篇以革命恋爱作题材的《追》时,文字仍不失其为完全,却成为一个失败的作品的。写农村风物,与小绅士有产阶级在情感或其他行为中,所显示的各种姿势,是作者所长。写来从容不迫,作者作品有时较冯文炳尚为人欢喜。写新时代的纠纷,各个人物的矛盾与冲突,野蛮的灵魂,单纯的概念,叫喊,流血,作者生活无从体会得到。这些这些,所以失败了。作者秀色动人的文字,适宜于发展到对于已经消失的,过去一时代虹光与星光作低徊的回忆,故《渔人何长庆》与《牧歌》都写得很好,另外则是写一点以本身位置在作品上,而又能客观的明晰的,纪录一种纤细神经所接触的世界各种反应的文章,如像《扇》,《妻之生辰》,《粟与芋》,即无创作组织,也仍具散文的各条件,在现代作者作品中可成一新型。

然而作者生活形成了作者诗人的人格,另外那所谓宽泛的人生,下流的,肮脏的,各特殊世界,北方的荒凉,南方的强悍,作者的笔是及不到的。

同样有一个现代人对新旧时代接近的机会,使自己从生活各面的棱中,反映出创作的种种,罗黑芷君因为生活、年龄、体质各样不同,作品整个的调子,却另走一路问世了。属于文体,由于一则直接受了日本文清丽明畅的暗示,一则间接受了暗示使自己文体固定在相近的标准上,两人作品有时可以并论。可是作品的发展,凡是属于施蛰存君的长处,罗黑芷君几乎完全失去了。《上元灯》所有的组织风格,从罗黑芷君的《春日》里没有发现的机会。《春日》集子里全是忧郁气氛,然而由《上元灯》一个集子中《扇》

同《栗与芋》表现的忧郁，是一个故事，《春日》集中《客厅中之一夜》，《或人的日记》，《遁逃》，《不速之客》，皆只有一个叹息，一点感想。《乳娘》一篇还是不像故事，虽然作者已经就尽了极大的力，在组织上是不成其为可赞美的故事的。集中最后一篇《现代》，应当算是故事了，但抒情描写的部分太少，感想纠纷太多，仍然缺少一种纯艺术创作成立的条件。

同样在文字上都见出细雕的努力，施蛰存君作品中人物展开时，仿佛作者是含着笑那样谦虚，而同时，还能有那种暇裕，为作品中人物刷刷鞋子同调理一下嗓子。就是言语，行动，作者也是按照自己所要求的形式出场的。罗黑芷君这方面有了疏忽，比许多中国作者都大。许钦文能在一支笔随便的挥洒下，把眼底人物轮廓浮出，似乎极不费事。冯文炳小气似的用他那干净的笔写五句话，一个人物也就跃到纸上了。罗黑芷是不会做这个工作的。他努了力还是失败，这是什么理由？在这方面，作者是过分为所要写的感到的愤怒，又缺少鲁迅的冷静，所以失败了。

能用不大节制的笔，反复或大方的写，不吝惜到文字的耗费，在中国现代作家中，茅盾是一个，另外是丁玲[1]，郁达夫等等。茅盾在男女情欲动摇上，能作详细的注解。丁玲能以进步的女子知识阶级身分，写男女在恋爱互相影响上细微的感想和反应。郁达夫，则人皆承认其一枝奔放的笔，在欲望上加以分析，病的柔软感情，因体质衰弱，一切观念的动摇，恣肆的写来，得了年青人无今无古的同情。罗黑芷君文字的刻画，比起这几个人来又是不同的。

把故事写来，感想奔赴于脑内，热情同忧郁烘焙到作者，一面是斟酌字句的习惯，作者的文体，变到独成一格，却在这文字风格上，把作者固定，作品不容易通俗了。

作者作品内，那种貌似闲静却极焦躁的情形，在《客厅中之一夜》，可以看得出，在其他篇上，如《遁逃》，《不速之客》，《醉里》，也看得出。安详的看一切，安详的写出，所谓从容，是《上元灯》作者的所有，却是罗黑芷君所缺的。在描绘景物上，作者同施蛰存能在一样从容不迫情形上工作，一到人物制作，便完全不同了。作者的烦躁，便是诚如其题，说明了

---

[1] 丁玲，现代女作家。

作者在创作时期的"动"。其所以使作者性格形成，从作者其他友人中所提及的作者生活较有关系。这一点，《或人的日记》，或者即可作为作者所记录自己的一个断片看。另外可注意的，是作者产生作品的地方，与那时代。民十到十六年，是作者作品产生的时期，作者所在地是长沙。这五六年来，湘人的愚蠢与聪明作战，新与旧战，势力与习惯战，没有一天不是在使人烦躁情形中。作者在这情形下，作品的形式，为生活所范，也是当然的事了。人虽是湘人，如写过《雹》的黎锦明君，写过《招姐》的罗皑岚[1]君，关于在时间不甚差远的情形下，所有创作，尚多乡村和平的美，以及幻想中的浪漫传奇式的爱，是因为这两人离开了湖南，作品的背景虽不缺少本籍的声音颜色，作品却产生于北京的。知道了作者作品产生环境，再去检察《遁逃》，《烦躁》，《醉里》各篇，拿来与茅盾《野蔷薇》中各篇，同载录于《现代中国短篇小说选》中之《泥泞》一对照，以相似的篇章，互相参校，便觉得《春日》作者文字是在雕琢中失败，而组织，是又因为产生地使作者灵魂扰搅不堪，失去必须的一切静观中的完全，所以也失败，茅盾君，却在另外一种比较平定生活中，以及习惯的情形下，文章写得完全许多了。

苦闷，恍惚，焦躁，罗黑芷君想要捉到的并没有在作品的"完全"上作到，却在作品的"畸形"上显出，这一点，是应当用茅盾作为比较，才可分明的。

为修辞所累，使文字如自己的意思，却渐离了文字的习惯性与言语的习惯性越来越远的。罗黑芷同叶绍钧有同样的情形。

为愤怒（生活的与性格的两面形成），使作品不能成为完全的创作，对于全局组织的无从尽职，沈从文一部分作品中也与之有同样的短处。

然而罗黑芷君作品上所显示的这一时代的人格，是较之施蛰存君为真切而且动人的。《上元灯》是一首清丽明畅的诗，是为读者诵读而制作的故事，即如《追》，也仍然像是在这意义下写成。《醉里》与《春日》，是断句，是不合创作格律的篇章，是为自己而写的，作者的力在愤怒感慨上已经用完，又缺少用"废话"充实故事的习惯（在这事上茅盾君有特长），我们只能从作品上看出一点或许多东西，就是不完全的灵魂的苦与深。或者这苦

---

[1] 罗皑岚，现代作家。

与深,只能说是"作者"的人格,而并非"作品"的人格。

在一切故事里,罗黑芷君的作品,文字也仍多诗的缥缈的美。若抽去了作者的感慨气氛,作者能因生活转变而重新创作,得到了头脑的清明,以《客厅中之一夜》作检察,作者的风格是最与施蛰存君所长的处所相近,而可希望能因生活体念较深,产生更完全作品的。但人已于一九二七年死去,所以留下的作品,除了能给人一个机会,从这不纯粹的艺术中发现作者的人格外,作者的作品,在现代中国小说作品中,是容易使人遗忘的,即不然,也将因时代所带来的新趣味压下了。

本篇原载1931年11月《现代学生》

由冰心到废名

从作品风格上观察比较，徐志摩与鲁迅作品，表现的实在完全不同。虽同样情感黏附于人生现象上，都十分深切，其一给读者的印象，正如作者被人间万汇百物的动静感到眩目惊心，无物不美，无事不神，文字上因此反照出光彩陆离，如绮如锦，具有浓郁的色香，与不可抗的热（《巴黎的鳞爪》可以作例）。其一却好像凡事早已看透看准，文字因之清而冷，具剑戟气。不特对社会丑恶表示抗议时寒光闪闪，有投枪意味，中必透心。即属于抽抒个人情绪，徘徊个人生活上，亦如寒花秋叶，颜色萧疏（《野草》、《朝花夕拾》可以作例）。然而不同之中倒有一点相同，即情感黏附于人生现象上（对人间万事的现象），总像有"莫可奈何"之感，"求孤独"俨若即可得到对现象执缚的解放。徐志摩在《我所知道的康桥》、《天宁寺闻钟》、《北戴河海滨的幻想》、《瞑想》、《想飞》、《自剖》各文中，无不表现他这种"求孤独"的意愿。正如对"现世"有所退避，极力挣扎，虽然现世在他眼中依然如此美丽与神奇。这或者与他的实际生活有关，与他的恋爱及离婚又结婚有关。鲁迅在他的《朝花夕拾·小引》一文中，更表示对于静寂的需要与向往。必需"单独"，方有"自己"。热情的另一面本来就是如此向"过去"凝眸，与他在小说中表示的意识，二而一。正见出对现世退避的另一形式。

我常想在纷扰中寻出一点闲静来，然而委实不容易。目前是这么离奇，心里是这么芜杂。一个人做到只剩了回忆的时候，生涯大概总要算是无聊了吧，但有时竟会连回忆也没有。中国的做文章有轨范，世事也仍然是螺旋。前几天我离开中山大学的时候，便想起

四个月以前的离开厦门大学；听到飞机在头上鸣叫，竟记得了一年前在北京城上日日旋绕的飞机。我那时还做了一篇短文，叫做《一觉》。现在是，连这"一觉"也没有了。

广州的天气热得真早，夕阳从西窗射入，逼得人只能勉强穿一件单衣。书桌上的一盆"水横枝"[1]，是我先前没有见过的：就是一段树，只要浸在水中，枝叶便青葱得可爱。看看绿叶，编编旧稿，总算也在做一点事。做着这等事，真是虽生之日，犹死之年，很可以驱除炎热的。

前天，已将《野草》编定了；这回便轮到陆续载在《莽原》上的《旧事重提》，我还替他改了一个名称：《朝花夕拾》。带露折花，色香自然要好得多，但是我不能够。便是现在心目中的离奇和芜杂，我也还不能使他即刻幻化，转成离奇和芜杂的文章。或者，他日仰看流云时，会在我的眼前一闪烁吧。

我有一时，曾经屡次忆起儿时在故乡所吃的蔬果：菱角，罗汉豆，茭白，香瓜。凡这些，都是极其鲜美可口的；都曾是使我思乡的蛊惑。后来，我在久别之后尝到了，也不过如此；惟独在记忆上，还有旧来的意味留存。他们也许要哄骗我一生，使我时时反顾。

在《呐喊·自序》上起始就说：

我在年青时候也曾经做过许多梦，后来大半忘却了，但自己也并不以为可惜。所谓回忆者，虽说可以使人欢欣，有时也不免使人寂寞，使精神的丝缕还牵着已逝的寂寞的时光，又有什么意味呢，而我偏苦于不能全忘却，这不能全忘的一部分，到现在便成了《呐喊》的来由。

这种对"当前"起游离感或厌倦感，正形成两个作家作品特点之一部

---

[1]"水横枝"，一种盆景。在广州等南方地区，取栀子一段浸植水缸中，能长绿叶，供观赏。

分。也正如许多作家，对"当前"缺少这种感觉，即形成另外一种特点。在新散文作家中，可举出冰心、朱佩弦、废名三个人作品，当作代表。

这三个作家，文字风格表现上，并无什么相同处。然而同样是用清丽素朴的文字抒情，对人生小小事情，一例俨然怀着母性似的温爱，从笔下流出时，虽方式不一，细心读者却可得到同一印象，即作品中无不对于"人间"有个柔和的笑影。少夸张，不像徐志摩对于生命与热情的讴歌；少愤激，不像鲁迅对社会人生的诅咒：

雨声渐渐的住了，窗帘后隐隐的透进清光来。推开窗户一看，呀！凉云散了，树叶上的残滴，映着月儿，好似萤光千点，闪闪烁烁的动着。——真没想到苦雨孤灯之后，会有这么一幅清美的图画！

凭窗站了一会儿，微微的觉得凉意侵人。转过身来，忽然眼花缭乱，屋子里的别的东西，都朦胧在光云里；一片幽辉，只浸着墙上画中的安琪儿——这白衣的安琪儿，抱着花儿，扬着翅儿，向着我微微的笑。

"这笑容仿佛在哪儿看见过似的，什么时候，我曾……"不知不觉的便坐在窗口下想——默默的想。

严闭的心幕，慢慢的拉开了，涌出五年前的一个印象——一条很长的古道。驴脚下的泥，兀自滑滑的。田沟里的水，潺潺的流着。近村的绿树，都笼在湿烟里。弓儿似的新月，挂在树梢、一边走着，似乎道旁有一个孩子，抱着一堆灿白的东西。驴儿过去了，无意中回头一看——他抱着花儿，赤着脚儿，向着我微微的笑。

"这笑容又仿佛是哪儿看见过似的！"我仍是想——默默的想。

又现出一重心幕来，也慢慢的拉开了，涌出十年前的一个印象——茅檐下的雨水，一滴一滴的落到衣上来。土阶边的水泡儿，泛来泛去的乱转。门前的麦陇和葡萄架子，都濯得新黄嫩绿的非常鲜丽。——一会儿好容易雨晴了，连忙走下坡儿去。迎头看见月儿从海面上来了，猛然记得有件东西忘下了，站住了，回过头来。这

茅屋里的老妇人——她倚着门儿，抱着花儿，向着我微微的笑。

这同样微妙的神情，好似游丝一般，飘飘漾漾的合了拢来，绾在一起。

这时心下光明澄静，如登仙界，如归故乡。眼前浮现的三个笑容，一时融化在爱的调和里看不分明了。（冰心的《笑》）

水畔驰车，看斜阳在水上泼散出的闪烁的金光。晚风吹来，春衫嫌薄。这种生涯，是何等的宜于病后呵！

在这里，出游稍远便可看见水。曲折行来，道滑如拭。重重的树阴之外，不时倏忽的掩映着水光。我最爱的是玷池，称她为池真委曲了，她比小的湖还大呢！——有三四个小岛在水中央，上面随意地长着小树。池四围是丛林，绿意浓极。每日晚餐后我便出来游散。缓驰的车上，湖光中看遍了美人芳草！——真是"水边多丽人"。看三三两两成群携手的人儿，男孩子都去领卷袖，女孩子穿着颜色极明艳的夏衣，短发飘拂。轻柔的笑声，从水面，从晚风中传来，非常的浪漫而潇洒。到此猛忆及曾皙对孔子言志，在"暮春者"之后，"浴乎沂风乎舞雩"之前，加上一句"春服既成"，遂有无限的飘扬态度，真是千古隽语。

此外的如玄妙湖、侦池、角池等处，都是很秀丽的地方。大概湖的美处在"明媚"。水上的轻风，皱起万叠微波。湖畔再有芊芊的芳草，再有青青的树林，有平坦的道路，有曲折的白色栏杆，黄昏时便是天然的临眺乘凉的所在。湖上落日，更是绝妙的画图。夜中归去，长桥上两串徐徐互相往来移动的灯星，颗颗含着凉意。若是明月中天，不必说，光景尤其移人了。

前几天游大西洋滨岸，沙滩上游人如蚁。或坐，或立，或弄潮为戏，大家都是穿着泅水衣服。沿岸两三里的游艺场，乐声飒飒，人声嘈杂。小孩子们都在铁马铁车上，也有空中旋转车，也有小飞艇，五光十色的。机关一动，都纷纷奔驰，高举凌空。我看那些小朋友们都很欢喜得意的。

这里成了"人海"。如蚁的游人,盖没了浪花。我觉得无味。我们捩转车来,直到娜罕去。

渐渐的静了下来。还在树林子里,我已迎到了冷意侵人的海风。再三四转,大海和岩石都横到了眼前!这是海的真面目呵。浩浩万里的蔚蓝无底的海涛,壮厉的海风,蓬蓬的吹来,带着腥咸的气味。在闻到腥咸的海味之时,我往往忆及童年拾卵石、贝壳的光景,而惊叹海之伟大。在我抱肩迎着吹人欲折的海风之时,才了解海之所以为海,全在乎这不可御的凛然的冷意!

在嶙峋的大海石之间,岩隙的树阴之下,我望着卵岩,也看见上面白色的灯塔。此时静极,只几处很精致的避暑别墅,悄然的立在断岩之上。悲壮的海风,穿过丛林,似乎在奏"天风海涛"之曲。支颐凝坐,想海波尽处,是群龙见首的欧洲;我和平的故乡,比这可望不可及的海天还遥远呢!

故乡没有明媚的湖光;故乡没有汪洋的大海;故乡没有葱绿的树林;故乡没有连阡的芳草。北京只是尘土飞扬的街道;泥泞的小胡同;灰色的城墙;流汗的人力车夫的奔走。我的故乡,我的北京,是一无所有!

小朋友,我不是一个乐而忘返的人,此间纵是地上的乐园,我却仍是"在客"。我寄母亲信中曾说:

"……北京似乎是一无所有!——北京纵是一无所有,然已有了我的爱。有了我的爱,便是有了一切!灰色的城围里,住着我最宝爱的一切的人。飞扬的尘土呵,何容我再嗅着我故乡的香气……"

易卜生曾说过:"海上的人,心潮往往如海波一般的起伏动荡"。而那一瞬间静坐在岩上的我的思想,比海波尤加一倍的起伏。海上的黄昏星已出,海风似在催我归去。归途中很怅惘。只是还买了一筐新从海里拾出的蛤蜊。当我和车边赤足捧筐的孩子问价时,他仰着通红的小脸笑向着我。他岂知我正默默的为他祝福,祝福他终身享乐此海上拾贝的生涯!(冰心的《寄小读者·通讯二十》)

从冰心作品中，文字组织处处可以发现""五四"时代"文白杂糅的情形，词藻的运用也多由文言的习惯转变而来。不仅仅景物描写如此，便是用在对话上，同样不免如此。文字的基础完全建筑在活用的语言上，在散文作家中，应当数朱自清。"五四"以后谈及写美丽散文的，常把朱、俞并举，即朱自清、俞平伯。《桨声灯影里的秦淮河》与《西湖六月十八夜》两篇文章，代表当时抒情散文的最高点。叙事如画，似乎是当时一种风气。（有时或微觉得文字琐碎繁复）散文中具诗意或诗境，尤以朱先生作品成就为好，直到如今，尚称为典型的作风。至于在写作上有一种"自得其乐"的意味，一种对人生欣赏态度，从俞平伯作品尤易看出。

对朱、俞的文章评论，钟敬文[1]以为朱文无周作人的隽永，无俞平伯的绵密，无徐志摩的艳丽，无谢冰心的飘逸，然而却另有一种真挚清幽的神态。有人说，朱、俞同样细腻，不同处在俞委婉，朱深秀。阿英以为朱文如"欢乐苦少忧患多"之感。

因此对现在感到"看花堪折直须折"情形，文字素朴而通俗，正与善说理的朱孟实[2]文字异曲同工。周作人则以为俞平伯文如嚼橄榄，味涩而有回甘，自成一家。

> 这几天心里颇不宁静。今晚在院子里坐着乘凉，忽然想起日日走过的荷塘，在这满月的光里，总该另有一番样子吧。月亮渐渐的升高了，墙外马路上孩子们的欢笑，已经听不见了；妻在屋里拍着闰儿，迷迷糊糊地哼着眠歌。我悄悄地披了大衫，带上门出去。
>
> 沿着荷塘，是一条曲折的小煤屑路。这是一条幽僻的路，白天也少人走，夜晚更加寂寞。荷塘四面，长着许多树，蓊蓊郁郁的。路的一旁，是些杨柳，和一些不知道名字的树。没有月光的晚上，这路上阴森森的，有些怕人。今晚却很好，虽然月光也还是淡淡的。
>
> 路上只我一个人，背着手踱着。这一片天地好像是我的，我也像超出了平常的自己，到了另一世界里。我爱热闹，也爱冷静；爱群居，也爱独处。像今晚上，一个人在这苍茫的月下，什么都可以

---

[1] 钟敬文，现代散文家、民俗学家。
[2] 朱孟实，即朱光潜。

想，什么都可以不想，便觉是个自由的人。白天里一定要做的事，一定要说的话，现在都可不理。这是独处的妙处；我且受用这无边的荷香月色好了。

曲曲折折的荷塘上面，弥望的是田田的叶子。叶子出水很高，像亭亭的舞女的裙。层层的叶子中间，零星的点缀着些白花，有袅娜地开着的，有羞涩地打着朵儿的；正如一粒粒的明珠，又如碧天里的星星，又如刚出浴的美人。微风过处，送来缕缕清香，仿佛远处高楼上渺茫的歌声似的。这时候叶子与花也有一丝的颤动，像闪电般，霎时传过荷塘的那边去了。叶子本是肩并肩密密地挨着，这便宛然有了一道凝碧的波痕。叶子底下是脉脉的流水，遮住了，不能见一些颜色；而叶子却更见风致了。

月光如流水一般，静静地泻在这一片叶子和花上。薄薄的青雾浮起在荷塘里。叶子和花仿佛在牛乳中洗过一样，又像笼着轻纱的梦。虽然是满月，天上却有一层淡淡的云，所以不能朗照；但我以为这恰是到了好处——酣眠固不可少，小睡也别有风味的。月光是隔了树照过来的，高处丛生的灌木，落下参差的斑驳的黑影，峭楞楞如鬼一般；弯弯的杨柳的稀疏的倩影，却又像是画在荷叶上。塘中的月色并不均匀，但光与影有着和谐的旋律，如梵婀玲上奏着的名曲。

荷塘的四面，远远近近，高高低低都是树，而杨柳最多。这些树将一片荷塘重重围住；只在小路一旁，漏着几段空隙，像是特为月光留下的。树色一例是阴阴的，乍看像一团烟雾；但杨柳的丰姿，便在烟雾里也辨得出。树梢上隐隐约约的是一带远山，只有些大意罢了。树缝里也漏着一两点路灯光，没精打采的，是渴睡人的眼。这时候最热闹的，要数树上的蝉声与水里的蛙声；但热闹是它们的，我什么也没有。

忽然想起采莲的事情来了。采莲是江南的旧俗，似乎很早就有，而六朝时为盛，从诗歌星可以约略知道。采莲的是少年的女子，她们是荡着小船，唱着艳歌去的。采莲人不用说很多，还有看

采莲的人。那是一个热闹的季节，也是一个风流的季节。梁元帝《采莲赋》里说得好：

于是妖童媛女，荡舟心许；鹢首徐回，兼传羽杯；棹将移而藻挂，船欲动而萍开。尔其纤腰束素，迁延顾步；夏始春余，叶嫩花初，恐沾裳而浅笑，畏倾船而敛裾。

可见当时嬉游的光景了。这真是有趣的事，可惜我们现在早已无福消受了。

于是又记起《西洲曲》[1]里的句子：

采莲南塘秋，莲花过人头；低头弄莲子，莲子清如水。

今晚若有采莲人，这儿的莲花也算"过人头"了；只不见一些流水的影子，是不行的。这令我到底惦着江南了。——这样想着，猛一抬头，不觉已是自己的门前；轻轻地推门进去，什么声息也没有，妻已睡熟好久了。（朱自清的《荷塘月色》）

有人称之为"絮语"，周作人以为可代表一派。以抒情为主，大方而自然，与明代小品相近。然知学可作代表如竟陵派，文章风格实于周作人出。周文可以看出廿年来社会的变，以及个人对于这变迁所有的感慨，贴住"人"。俞文看不出，只看出低徊于人事小境，与社会俨然脱节。

文章内容抒情成分多，文字多繁琐，有《西青散记》、《浮生六记》[2]风趣。

正如自己所说："有些人是做文章应世，有些人是做文章给自己玩。"俞平伯近于做给自己玩，在执笔心情上有自得其乐之意：

《儒林外史》上杜慎卿说："菜佣酒保都有六朝烟水气。"这

---

[1] 《西洲曲》，乐府《杂曲歌辞》名，南朝无名氏作，为南朝乐府名篇。
[2] 《西青散记》，杂记，清史震林撰。《浮生六记》笔记，清沈复接。

每令我悠然神往于负着历史重载的石头城。虽然，南京也去过三两次，所谓烟花金粉的本地风光已大半销沉于无何有了。幸而后湖的新荷，台城的芜绿，秦淮的桨声灯影以及其余的，尚可仿佛惝怳地仰寻六代的流风遗韵。繁华虽随着年光云散烟消了，但它的薄痕倩影和与它曾相映发的湖山之美，毕竟留得几分，以新来游屐的因缘而隐跃跃悄沉沉地一页一页的重现了。至于说到人物的风流，我敢明证杜十七先生的话真是冤我们的——至少，今非昔比。他们的狡诈贪庸差不多和其他都市里的人合用过一个模子的，一点看不出什么叫做"六朝烟水气"。从煤渣里掏换出钻石，世间即有人会干；但决不是我，我失望了！

倒是这一次西泠桥上所见虽说不上什么"六代风流"，但总使人觉得身在江南。这天是四月三日的午前，天气很晴朗，我们携着姑苏，从我们那座小楼向岳坟走去。紫沙铺平的路上，鞋底擦擦的碎响着。略行几十步便转了一个弯。身上微觉燥热起来。坦坦平平的桥陂迤逦向北偏西，这是西泠了。桥顶，西石栏旁放着一担甘蔗，有刨了皮切成段的，也有未去青皮留整枝的。还有一只水碗，一把帚是备洒水用的。而最惹目的，担子旁不见挑担子的人，仅仅有一条小板凳，一个雅嫩的小女孩坐着。——卖甘蔗？

看她光景不过五六岁，脸皮黄黄儿的，脸盘圆圆儿的，蓬松细发结垂着小辫。春深了，但她穿得"厚裹罗哆"的，一点没有衣架子，倒活像个老员外。淡蓝条子的布袄，青莲条子的坎肩，半新旧且很有些儿脏。下边还系着开裆裤呢。她端端正正的坐着。右手捏一节蔗根放在嘴边使劲地咬，咬下了一块仍然捏着——淋漓的蔗汁在手上想是怪黏的，左手执一枝尺许高，醉杨妃色的野桃，花开得有十分了。因为左手没得空，右手更不得劲，而蔗根的咀嚼把持愈觉其费力了。

你曾见野桃花吗？（想你没有不看见过的）它虽不是群芳中的华贵，但当芳年，也是一时之秀。花瓣如晕脂的靥，绿叶如插鬓的翠钗，绛须又如钗上的流苏坠子。可笑它一到小小的小女孩手

第一部分 读书

· 083 ·

中，便规规矩矩的，不敢卖弄妖冶，倒学会一种娇憨了。它真机灵了。

至她并执桃蔗，得何意境？蔗根可嚼，桃花何用呢？何处相逢？何时抛弃？……这些是我们所能揣知，所敢言说的吗？你只看她那蔺水双瞳，不离不着，乍注即释，痴慧躁静了无所见，即证此感邻于浑然，断断容不得事少回旋奔放的。你我且安分些吧。

我们想走过去买根甘蔗，看她怎样做买卖。后一转念，这是心理学者在试验室中对付猴鼠的态度，岂是我们应当对她的吗？我们分明也携抱着个小孩呢。所以尽管姑苏的眼睛，巴巴地直盯着这一担甘蔗，我们到底哄了他，走下了桥。

在岳坟溜连了一荡，有半点来钟。时已近午，我们循原路回走，从西塄上桥，只见道旁有被抛掷的桃枝和一些零零星星的蔗屑。那个小女孩已过西泠南塄，傍孤山之阴，蹒跚地独自摸回家去。背影越远越小，我痴望着。……

走过一个八九岁的男孩——她的哥？——轻轻地把被掷的桃花又捡起来，耍了一回，带笑地喊："要不要？要不要？"其时作障的群青，成罗的一绿，都不肯言语了。他见没有应声，便随手一扬。一枝轻盈婀娜刚开到十分的桃花顿然飞堕于石阑干外。

我似醒了。正午骄阳下，峭峙着葱碧的孤山。妻和小孩早都已回家了。我也懒懒的自走回去。一路闲闲的听自己鞋底擦沙的声响，又闲闲的想："卖甘蔗的老吃甘蔗，一定要折本！孩子……孩子……"（俞平伯《西泠桥上卖甘蔗》）

"五四"以来，用叙事记形式有所写作，作品仍应当称之为抒情文，在初期作者中，有两个比较生疏的作家，两本比较冷落的集子，值得注意：一是用"川岛"作笔名写的《月夜》，一是用"落华生"作笔名写的《空山灵雨》。两个作品与冰心作品有相同处，多追忆印象；也有相异处，写的是男女爱。虽所写到的是人事，不重行为的爱，只重感觉的爱。主要的是在表现一种风格，一种境界。人或沉默而羞涩，心或透明如水。给纸上人物赋一个灵魂，也是人事哀乐得失，也是在哀乐得失之际的动静，然而与同时代一般作品，却相去多远！

继承这种传统，来从事写作，成就特别好，尤以记言记行，用俭朴文字，如白描法绘画人生，一点一角的人生，笔下明丽而不纤细，温暖而不粗俗，风格独具，应推废名。然而这种微带女性似的单调，或因所写对象，在读者生活上过于隔绝，因此正当"乡村文学"或"农民文学"成为一个动人口号时，废名作品却俨然在另外一个情形下产生存在，与读者不相通。虽然所写的还正是另一时另一处真正的乡村与农民，对读者说，究竟太生疏了。

周作人称废名作品有田园风，得自然真趣，文情相生，略近于所谓"道"。不黏不滞，不凝于物，不为自己所表现"事"或表现工具"字"所拘束限制，谓为新的散文一种新格式。《竹林故事》、《桥》、《枣》，有些短短篇章，写得实在很好。

本篇原载1940年10月16 H《国文月刊》

论穆时英

一切作品皆应植根在"人事"上面。一切伟大作品皆必然贴近血肉人生。作品安排重在"与人相近",运用文字重在"尽其德性"。一个能处置故事于人性谐调上且能尽文字德性的作者,作品容易具普遍性与永久性,那是很明显的。略举一例:鲁迅、冰心、叶绍钧、废名,一部分作品即可作证。能尽文字德性的作者,必懂文字,理会文字;因之不过分吝啬文字,也不过分挥霍文字。"用得其当",实为作者所共守的金言。吾人对于这种知识,别名"技巧"。技巧必有所附丽,方成艺术;偏重技巧,难免空洞。技巧逾量,自然转入邪僻:骈体与八股文,近于空洞文字。废名后期作品,穆时英大部分作品,近于邪僻文字。虽一则属隐士风,极端吝啬文字,邻于玄虚;一则属都市趣味,无节制的浪费文字。两相比较,大有差别,若言邪僻,则二而一。前一作者得失当另论。后者所长在创新句,新腔,新境,短处在做作,时时见出装模作样的做作。作品于人生隔一层。在凑巧中间或能发现一个短篇速写,味道很新,很美,多数作品却如博览会的临时牌楼,照相馆的布幕,冥器店的纸扎人马车船。一眼望去,也许觉得这些东西比真的还热闹,还华美,但过细检查一下,便知道原来全是假的,东西完全不结实,不牢靠。铺叙越广字数越多的作品,也更容易见出它的空洞,它的浮薄:

读过穆时英先生的近作,"假艺术"是什么?从那作品上便发生"仿佛如此"的感觉。作者是聪明人,虽组织故事综合故事的能力,不甚高明,惟平面描绘有本领,文字排比从《圣经》取法,轻柔而富于弹性,在一枝一节上,是懂得艺术中所谓技巧的。作者不只努力制造文字,还想制造人事,因此作品近于传奇;(作品以都市男女为主题,可说是海上传奇。)作者适宜于写画报上作品,写装饰杂志作品,写妇女电影游戏刊物作品。"都市"成就了作者，同时也就限制了作者。企图作者那枝笔去接触这个大千世界，掠取光与色，刻画骨与肉，已无希望可言。

作者最近在良友公司出版一本短篇小说，名《圣处女的感情》，这些作品若登载上述各刊物里，前有明星照片，后有"恋爱秘密"译文，中有插图，可说是目前那些刊物中标准优秀作品。可惜一印成书，缺少那个环境，读者便无福分享受作者所创造的空气了。

《圣处女的感情》包含九个创作小说，或写教堂贞女（如《圣处女的感情》），或写国际间谍（如《某夫人》），或写舞女，或写超人，或写书生经营商业（如《烟》），或写文士命运，或写少女多角恋爱，这个不成，那个不妥。或写女匪如何与警卒大战，机关枪乱打一气，到后方一同被捉。《圣处女的感情》写得还好（似有人讨论过这文章来源发生问题）。《某夫人》如侦探小说，变动快，文字分量分配剪裁皆极得法。《贫士日记》则杂凑而成，要不得。《五月》特具穆时英风，铺排不俗。还有一篇《红色女猎神》，前半与其本人其他作品相差不多，男女凑巧相遇，各自说出一点漂亮话，到后却乱打一场，直从电影故事取材，场面好像惊人，情形却十分可笑。

作者所涉笔的人事虽极广，作者对"人生"所具有的知识极窄。对于所谓都市男女的爱憎，了解得也并不怎么深。对于恋爱，在各种形式下的恋爱，无理解力，无描写力。作者所长，只能使用那么一套轻飘飘的浮而不实文字任兴涂抹。在《五月》一文某节里，作者那么写着：

> 他是鸟里的鸽子，兽里的兔子，家具里的矮坐凳，食物里的嫩烩鸡，……

这是作者所描写的另一个男子，同时也就正可移来转赠作者。作者是先把自己作品当作玩物，当作小吃，然后给人那么一种不端庄，不严肃的印象的。

统观作者前后作品，便可知作者的笔实停滞在原有地位上，几年来并不

稍稍进步。因年来电影杂志同画报成为作者作品的尾闾[1]，作者的作品，自然还有向主顾定货出货的趋势。照这样下去，作者的将来发展，宜于善用所长，从事电影工作，若机缘不坏，可希望成一极有成就的导演。至于文学方面，若文学永远同电影相差一间，作者即或再努力下去，也似乎不会产生何种惊人好成绩了。

本篇原载1935年9月9日天津《大公报》

---

[1] 尾闾，古传说中海水所归之处。

论冯文炳[1]

从"五四"以来,以清淡朴讷文字,原始的单纯,素描的美,支配了一时代一些人的文学趣味,直到现在还有不可动摇的势力,且俨然成一特殊风格的提倡者与拥护者,是周作人[2]先生。

无论自己的小品,散文诗,介绍评论,通通把文字发展到"单纯的完全"中,彻底的把文字从藻饰空虚上转到实质言语来,那么非常切贴人类的情感,就是翻译日本小品文,及古希腊故事,与其他弱小民族卑微文学,也仍然是用同样调子介绍与中国年青读者晤面。因为文体的美丽,最纯粹的散文,时代虽在向前,将仍然不会容易使世人忘却,而成为历史的一种原型,那是无疑的。

周先生在文体风格独自以外,还有所注意的是他那普遍趣味。在路旁小小池沼负手闲行,对萤火出神,为小孩子哭闹感到生命悦乐与纠纷,那种绅士有闲心情,完全为他人所无从企及。用平静的心,感受一切大千世界的动静,从为平常眼睛所疏忽处看出动静的美,用略见矜持的情感去接近这一切,在中国新兴文学十年来,作者所表现的僧侣模样领会世情的人格,无一个人有与周先生面目相似处。

但在文章方面,冯文炳君作品,所显现的趣味,是周先生的趣味。文体有相近处,原是极平常的事,无可多言。对周先生的嗜好,有所影响,成为冯文炳君的作品成立的原素,近于武断的估计或不至于十分错误的。用同样的眼,同样的心,周先生在一切纤细处生出惊讶的爱,冯文炳君也是在那爱悦情形下,却用自己一支笔,把这境界纤细的画出,成为创作了。

在创作积量上看,冯文炳君是正像吝惜到自己文字,仅只薄薄两本。不

---
[1] 冯文炳,即废名,中国现代作家,文学史家。
[2] 周作人,中国现代作家,"五四"新文化运动代表人物之一。

过在这两个小集中，所画出作者人格的轮廓，是较之于以多量生产从事于创作，多用恋爱故事的张资平[1]先生，有同样显明的个性独在的。第一个集子名《竹林故事》，民国十四年十月出版，第二个集子名《桃园》，十七年二月出版。两书皆附有周作人一点介绍文字，也曾说到"趣味一致"那一种话。另外为周作人所提到的那有"神光"的一篇《无题》，同最近在《骆驼草》[2]上发表的《莫须有先生传》，没有结束，不见印出。

  作者的作品，是充满了一切农村寂静的美。差小多每篇都可以看得到一个我们所熟悉的农民，在一个我们所生长的乡村，如我们同样生活过来的活到那地上。不但那农村少女动人清朗的笑声，那聪明的姿态，小小的一条河，一株孤零零的长在菜园一角的葵树，我们可以从作品中接近，就是那略带牛粪气味与略带稻草气味的乡村空气，也是仿佛把书拿来就可以嗅出的。

  作者所显示的神奇，是静中的动，与平凡的人性的美。用淡淡文字，画一切风物姿态轮廓，有时这手法在早年夭去的罗黑芷[3]君有相近处。然而从日本文而受暗示的罗君风格，同时把日本文的琐碎也捏着不再放下了，至于冯文炳君，文字方面是又最能在节制中见出可以说是悭吝文字的习气的。

  作者生长在湖北黄冈，所采取的背景也仍然是那类小乡村方面。譬如小溪河，破庙，塔，老人，小孩，这些那些，是不会在中国东部的江浙与北部的河北山东出现的。作者地方性的强，且显明的表现存作品人物的语言上。按照自己的习惯，使文字离去一切文法束缚与藻饰，使文字变成言语，作者在另一时为另一地方人，有过这样吓人的批评：

    冯文炳……风格不同处在他的文字文法不通。有时故意把它弄得不完全，好处也就在此。

  说这样话的批评家，是很可笑的，因为其中有使人惊讶的简陋。其实一个生长在两湖、四川那一面的人，在冯文炳的作品中（尤其是对话言语），

---

[1] 张资平，现代小说家，早期创造社成员。
[2] 《骆驼草》，周刊，1930年5月在北京创刊，主要撰稿人有周作人、冯文炳等。
[3] 罗黑芷，现代小说家，文学研究会成员。

看得出作者对文字技巧是有特殊理解的。作者是"最能用文字记述言语"的一个人，同一时是无可与比肩并行的。

不过实在说来，作者因为作风把文字转到一个嘲弄意味中发展也很有过，如像在最近一个长篇中（《莫须有先生传》——《骆驼草》），把文字发展到不庄重的放肆情形下，是完全失败了的一个创作。在其他短篇也有过这种缺点。如在《桃园》第一篇第一页——

张太太现在算是"带来"了，——带来云者，……

八股式的反复，这样文体是作者的小疵，从这不庄重的文体，带来的趣味，使作者所给读者的影像是对于作品上的人物感到刻画缺少严肃的气氛。且暗示到对于作品上人物的嘲弄；这暗示，若不能从所描写的人格显出，却依赖到作者的文体，这成就是失败的成就。同样风格在鲁迅的《阿Q正传》与《孔乙己》上也有过同样情形，诙谐的难于自制，如《孔乙己》中之"多乎哉，不多也"，其成因或为由于文言文以及文言文一时代所留给我们可嘲笑的机会太多，无意识的在这方面无从节制了。但作者在《莫须有先生传》上，则更充分运用了这"长"处，这样一来，作者把文体带到一个不值得提倡的方向上去，是"有意为之"了。趣味的恶化（或者这只是我个人的见解），作者方向的转变，或者与作者在北平的长时间生活不无关系。在现时，从北平所谓"北方文坛盟主"周作人、俞平伯等等散文揉杂文言文在文章中，努力使之在此等作品中趣味化，且从而非意识的或意识的感到写作的喜悦，这"趣味的相同"，使冯文炳君以废名笔名发表了他的新作，在我觉得是可惜的。这趣味将使中国散文发展到较新情形中，却离了"朴素的美"越远，而同时所谓地方性，因此一来亦已完全失去，代替这作者过去优美文体显示一新型的只是畸形的姿态一事了。

创作原是自己的事，在一切形式上要求自由，在作者方面是应当缺少拘束的。但一个好的风格，使我们倾心神往机会较多，所以对于作者那崭新倾向，有些地方使人难于同意，是否适宜于作者创作，还可考虑。

如果我们读许钦文[1]小说，所得的印象，是人物素描轮廓的鲜明，而欠缺却是在故事胚胎以外缺少一种补充——或者说一种近于废话而又是不可少的说明——那么冯文炳君是注意到这补充，且在这事上已尽过了力，虽因为吝惜文字，时时感到简单，也仍然见出作品的珠玉完全的。

另一作者鲁彦[2]，取材从农村卑微人物平凡生活里，有与冯文炳作品相同处，但因为感慨的气氛包围及作者甚深，生活的动摇影响及于作品的倾向，使鲁彦君的作风接近鲁迅，而另有成就，变成无慈悲的讽刺与愤怒，面目全异了。

《上元灯》的作者施蛰存[3]君，在那本值得一读的小集中，属于农村几篇作品一支清丽温柔的笔，描写及一切其接触人物姿态声音，也与冯文炳君作品有相似处，惟使文字奢侈，致从作品中失去了亲切气味，而多幻想成分，具抒情诗美的交织，无牧歌动人的原始的单纯，是施蛰存君长处，而与冯文炳君各有所成就的一点。

把作者，与现代中国作者风格并列，如一般所承认，最相称的一位，是本论作者自己。一则因为对农村观察相同，一则因背景地方风俗习惯也相同，然从同一方向中，用同一单纯的文体，素描风景画一样把文章写成，除去文体在另一时如人所说及"同是不讲文法的作者"外，结果是仍然在作品上显出分歧的。如把作品的一部并列，略举如下的篇章作例：

《桃园》（单行本）《竹林故事》　《火神庙和尚》《河上柳》（单篇）《雨后》（单行本）《夫妇》　《会明》　《龙朱》　《我的教育》（单篇）则冯文炳君所显示的是最小一片的完全，部分的细微雕刻，给农村写照，其基础，其作品显出的人格，是在各样题目下皆建筑到"平静"上面的。有一点忧郁，一点向知与未知的欲望，有对宇宙光色的眩目，有爱，有憎，——但日光下或黑夜，这些灵魂，仍然不会骚动，一切与自然谐和，非常宁静，缺少冲突。作者是诗人（诚如周作人所说），在作者笔下，一切皆由最纯粹农村散文诗形式下出现，作者文章所表现的性格，与作者所表现的人物性格，皆柔和具母性，作者特点在此。《雨后》作者倾向不同。同样去努力为

---

[1] 许钦文，中国现代作家，早期"乡土史学"作者。
[2] 鲁彦，王鲁彦的笔名之一。中国现代作家、翻译家。
[3] 施蛰存，中国现代作家，二十世纪三十年代曾主编《现代》杂志。

仿佛我们世界以外那一个被人疏忽遗忘的世界,加以详细的注解,使人有对于那另一世界憧憬以外的认识,冯文炳君只按照自己的兴味做了一部分所欢喜的事。使社会的每一面,每一棱,皆有一机会在作者笔下写出,是《雨后》作者的兴味与成就。用矜慎的笔,作深入的解剖,具强烈的爱憎有悲悯的情感,表现出农村及其他去我们都市生活较远的人物姿态与言语,粗糙的灵魂,单纯的情欲,以及在一切由生产关系下形成的苦乐,《雨后》作者在表现一方面言,似较冯文炳君为宽而且优。创作基础成于生活各面的认识,冯文炳君在这一点上,似乎永远与《雨后》作者异途了,在北平地方消磨了长年的教书的安定生活,有限制作者拘束于自己所习惯爱好的形式,故为周作人所称道的《无题》中所记琴子故事,风度的美,较之时间略早的一些创作,实在已就显出了不康健的病的纤细的美。至《莫须有先生传》,则情趣朦胧,呈露灰色,一种对作品人格烘托渲染的方法,讽刺与诙谐的文字奢侈僻异化,缺少凝目正视严肃的选择,有作者衰老厌世意识。此种作品,除却供个人写作的怪悦,以及二三同好者病的嗜好,在这工作意义上,不过是一种糟蹋了作者精力的工作罢了。

时代的演变,国内混战的继续,维持在旧有生产关系下而存在的使人憧憬的世界。皆在为新的日子所消灭。农村所保持的和平静穆,在天灾人祸贫穷变乱中,慢慢的也全毁去了。使文学,在一个新的希望上努力,向健康发展,在不可知的完全中,各人创作,皆应成为未来光明的颂歌之一页,这是新兴文学所提出的一点主张。在这主张上,因为作者有成为某一种说明者的独占趋势,而且在独占情形中,初期的幼稚作品,得到了不相称的批评者最大的估价,这样一来,文学的趣味自由主义,取反跃姿势,从另一特别方向而极端走去,在散文中有周作人、俞平伯[1]等的写作,在诗歌中有戴望舒与于赓虞[2],在批评是,则有梁实秋[3]对于曾孟朴[4]之《鲁男子》曾有所称誉。又长虹[5]君的作品,据闻也有查士元君在日文刊物上赞美的意见了。……一切一切,从初期文学革命的主张上,脱去了束缚,从写实主义幼稚的摒弃,到浪

---

[1] 俞平伯,中国现代作家、古典文学研究家,早期为文学研究会、语丝社成员。
[2] 戴望舒,中国现代诗人,二十世纪三十年代曾为《现代》杂志主要撰稿人。于赓虞,中国现代诗人。
[3] 梁实秋,中国现代作家,新月社重要成员。
[4] 曾孟朴,即曾朴,近代小说家,《孽海花》的作者。
[5] 长虹,即高长虹。狂飙社主要成员,当时是一个思想上带有虚无主义、无政府主义色彩的青年作家。

漫主义夸张的复活，又不仅是趣味的自由主义者所有的行为。在文学大众化的鼓吹者一方面，如《拓荒者》殷夫[1]君的诗歌，是也采取了象征派的手法写他对于新的世界憧憬的。蒋光慈[2]的创作，就极富于浪漫小说一切夸张的素质，与文字词藻的修饰。这反回运动，恰与欧洲讲新形式主义相应和，始终是浪漫主义文学同意者的郭沫若[3]，及其他诸人，若果不为过去主张所限制，这新形式的提倡者，还恐怕是在他们手上要热闹起来，如过去其他趣味的提倡一样兴奋的。在这地方，冯文炳君过去的一些作品，以及作品中所写及的一切，算起来，一定将比鲁迅先生所有一部分作品，更要成为不应当忘去而已经忘去的中国典型生活的作品，这种事实在是当然的。

在冯文炳君作风上，具同意趋向，曾有所写作，年青作者中，有王坟，李同愈，李明樑，李连萃四君。惟王坟有一集子，在真美善书店印行，其他三人，虽未甚知名，将来成就，似较前者为优。

七月二十一日

本文原载刊物不详

---

[1] 《拓荒者》，文学月刊，蒋光赤主编，第三期起成为"左联"刊物之一。殷夫，现代诗人，"太阳社"成员，后加入"左联"。

[2] 蒋光慈，现代诗人，太阳社发起人，"革命文学"最早的倡导者之一。

[3] 郭沫若，现代诗人、剧作家、历史学家、社会活动家。

论郭沫若

郭沫若。这是一个熟人，仿佛差不多所有年青中学生大学生皆不缺少认识的机会。对于这个人的作品，读得很多，且对于这作者致生特别兴趣，这样在读者也一定有的。

从"五四"以来，十年左右，以那大量的生产，翻译与创作，在创作中诗与戏曲，与散文，与小说，几几乎皆玩一角，而且玩得不坏，这力量的强（从成绩上看），以及那词藻的美，是在我们较后一点的人看来觉得是伟大的。若是我们把每一个在前面走路的人，皆应加以相当的敬仰，这个人我们不能作为例外。

这里有人可以用"空虚"或"空洞"，用作批评郭著一切。把这样字句加在上面，附以解释，就是"缺少内含的力"。这个适宜于做新时代的诗，而不适于作文，因为诗可以华丽表夸张的情绪，小说则注重准确。这个话是某教授的话。这批评是中肯的，在那上面，从作品全部去看，我们将仍然是那样说的。郭沫若可以说是一个诗人，而那情绪，是诗的。这情绪是热的，是动的，是反抗的，……但是，创作是失败了。因为在创作一名词上，到这时节，我们还有权利邀求一点另外东西。

诗可以从华丽找到唯美的结论，因为诗的灵魂是词藻。缺少美，不成诗。郭沫若是熟习而且能够运用中国文言的华丽，把诗写好的，他有消化旧有词藻的力量，虽然我们仍然在他诗上找得出旧的点线。但在初期，那故意反抗，那用生活压迫作为反抗基础而起的向上性与破坏性，使我们总不会忘记这是"一个天真的呼喊"。即或也有"血"，也有"泪"，也有自承的"我是××主义者"，还是天真。因为他那时，对社会所认识，是并不能使他向那伟大一个方向迈步的。创造社的基调是稿件压迫与生活压迫，所以所

谓意识这东西，在当时，几个人深切感到的，并不出本身冤屈以外。若是冤屈，那倒好办，稿件有了出路，各人有了啖饭的地方，天才熄灭了。看看创造社[1]另外几个人，我们可以明白这估计不为过分。

但郭沫若是有与张资平成仿吾[2]两样的。他虽然在他那初期创作中对生活喊冤，在最近《我的幼年》《反正前后》两书发端里，也仍然还是不缺少一种怀才不遇的牢骚，但他谨慎了。他小心的又小心，在创作里，把自己位置到一个比较强硬一点模型里，虽说这是自叙，其实这是创作。在创作中我们是有允许一种为完成艺术而说出的谎骗的。我们不应当要求那实际的种种，所以在这作品中缺少真实不是一种劣点。我们要问的是他是不是已经用他那笔，在所谓小说一个名词下，为我们描下了几张有价值的时代缩图没有？（在鲁迅先生一方面，我们是都相信那中年人，凭了那一副世故而冷静的头脑，把所见到感到的，仿佛毫不为难那么最准确画了一个共通的人脸，这脸不像你也不像我，而你我，在这脸上又各可以寻出一点远宗的神气，一个鼻子，一双眉毛，或者一个动作的。）郭沫若没有这本事。他长处不是这样的。他沉默的努力，永不放弃那英雄主义者的雄强自信，他看准了时代的变，知道这变中怎么样可以把自己放在时代前面，他就这样做。他在那不拒绝新的时代一点上，与在较先一时代中称为我们青年人做了许多事情的梁任公先生很有相近的地方。都是"吸收新思潮而不伤食"的一个人，可佩服处也就只是这一点。若在创作方面，给了年青人以好的感想，它那同情的线是为"思想"而牵，不是为"艺术"而牵的。在艺术上的估价，郭沫若小说并不比目下许多年青人小说更完全更好。一个随手可拾的小例，是曾经在创造社羽翼下成长的叶灵凤[3]的创作，就很像有高那大将一筹的作品在。

他不会节制。他的笔奔放到不能节制。这个天生的性格在好的一个意义上说是很容易产生那巨伟的著作。做诗，有不羁的笔，能运用旧的词藻与能消化新的词藻，可以做一首动人的诗。但这个如今却成就了他做诗人，而累及了创作成就。不能节制的结果是废话。废话在诗中或能容许，在创作中成了一个不可救药的损失。他那长处恰恰与短处两抵，所以看他的小说，在文

---

[1] 创造社 "五四"新文学运动中著名文学团体。主要成员有郭沫若、郁达夫、成仿吾等。
[2] 成仿吾，现代作家、文艺理论家。
[3] 叶灵凤，现代作家、画家，曾是创造社成员。

字上我们得不到什么东西。

废话是热情，而废话很有机会成为琐碎。多废话与观察详细并不是一件事。郭沫若对于观察这两个字，是从不注意到的。他的笔是一直写下来的。画直线的笔，不缺少线条刚劲的美。不缺少力。但他不能把那笔用到恰当一件事上。描画与比譬，夸张失败处与老舍君并不两样。他详细的写，却不正确的写。词藻帮助了他诗的魄力，累及了文章的亲切。在亲切一点上，我们可以找出一个对比，是在任何时翻呀著呀都只能用那朴讷无华的文体写作的周作人先生，他才是我所说的不在文学上糟蹋才气的人。我们随便看看《我的幼年》上……那描写，那糟蹋文字处，使我们对于作者真感到一种浪费的不吝惜的小小不平。凡是他形容的地方都有那种失败处。凡是对这个不发生坏感的只是一些中学生。一个对于艺术最小限度还承认它是"用有节制的文字表现一个所要表现的目的"的人，对这个挥霍是应当吃惊的。

在短篇的作品上，则并不因篇幅的短，便把那不恰当的描写减去其长。

在国内作者中，文字的挥霍使作品失去完全的，另外是茅盾[1]。然而茅盾的文章，较之郭沫若还要较好一点的。

这又应当说到创造社了。创造社对于文字的缺乏理解是普遍的一种事。那原因，委之于训练的缺乏，不如委之于趣味的养成。初初在日本以上海作根据地而猛烈发展着的创造社组合，是感情的组合，是站在被本阶级遗弃而奋起作着一种复仇雪耻的组合。成仿吾雄纠纠的最地道的湖南人恶骂，以及同样雄纠纠的郭沫若新诗，皆在一种英雄气度下成为一时代注目东西了。按其实际，加以分析，则英雄最不平处，在当时是并不向前的。《新潮》[2]一辈人讲人道主义，翻托尔斯泰，做平民阶级苦闷的描写（如汪敬熙陈大悲[3]辈小说皆是），创造后出，每个人莫不在英雄主义的态度下，以自己生活作题材加以冤屈的喊叫。到现在，我们说创造社所有的功绩，是帮我们提出一个喊叫本身苦闷的新派，是告我们喊叫方法的一位前辈，因喊叫而成就到今日样子，话好像稍稍失了敬意，却并不为夸张过分的。他们缺少理智，不用理智，才能从一点伟大的自信中，为我们中国文学史走了一条新路，而现在，

---
[1] 茅盾，现代作家，文学研究会发起人之一，后为"左联"领导成员。
[2] 《新潮》，综合月刊，"五四"新文化运动初期重要刊物之一。
[3] 汪敬熙，现代小说家。陈大悲，现代剧作家。

所谓普罗文学[1]，也仍然得感谢这团体的转贩，给一点年青人向前所需要的粮食。在作品上，也因缺少理智，在所损失的正面，是从一二自命普罗作家的作品看来，给了敌对或异己一方面一个绝好揶揄的机缘，从另一面看，是这些人不适于作那伟大运动，缺少比向前更需要认真的一点平凡的顽固的力。

使时代向前，各在方便中尽力，或推之，或挽之，是一时代年青人，以及同情于年青人幸福的一切人的事情。是不嫌人多而以群力推挽的一件艰难事情。在普遍认识下，还有两种切身问题，是"英雄"、"天才"气分之不适宜，与工具之不可缺。革命是需要忠实的同伴而不需要主人上司的。革命文学，使文学如何注入新情绪，攻人旧脑壳，凡是艺术上的手段是不能不讲的。在文学手段上，我们感觉到郭沫若有缺陷在。他那文章适宜于一篇檄文，一个宣言，一通电，一点不适宜于小说。因为我们总不会忘记那所谓创作这样东西，又所谓诉之于大众这件事，在中国此时，还是仍然指的是大学生或中学生要的东西而言！对于旧的基础的动摇，我们是不应当忘记年青读书人是那候补的柱石的。在年青人心上，注人那爆发的疯狂的药，这药是无论如何得包在一种甜而习惯于胃口那样东西里，才能送下口去。普罗文学的转入嘲弄，郭沫若也缺少纠正的气力。与其说《反正前后》销数不坏，便可为普罗文学张目，那不如说那个有闲阶级鲁迅为人欢迎，算是投了时代的脾气。有闲的鲁迅是用他的冷静的看与正确的写把握到大众的，在过去，是那样，在未来，也将仍然是那样。一个作者在一篇作品上能不糟蹋文字，同时是为无数读者珍惜头脑的一件事。

郭沫若，把创作当抒情诗写，成就并不坏。在《现代中国小说选》所选那一篇小品上，可以证实这作家的长处。《橄榄》一集，据说应当为郭全集代表，好的，也正是那与诗的方法相近的几篇。适于抒情诗描写而不适于写实派笔调，是这号称左线作家意外事。温柔处，忧郁处，即所以与时代融化为一的地方，郁达夫从这方面得了同情，时代对于郭沫若的同情与友谊，也仍然建筑在这上面。时代一转变，多病的郁达夫，仍因为衰弱孤独倦于应对，被人遗下了，这不合作便被诟为落伍。郭沫若以他政治生活培养到自己精神向前，但是，在茅盾抓着小资产阶级在转变中与时代纠缠成一团的情

---

[1] 普罗文学，普罗为普罗列塔利亚简称。法文prolétariat，英文proletariat的音译，原指古罗马社会最低等阶级，后指无产阶级。普罗文学即无产阶级文学。

形，写了他的三部曲，以及另外许多作家，皆在各自所站下的一个地方，写了许多对新希望怀着勇敢的迎接，对旧制度抱着极端厌视与嘲弄作品的今日，郭沫若是只拿出两个回忆的故事给世人的。这书就是《我的幼年》同《反正前后》，想不到郭沫若有这样书印行，多数人以为这是书店方面的聪明印了这书。

《我的幼年》仿佛是不得已而发表，在自由的阔度下，我们不能说一个身在左侧的作者，无发表那类书的权利。因为几几乎凡是世界有名作者，到某一个时期在为世人仰慕而自己创作力又似乎缺少时，为那与"方便"绝不是两样理由的原故，总应当有一本这样书籍出世。自然从这书上，我们是可以相信那身在书店为一种职业而说话的批评者的意见，说这个书是可以看出一个时代的。一个职业批评家，他可以在这时说时代而在另一时再说艺术，我们读者是有权利要求那时代的描画，必须容纳到一个好风格里去的。我们还有理由加以选择，承认那用笔最少轮廓最真的是艺术。若是每个读者他知道一点文学什么是精粹的技术，什么是艺术上的赘疣，他对于郭沫若的《我的幼年》，是会感到一点不满的。书卖到那样贵，是市侩的事不与作者相关。不过作者难道不应当负一点小小责任，把文字节略一点么？

《反正前后》是同样在修辞上缺少可称赞的书，前面我曾说过。那不当的插话，那基于牢骚而加上的解释，能使一个有修养的读者中毒，发生反感。

第三十七页，四十二页，还有其他。有些地方，都是读者与一本完全著作相对时不会有的耗费。

全书告我们的，不是一时代应有的在不自觉中生存的愚暗自剖，或微醒张目，却仍然到处见出雄纠纠。这样写来使年青人肃然起敬的机会自然多了，但若把这个当成一个研究本人过去的资料时，使我们有些为难了。从沫若诗与全集中之前一部分加以检察，我们总愿意把作者位置在唯美派颓废派诗人之间，在这上面我们并不缺少敬意。可是《反正前后》暗示我们的是作者要作革命家，所以卢骚的自白那类以心相见的坦白文字，便不高兴动手了。

不平凡的人！那欲望，那奇怪的东西，在一个英雄脑中如何活动！

他是修辞家，文章造句家，每一章一句，并不忘记美与顺适，可是永远记不到把空话除去。若果这因果，诚如《沉沦》作者[1]以及沫若另一时文里所说，那机会那只许在三块钱一千字一个限度内得到报酬的往日习惯，把文章的风格变成那样子，我们就应当原谅了。习惯是不容易改正的，正如上海一方面我们成天有机会在租界上碰头的作家一样，随天气阴晴换衣，随肚中虚实贩卖文学趣味，但文章写出来时，放在××，放在×××，或者甚至于四个字的新刊物上，说的话还是一种口音，那见解趣味，那不高明的照抄，也仍然处处是拙像蠢像。

让我们把郭沫若的名字位置在英雄上，诗人上，煽动者或任何名分上，加以尊敬与同情。小说方面他应当放弃了他那地位，因为那不是他发展天才的处所。一株棕树是不会在寒带地方发育长大的。

本文原载1930年《日出》

---

[1]《沉沦》作者即郁达夫。

论落华生[1]

《缀网劳蛛》，《空山灵雨》，《无法投递之邮件》，上述各作品作者落华生，是现在所想说到的一个。这里说及作品风格，是近于抽象而缺少具体引证的。是印象的复述。

在中国，以异教特殊民族生活作为创作基本，以佛经中邃智明辨笔墨，显示散文的美与光，色香中不缺少诗，落华生为最本质的使散文发展到一个和谐的境界的作者之一（另外的周作人，徐志摩，冯文炳诸人当另论）。这调和，所指的是把基督教的爱欲，佛教的明慧，近代文明与古旧情绪揉合在一处，毫不牵强的融成一片。作者的风格是由此显示特异而存在的。

最散文底诗质底是这人文章。

佛的聪明，基督的普遍的爱，透达人情，而于世情不作顽固之拥护与排斥，以佛经阐明爱欲所引起人类心上的一切纠纷，然而在文字中，处处不缺少女人的爱娇姿势，在中国，不能不说这是唯一的散文作家了！

作者用南方国度，如缅甸等处作为背景，所写成的各样文章，把僧侣家庭，及异方风物，介绍得那么亲切，作品中，咖啡与孔雀，佛法同爱情，仿佛无关系的一切联系在一处，使我们感到一种异国情调。读《命命鸟》，读《空山灵雨》，那一类文章，总觉得这是另外一个国度的人，学着另外一个国度里的故事（虽然在文字上那种异国情调的夸张性却完全没有），他用的是中国的乐器，是我们最相熟的乐器，奏出了异国的调子，就是那调子，那声音，那永远是东方的，静的，微带厌世倾向的，柔软忧郁的调子，使我们读到它时，不知不觉发生悲哀了。

对人生，所下诠解，那东方的，静的，柔软忧郁的特质，反映在作者

---

[1] 落华生，即许地山，中国现代作家，文学研究会主要成员之一。

一切作品上，在作者作品以外是可以得到最相当的说明的。作者似乎为台湾人，长于福建，后受基督教之高等教育，肄业北京之燕京大学。再后过牛津，学宗教考古学，识梵文及其他文字。作者环境与教育，更雄辩的也更朗然的解释了作者作品的自然倾向了。生于僧侣的国度（？），育于神学宗教学熏染中，始终用东方的头脑，接受一切用诗本质为基础的各种思想学问，这人散文在另一意义上，则将永远成为奢侈的，贵族的，情绪的滋补药品，不会像另一散文长才冯文炳君那么把文字融解到农村生活的骨里髓里去，也是很自然的事情了。

在"奢侈的，贵族的，情绪滋补"的一句话上，有必须那样加以补充的，是作者在作品里那种静观的反照的明澈。关于这点，并非在同一机会下的有教养的头脑，是不会感到那种古典的美的存在的。在这意义上，冯文炳君因为所理解的关于文字效率和运用，与作者不同，是接近"大众"或者接近"时代"许多了。

《缀网劳蛛》一文上，述一基督教徒的女人，用佛家的慈悲，救拯了一个逾墙跌伤的贼，第二天，其夫回来时，无理性的将女人刺伤，女人转到另一热带地方去做小事情，看采珠，从那事上找出东方式的反省。有一天，朋友吕姓夫妇寻来，告及一切，到后女人被丈夫欢迎回去。女人回去以后，丈夫因心中有所不安，仍然是那种东方民族性的反省不安，故走去就不回来了。全篇意思在人类纠纷，有情的人在这类纠纷上发现缺陷，各处的弥补，后来作者忍受不来，加以追究的疑问了。缺处的发现，以及对于缺处的处置，作者是更东方底把事情加以自己意见了的。

《命命鸟》上敏明的梦，《空山灵雨》上的梦，作者还是在继续追究意识下，对人生的万象感到扰乱的认识兴味。那认识是兴味也是苦恼，所以《命命鸟》取喜剧形式作悲剧收场。

用最工整细致的笔，按着纸，在纸上画出小小的螺纹，在螺纹上我们可以看出有聪明人对人生的注意那种意义，可以比拟作者"情绪古典的"工作的成就。语言的伶俐，形式上，或以为这规范，是有一小部分出之于《红楼梦》中贾哥哥同林妹妹的体裁的。

《空山灵雨》的《鬼赞》中，有这样的鬼话：

人哪，你在当生、来生的时候，有泪就尽量的流，有声就尽量的唱，有苦就尝，有情就施，有欲就取，有事就……等到你疲劳，等到你歇息的时候，你就有福了。

　　那么积极的对于"生的任性"加以赞美，而同时把福气归到灭亡，作者心情与时代是显然起了分解，现在再不能在文学上有所表现，渐被世人忘却，也是当然的事了。

　　作者的容易被世人忘却，虽为当然的事，然而有不能被人忘却的理由，为上所述及那特质的优长，我们可以这样结束了讨论这个人的一切，仍然采取了作者的句子：

　　"你底暮气满面，当然会把这歌忘掉。"

　　"暮"字似乎应当酌改，因为时代的旋转，是那朝气，使作者的作品陷到遗忘的陷阱里去的。

本篇原载1930年11月《读书》

论汪静之的《蕙的风》

"五四"运动的勃兴,问题核心在"思想解放"一点上。因这运动提出的各样枝节部分,如政治习惯的否认,一切制度的惑疑,男女关系的变革,文学的改造,其努力的地方,是从这些问题上重新估价,重新建设一新的人生观。与因袭政治作对抗的是李大钊[1]陈独秀诸人。在文学革命上,则胡适是我们所不能忘记的一个。男女关系重新估价重新决定的努力,除了一些人在论文上作解释论争外,其直接使这问题动摇到一般年青人的心,引起非常的注意,空前的翻腾的,还是文学这东西。

中国雏形的第一期文学,对所谓"过去"这名词,有所反抗,所有的武器,却完全是诗。在诗中,解释到社会问题的各方面,有玄庐,大白,胡适诸人,然而从当时的诗看去,所谓以人道主义作基础,用仍然保留着绅士气习的同情观念,注入到各样名为新诗的作品中去,在文字上,又复无从努力摆脱过去文字外形内含所给的一切暗示,所以那成就,却并不值得特殊的叙述。如玄庐的《农家》,大白的《卖布谣》,刘半农的《学徒苦》,及《卖萝葡人》,胡适的《人力车夫》,周作人的《路上所见》,写作的兴味,虽仿佛已经做到了把注意由花月风物,转到实际人生的片段上来,但使诗成为翻腾社会的力,是缺少使人承认的方便的。这类诗还是模仿,不拘束于格律,却固定在绅士阶级的人道主义的怜悯观念上,在这些诗上,我们找寻得出尸骸复活的证据。使诗注入一种反抗意识,虽不是完全没有,如胡适的《乐观》、《威权》、《死者》等作品,然而从其余那些诗人搜索检察,所得的结果,是诗人所挣扎做到的,还只能使诗,成为柔软的讽刺,不能成为其他什么东西。

---

[1] 李大钊,中国共产党创始人之一,"五四"新文化运动的领导者之一。

既然男女关系新的道德的成立，在当时的兴味，并不在普遍社会问题之下，因"生理"的或者说"物质"的原因，当前的事情，男女解放问题竟似乎比一般问题还更容易趋于严重。使问题一面得到无数的同情，也同时使无数的人保持到另一见解，引起极端的纷争，倒不是政治，不是文言与白话，却是"男子当怎样做男子，女人应如何做女人"。这焦点移到文学，便归结到诗上去，是非常自然的事。在诗上，作对于这一方面态度有所说明，或用写"情诗"的勇敢，作微带夸张的自白，为"恋爱自由"有所拥护，在当时引起一般人注意的，是胡适的《生查子》：

　　前度月来时，仔细思量过。今度月重来，独自临江坐。
　　风打没遮楼，月照无眠我，从来没见他，梦也如何做？

这是旧诗。一种惆怅，一个叹息，有好的境，也仍然完成到它那旧的形式中。另外有《如梦令》也不缺少热情，但其中却缺少所谓"情欲的苦闷"，缺少"要求"。又如玄庐的《想》：

　　平时我想你，七日一来复。昨日我想你，一日一来复。
　　今朝我想你，一时一来复。今宵我想你，一刻一来复。

一种抑郁，节律拘束到子夜歌一类古诗组织中，它还不是当时所要求的新诗。俞平伯，康白情，两个人的长处也不在这一方面。王统照，徐玉诺，陆志韦，冰心女士，也不能从这方面，有所成就。在这里，或者应当提到这些人生活的另一面，使这些诗人，皆避开这问题了。

表现女子的意识，生活上恋爱的自决，保留着一点反抗、一点顽固，是登载于《新生活》第十七期上，以黄婉为笔名的一首《自觉的女子》：

　　我没见过他，怎么能爱他？我没有爱他，又怎么能嫁他？……

这里所提出的是反抗与否认意识，是情欲的自觉与自尊。没有爱，一切

• 105 •

结合是不行的！然而反抗的是眼泪还是气力？这诗没有结果。在另外一种情形下，就是说，有了爱，是些什么？周作人有一首《高楼》的诗，一面守着纯散文的规则，一面在那极散文的形式中，表现着一种病的忧爱。那样东方的，静的，素描的，对于恋爱的心情，加以优美的描画，这诗是当时极好的诗。那样因年龄，体质，习惯，使诗铸定成为那种形式，以及形式中寄托的忧郁灵魂，是一般人所能接受，因而感到动摇同情的。在男女恋爱上，有勇敢的对于欲望的自白，同时所要求，所描写，能不受当时道德观念所拘束，几乎近于夸张的一意写作，在某一情形下，还不缺少"情欲"的绘画意味，是在当时比其他诗人年青一点的汪静之。

使他的诗成为那样的诗，"年轻"是有关系的。正如另外一个早年夭去的诗人胡思永君，所留下的"思永遗诗"，有青春的灵魂，青春的光，青春的颜色与声音在内。全是幼稚的不成熟的理知，全是矛盾，全是……然而那诗上所有的，却是一般年青人心上所蕴蓄的东西。青年人对于男女关系，所引起的纠纷，引起纠纷所能找到的恰当解释与说明，一般人没有做到，感到苦闷，无从措手，汪静之却写成了他的《蕙的风》。他不但为同一时代的青年人，写到对于女人由生理方面感到的惊讶神秘，要求冒险的失望的一面，也同时把欢悦的奇迹的一面写出了。

就因为那样缺少如其他作者的理知，以及其他作者所受生活道德的束缚，仅凭一点新生的欲望，带着一点任性的神气，漫无节制的写了若干新诗，《蕙的风》所引出的骚扰，由年青人看来，是较之陈独秀对政治上的论文还大的。在《新青年》上发表他的《狂人日记》的鲁迅先生，用正确的理知，写疯狂的心理，或如在《晨报副刊》发表的《阿Q正传》，以冷静的笔，作毫无慈悲的嘲讽，其引人注意处，在当时不会超越汪静之君的诗歌。鲁迅先生的创作，在同时还没有比冰心女士创作给人以更大兴味，就因为冰心是为读者而创作，鲁迅却疏忽了读者。诗的一方面，引出一个当前的问题，放到肯定那新的见解情形下，写了许多诗歌，那工作，在汪静之君是为自己而写，却同时近于为一般年青人而写作的。年青人的兴味所在是那一面，所能领会是那一类诗歌，汪静之在他那工作上是尽了力，也应当得到那时代的荣宠的。

《蕙的风》出版于十一年八月，较俞平伯《西还》迟至五月，较康白情《草儿》约迟一年，较《尝试集》[1]同《女神》[2]则更迟了。但使诗，位置在纯男女关系上，作虔诚的歌颂，这出世较迟的诗集，是因为他的内在的热情，一面摆脱了其他生活体念与感触机会，整个的为少年男女所永远不至于厌烦的好奇心情加以溢美，虽是幼稚仍不失其为纯粹的意义上，得到极大成功的。在这小集上，有关于作者的诗，与其人，其时代，作为说明的诸人的诗序，可以作为参考。

　　朱自清序他《蕙的风》诗集，用了下面的措词：

> 　　静之的诗颇有些像康白情君。他有诗歌的天才；他的诗艺术虽有工拙，但多是性灵的流露。他说自己"是一个小孩子"；他确是二十岁的一个活泼的小孩子。这一句自白很可以帮助我们了解他的人格和作品。小孩子天真烂漫，少经人间底波折，自然只有"无关心"的热情弥漫在他的胸怀里。所以他的诗多是赞颂自然，歌咏恋爱。……我们现在需要最切的，自然是血泪的文学，不是美与爱的文学；是呼吁与诅咒的文学，不是赞颂与咏歌的文学……静之是个孩子，美与爱是他的核心……他似乎不曾经历着那些应该呼吁与诅咒的情景，所以写不出血与泪底作品。……

　　胡适的序，又说到这些话语：

> 　　我读静之的诗，常常有一个感想：我觉得他的诗在解放一方面，比我们做过旧诗的人更澈底得多。当我们在五六年前提倡做新诗时，我们的"新诗"实在还不曾到"解放"两个字，远不能比元人的小曲长套，近不能比金冬心的《自度曲》。我们虽然认清楚了方向，努力朝着"解放"做去，然而当日加入白话诗的尝试的人，大都是对于旧诗词用过一番工夫的人，一时不容易打破旧诗词的镣铐枷锁。故民国六、七、八年的"新诗"，大部分只是一些古乐府

---

[1] 《尝试集》，胡适作，最早的白话诗集。
[2] 《女神》，诗集，郭沫若著。

式的白话诗,一些"击壤集"式的白话诗,一些词式和曲式的白话诗——都不能算是真正的新诗。但不久有许多少年的"生力军"起来了。少年的新诗人之中,康白情俞平伯起来最早;他们受的旧诗影响,还不能算很深……但旧诗词的鬼影仍旧时时出现在许多"半路出家"的新诗人的诗歌里。……直到最近一两年内,又有一班少年诗人出来,他们受的旧诗词的影响更薄弱了,故他们的解放也更澈底。静之就是这些少年诗人之中最有希望的一个。他的诗有时未免有些稚气,然而稚气究竟胜于暮气;他的诗有时来免太露,然而太露究竟远胜于晦涩。况且稚气总是充满着一种新鲜风味,往往有我们自命"老气"的人万万想不到的新鲜风味。

为了证明《蕙的风》的独造处,在胡适序上,还引得有作者《月夜》的诗。又引出《怎敢爱伊》以及《非心愿的要求》同《我愿》三诗,解释作者在诗上进步的秩序。

刘延陵,则在序上,说到关于歌唱恋爱被指摘的当时情形,有所辩解。且提到这顺应了自然倾向的汪静之君,"太人生的"诗,在艺术方面不能算是十分完善。

作者自序是:

> 花儿一番地开,喜欢开就开了,哪顾得人们有没有鼻子去嗅?
> 鸟儿一曲一曲地唱,喜欢唱就唱了,哪顾得人们有没有耳朵去听?
> 彩霞一阵阵地布,喜欢布就布了,哪顾得人们有没有眼睛去看?
>
> 婴儿"咿嘻咿嘻"地笑,"咕嗳咕嗳"地哭;我也像这般随意地放情地歌着:这只是一种浪动罢了。我极真诚地把"自我"溶化在我的诗里;我所要发泄的都从心底涌出,从笔尖跳下来之后,我就也安慰了,畅快了。我是为的"不得不"而做诗,我若不写出来,我就闷得发荒慌!
> ……

在序里,还说到诗国里把一切作品范围到一个道德的型里,是一种愚鲁无知的行为。这里说的话,与胡序的另一章与刘序,皆在诗的方面上有所辩解,因为在当时,作者的诗是以不道德而著名的。

《蕙的风》成为当时一问题,虽一面是那一集子里所有的诗歌,如何带着桃色的爱情的炫耀,然而胡适的序是更为人所注意的。在《一步一回头》那首小诗上,曾引起无数刊物的讨论,在胡序过誉为"深入浅出"的《我愿》一诗上,也有否认的议论。

在《放情的唱呵》的题词后,我们可以见到下面的一些诗:

  伊底眼是温暖的太阳;
  不然,何以伊一望着我,
  我受了冻的心就热了呢?

  伊的眼是解结的剪刀;
  不然,何以伊一瞧着我,
  我被镣铐的灵魂就自由了呢?

  伊的眼是快乐的钥匙;
  不然,何以伊一瞅着我,
  我就住在乐园里了呢?

  伊的眼变成忧愁的引火线了;
  不然,何以伊一盯着我,
  我就沉溺在愁海里了呢?

       (《伊底眼》——《蕙的风》三一)

我每夜临睡时,跪向挂在帐上的"白莲图"说:白莲姐姐呵!
当我梦中和我的爱人欢会时,请你吐些清香薰我俩吧。

       (《祷告》——《蕙的风》四七)

又如在别情的诗上，写着"你知道我在接吻你赠我的诗么？知道我把你底诗咬了几句吃到心里了么？"又如"我昨夜梦着和你亲嘴，甜蜜不过的嘴呵！醒来却没有你底嘴了；望你把我梦中那花苞似的嘴寄来吧"。这样带着孩气的任性，作着对于恋爱的孩气的想象，一切与世故异途比拟，一切虚诞的设辞，作者的作品，却似乎比其他同时诸人更近于"赤子之心"的诗人的作品了。使诗回返自然，而诗人却应当在不失赤子之心的天真心情上歌唱，是在当时各个作者的作品中皆有所道及的。王统照，徐玉诺，宗白华[1]，冰心，全不忘却自己是一个具有"稚弱的灵魂"这样一件事实。使这幼稚的心灵，同情欲意识，联结成一片，汪静之君把他的《蕙的风》写成了。

作者在对自然的颂歌中，也交织着青年人的爱欲幻觉与错觉，这风格，在当时诗人中是并不缺少一致兴味的。俞平伯君的作品，为汪静之诗曾有着极大的暗示。在西湖杂诗中，我们又可发现那格调，为俞平伯康白情所习惯的格调。使小诗，作为说明一个恋爱的新态度，汪静之君诗也有受《尝试集》的影响处。

又如《乐园》作者从爱欲描写中，迎合到自己的性的观念，虽似乎极新，然而却并不能脱去当时风行的雅歌[2]以及由周作人介绍的牧歌[3]的形式。《被残萌芽》则以散文的风格，恣纵的写述，仍然在修辞的完美以及其他意义上，作者所表现的天才，并不超越于其余作品标准之上。作者的对旧诗缺少修养，虽在写作方面，得到了非常的自由。因为年龄，智慧，取法却并不能也摆脱同时的诗的一般作品的影响，这结果，作者的作品，所余下的意义，仅如上面所提及，因年龄关系，使作品建筑在"纯粹幼稚上"，幼稚的心灵，与青年人对于爱欲朦胧的意识，联结成为一片，《蕙的风》的诗歌，如虹彩照耀于一短时期国内文坛，义如流星的光明，即刻消灭于时代兴味旋转的轮下了。

作者在一九二七年所印行的新集，《寂寞的国》，是"异常冷落的情形问世的。生活，年龄，虽使作者的诗的方向有所不同，然而除了新的诗集是失去了《蕙的风》在当时的长处以外，作者是不以年龄的增进，在作品中

---

[1] 宗白华，现代诗人、美学家，"五四"时为少年中国学会成员，现代"小诗"作者之一。

[2] 雅歌，中国古代上大夫饮酒娱乐时歌唱之雅诗或用于郊庙三朝之雅乐歌诗。

[3] 牧歌，亦称田园诗，诗歌之一种，起源于古希腊的一种表现牧人生活或农村生活的短抒情诗。

获同样进步的。另一面，到一九二八年为止，以诗篇在爱情上作一切诠注，所提出的较高标准，热情的光色交错，同时不缺少音乐的和谐，如徐志摩的《翡冷翠的一夜》。想象的恣肆，如胡也频的《也频诗选》。微带女性的忧郁，如冯至的《昨日之歌》。使感觉由西洋诗取法，使情绪仍保留到东方的、静观的、寂寞的意味，如戴望舒的《我的记忆》。肉感的、颓废的、如邵洵美的《花一般罪恶》。在文字技术方面，在形式韵律方面，也大都较之《蕙的风》作者有优长处。新的趋势所及，在另一组合中，有重新使一切文学回复到一个"否认"倾向上去的要求，文学问题可争论的是"自由抒写"与"有所作为"。在前者的旗帜下，站立了古典主义绝端的理知，以及近代的表现主义浪漫的精神，另一旗帜下，却是一群"相信"或"同意"于使文学成为告白，成为呼号，成为大雷的无产阶级文学与民族文学的提倡者，由于初期的诗的要求，而产生的汪静之君作品，自然是无从接近这纠纷，与时代分离了。

本篇原载1930年11月15日《文艺月刊》

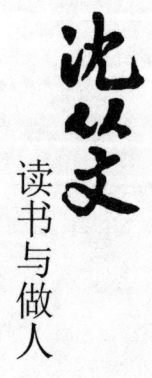

论徐志摩的诗

一九二三年顷，中国新文学运动有了新的展开，结束了初期文学运动关于枝节的纷争。创作的道德问题，诗歌的分行、用字，以及所含教训问题，皆得到了一时休息。凡为与过去一时代文学而战的事情，渐趋于冷静，作家与读者的兴味，转移到作品质量上面后，国内刊物风起，皆有沉默向前之势。创造社以感情的结合，作冤屈的申诉，特张一军，作由文学革命而衍化产生的文学研究会团体，取对立姿式，《小说月报》与《创造》，乃支配了国内一般青年人文学兴味。以彻头彻尾浪漫主义倾向相号召的创造社同人，对文学研究会作猛烈袭击。在批评方面，所熟习的名字，是成仿吾。在创作方面，张资平贡献给读者的是若干恋爱故事；郁达夫用一种崭新的形式，将作品注入颓废的病的情感，嵌进每一个年青人心中后，使年青人皆感到一种同情的动摇。在诗，则有郭沫若，以英雄的、原始的夸张情绪，写成了他的《女神》。

在北方，由胡适之、陈独秀等所领导的思想与文学革命运动，呈了分歧，《向导》与《努力》[1]，各异其趣，且因时代略呈向前跃进样子，"文学运动"在昨日所引起的纠纷，已得到了解决。新的文学由新的兴味所拥护，渐脱离理论，接近实际，独向新的标准努力。文学估价又因为有创造社的另一运动，提出较宽泛的要求后，注意的中心，便归到《小说月报》与《创造》月季刊方面了。另外，由于每日的刊行，以及历史原因，且所在地方，又为北京，由孙伏园所主编的《晨报副刊》，其影响所及，似较之两定期刊物为大。

这时的诗歌，在北方，在保守着"五四"文学运动胡适之先生等所提

---

[1] 《向导》中共最早机关报，先后由蔡和森、彭述之、瞿秋白主编。《努力》即《努力周报》，1922年在北京创刊，胡适主编。

出的诗歌各条件，是刘复、俞平伯、康自情诸人。使诗歌离开韵律，离开词藻，以散文新形式为译作试验，是周作人。以小诗捕捉一个印象，说明一个观念，以小诗抒情，以小诗显出聪明睿知对于人生的解释，同时因作品中不缺少女性的优美、细腻、明慧，以及其对自然的爱好，冰心女士的小诗，为人所注意、鉴赏、模仿，呈前此未有的情形。由于《小说月报》的介绍，朱自清与徐玉诺的作品，也各以较新组织、较新要求写作诗歌，常常见到。王统照则在其自编的文学周刊（附于《晨报》），有他的对人生与爱，作一朦胧体念朦胧说明的诗歌。创造社除郭沫若外，有邓均吾的诗，为人所知。另外较为人注意的，是天津的文学社同人，与上海的浅草社同人。在诗歌方面，焦菊隐、林如稷，是两个不甚陌生的名字。

　　文学运动已告了一个结束，照着当时的要求，新的胜利是已如一般所期望，为诸人所得到了的。另一时，为海派文学所醉心的青年，已经成为新的鉴赏者与同情者了。为了新的风格新的表现渐为年青人所习惯，由《尝试集》所引起的争论，从新的作品上再无从发生。基于新的要求，徐志摩以他特殊风格的新诗与散文，发表于《小说月报》。同时，使散文与诗，由一个新的手段，作成一种结合，也是这个人。（使诗还元朴素，为胡适。从还元的诗抽除关于成立诗的韵节，成完全如散文的作品为周作人。）使散文具诗的精灵，融化美与丑劣句子，使想象徘徊于星光与污泥之间，同时，属于诗所专有，而又为当时新诗所缺乏的音乐韵律的流动，加入于散文内，徐志摩的试验，由新月印行之散文集《巴黎鳞爪》，以及北新印行之《落叶》，实有惊人的成就。到近来试检察作者唯一创作集《轮盘》，其文字风格，便具一切诗的气分。文字中糅合有诗的灵魂，华丽与流畅，在中国，作者散文所达到的高点，一般作者中，是还无一个人能与并肩的。

　　作者在散文方面，给读者保留的印象，是华丽与奢侈的眩目。在诗歌，则加上了韵的和谐与完整。

　　在《志摩的诗》一集中，代表到作者作品所显示的特殊的一面，如《灰色的人生》下面的一列句子：

　　　　我想——我想放宽我的宽阔的粗暴的嗓音，唱一支野蛮的大胆

的骇人的新歌。

我想拉破我的袍服，我的整齐的袍服，露出我的胸膛，肚腹，肋骨与筋络。

我想放散我一头的长发……

……

我要调谐我的嗓音，傲慢的，粗暴的，唱一阕荒唐的，摧残的，弥漫的歌调。

……

我一把揪住了西北风，问他要落叶的颜色。

我一把……

……

来，我邀你们到海边去，听风涛震撼太空的声调。

……

来，我邀你们到民间去，听衰老的，病痛的，贫苦的，残毁的，……和着深秋的风声与雨声，——合唱"灰色的人生"！

又如《毒药》写着那样粗犷的言语——

今天不是我的歌唱的日子，我口边挺着狞恶的微笑；不是我说美的日子，……

相信我，我的思想是恶毒的，因为这世界是恶毒的；

我的灵魂是黑暗的，因为太阳已经灭绝了光彩；我的声调是像坟堆的夜鸦，因为……

……

在人道恶浊的涧水里流着，浮荇似的，五具残缺的尸体，他们是仁义礼智信，向着时间无尽的海澜里流去。

这海是一个不安静的海，……在每个浪头的小白帽上分明的写着人欲与兽性。

到处是奸淫的现象：贪心搂抱着正义，猜忌逼迫着同情，懦怯狎亵着勇敢,肉欲侮弄着恋爱,暴力侵凌着人道,黑暗践踏着光明。
……

　　一种奢侈的想象,挖掘出心的深处的苦闷,一种恣纵的,热情的,力的奔驰,作者的诗,最先与读者的友谊,是成立于这样篇章中的。这些诗并不完全说明到作者诗歌成就的高点,这类诗只显示作者的一面,是青年的血,如何为百事所燃烧。不安定的灵魂,在寻觅中,追究中,失望中,如何起着吓人的翻腾。爱情,道德,人生,各样名词以及属于这名词的虚伪与实质,为初入世的眼所见到,为初入世的灵魂所感触,如何使作者激动。作者这类诗,只说明了一个现象,便是新的一切,使诗人如何惊讶愤怒的姿态。与这诗同类的还有一首《白旗》,那激动的热情,疯狂的叫号,略与前者小同。这里若以一个诗的最高目的,是"以温柔悦耳的音节,优美繁丽的文字,作为真理的启示与爱情的低诉"。作者这类诗,并不是完全无疵的好诗。另外有一个《无题》,则由苦闷、昏瞀,回复了清明的理性,如暴风雨的过去,太空明朗的月色,虫声与水声的合奏,以一种勇敢的说明,作为鞭策与鼓励,使自己向那"最高峰"走去。这里"最高峰",作者所指的意义,是应当从第二个集子找寻那说明的。凡是《志摩的诗》一集中,所表现作者的欲望焦躁,以及意识的恐怖,畏葸,苦痛,在作者次一集中,有说明那"跋涉的酬劳"自白存在。

　　在《志摩的诗》中另外一倾向上,如《雪花的快乐》:

　　　　假如我是一朵雪花,
　　　　翩翩的在半空里潇洒,
　　　　我一定认清我的方向——
　　　　飞扬,飞扬,飞扬,——
　　　　这地面上有我的方向。

　　　　不去那冷寞的幽谷,
　　　　不去那凄清的山麓,

也不上荒街去惆怅——
飞扬，飞扬，飞扬，——
你看，我有我的方向！

在半空里娟娟的飞舞，
认明了那清幽的住处，
等着她来花园里探望——
飞扬，飞扬，飞扬，——
啊，她身上有朱砂梅的清香！

那时我凭藉我的身轻，
盈盈的，沾住了她的衣襟，
贴近她柔波似的心胸——
消溶，消溶，消溶，——
溶入了她柔波似的心胸！

  这里是作者为爱所煎熬，略返凝静，所作的低诉。柔软的调子中交织着热情，得到一种近于神奇的完美。
  使一个爱欲的幻想，容纳到柔和轻盈的节奏中，写成了这样优美的诗，是同时一般诗人所没有的。在同样风格中，带着一点儿虚弱，一点儿忧郁，一点病，有《在那山道旁》一诗。使作者的笔，转入到一个纯诗人的视觉触觉所领会到的自然方面去，以一种丰富的想象，为一片光色，一朵野花，一株野草，付以诗人所予的生命，如《石虎胡同七号》，如《残诗》，如《常州天宁寺闻礼忏声》，皆显示到作者性灵的光辉。正以排列组织的最高手段，琐碎与反复，乃完全成为必须的旋律，也是作者这一类散文的诗歌。在《多谢天！我的心又一度的跳荡》一诗中，则作者的文字，简直成为一条光明的小河了。
  "星海里的光彩，大千世界的音籁，真生命的洪流，"作者文字的光芒，正如在《常州天宁寺闻礼忏声》一诗中所说及。以洪流的生命，作无往不及的悬注，文字游泳在星光里，永远流动不息，与一切音籁的综合，乃成为自然的音乐。一切的动，一切的静，青天，白水，一声佛号，一声钟，冲突与和谐，庄严与悲惨，作者是无不以一颗青春的心，去鉴赏、感受而加以微带矜持的注意去说明的。

作者以珠玉的散文，为爱欲，以及为基于爱欲启示于诗人的火焰热情，在以《翡冷翠的一夜》名篇的一诗中，写得最好。作者在平时，是以所谓"善于写作情诗"而为人所知的，从《翡冷翠的一夜》诗中看去，"热情的贪婪"这名词以之称呼作者，并不为过甚其词。《再休怪我脸沉》，在这诗中，便代表了作者整个的创作重心，同时，在这诗上，也可看到作者所长，是以爱欲为题，所有联想，如何展开，如光明中的羽翅飞向一切人间。在这诗中以及《翡冷翠的一夜》其他篇章中，是一种热情在恣肆中的喘息。是一种豪放的呐喊，为爱的喜悦而起的呐喊。是清歌，歌唱一切爱的完美。作者由于生活一面的完全，使炽热的心，到另一时，失去了纷乱的机会，反回沉静以后，便只能在那较沉静生活中，为所经验的人生，作若干素描。因此作者第二个集子中，有极多诗所描画的却只是爱情的一点感想。俨然一个自然诗人的感情，去对于所已习惯认识分明的爱，作诚虔的歌唱，是第二个集子中的特点。因为缺少使作者焦躁的种种，忧郁气分在作者第二个集子中也没有了。

因此有人评这集子为"情欲的诗歌"，具"烂熟颓废气息"。然而作者使方向转到爱情以外，如《西伯利亚》一诗，那种融合纤细与粗犷成一片锦绣的组织，仍然是极好的诗。又如《西伯利亚遭中忆西湖秋雪庵芦色作歌》，那种和谐，那种离去爱情的琐碎与亵渎，但孤独的抑郁的抽出乡情系恋的丝，从容的又复略近于女性的明朗抒情调子，美丽而庄严，是较之作者先一时期所提及《在那山道旁》一类诗有更多动人处的。

在作者第二集子中，为人所爱读，同时也为作者所深喜的，是一首名为《海韵》的长歌：

"女郎，单身的女郎，
　你为什么留恋

这黄昏的海边？——
女郎，回家吧，女郎！"
"阿不，回家我不回，
我爱这晚风吹。"——
在沙滩上，在暮霭里，
有一个散发的女郎——
徘徊，徘徊。

"女郎，散发的女郎，
你为什么彷徨
在这冷清的海上？
女郎，回家吧，女郎！"
"阿不，你听我唱歌，
大海，我唱，你来和。"——
在星光下，在凉风里，
轻荡着少女的清音——
高吟，低哦。

"女郎，胆大的女郎！
那天边扯起了黑幕，
这顷刻间有恶风波，——
女郎，回家吧，女郎！"
"阿不，你看我凌空舞，
学一个海鸥没海波。"——
在夜色里，在沙滩上，
急旋着一个苗条的身影，——
婆娑，婆娑。

"听呀，那大海的震怒，

女郎,回家吧,女郎!
看呀,那猛兽似的海波,
女郎,回家吧,女郎!"
"阿不,海波他不来吞我,
我爱这大海的颠簸!"
在潮声里,在波光里,
阿,一个慌张的少女在海沫里,
蹉跎,蹉跎。

"女郎,在哪里,女郎?
在哪里,你嘹亮的歌声?
在哪里,你窈窕的身影?
在哪里,阿,勇敢的女郎?"
黑夜吞没了星辉,
这海边再没有光芒;
海潮吞没了沙滩,
沙滩上再不见女郎——
再不见女郎!

以这类诗歌,使作者作品,带着淡淡的哀戚,挼入读者的灵魂,除《海韵》以外,尚有一风格略有不同名为《苏苏》的一诗:

苏苏是一个痴心的女子:
像一朵野蔷薇,她的丰姿;
像一朵野蔷薇,她的丰姿——
来一阵暴风雨,摧残了她的身世。

这荒草地里有她的墓碑,
淹没在蔓草里,她的伤悲;

淹没在蔓草里，她的伤悲——
啊，这荒土里化生了血染的蔷薇！

那蔷薇……
在清早上受清露的滋润，
到黄昏时有晚风来温存，
要有那长夜的慰安，看星斗纵横。
……

  关于这一类诗，朱湘《草莽集》中有相似篇章。在朱湘作《志摩的诗评》时，对于这类诗是加以赞美的。如《大帅》《人变兽》《叫化活该》《太平景象》《盖上几张油纸》等等，以社会平民生活的印象，作一度素描，或由对话的言语中，浮绘人生可悲悯的平凡的一面。在风格上，闻一多《死水》集中，常有极相近处。在这一方面，若诚如作者在第二个集子所自引的诗句那样：

  我不想成仙，蓬莱不是我的分；我只要地面，情愿安分的做人。

  则作者那样对另一种做人的描写，是较之对"自然"与"爱情"的认识，为稍稍疏远了一点的。作者只愿"安分"做人，这安分，便是一个奢侈，与作者凝眸所见到的"人"是两样的。作者所要求的是心上波涛静止于爱的抚慰中。作者自己虽极自谦卑似的，说"自己不能成为诗人"，引用着熟人的一句话在那序上，但作者，却正因为到底是一个"诗人"，把人生的另一面，平凡中所隐藏的严肃，与苦闷，与愤怒，有了隔膜，不及一个曾经生活到那现在一般生活中的人了。钱杏邨，在他那略近于苛索的检讨文章上面，曾代表了另一意见有所述及，由作品追寻思想，为《志摩的诗》作者画了一个肖像。但由作者作品中的名为《自剖》中几段文字，追寻一切，疏忽了其他各方面，那画像却是不甚确切的。

  作者所长是使一切诗的形式，使一切由文中不习惯的诗式，嵌入自己作品，皆能在试验中楔合无间。如《我来扬子江边买一把莲蓬》，如《客中》，如《决断》，如《苏苏》，如《西伯利亚》，如《翡冷翠的一夜》，都差不多在一种崭新的组织下，给读者以极大的感兴。

作者的小品，如一粒珠子，一片云，也各有他那完全的生命。如《沙扬娜拉》一首：

> 最是那一低头的温柔，
> 像一朵水莲花不胜凉风的娇羞；
> 道一声珍重，道一声珍重，
> 那一声珍重里有蜜甜的忧愁——
> 沙扬娜拉！

读者的"蜜甜的忧愁"，是读过这类诗时就可以得到的。如《在那山道旁》《落叶小唱》，也使人有同类感觉。有人曾评作者的诗，说是多成就于音乐方面。与作者同时其他作者，如朱湘，如闻一多，用韵，节奏，皆不甚相远，诗中却缺少这微带病态的忧郁气分，使读者从《志摩的诗》作者作品中所得到的"蜜甜的忧愁"，是无从由朱湘、闻一多作品中得到的。

因为那所歌颂人类的爱，人生的爱，到近来，作者是在静止中凝眸，重新有所见，有所感。作者近日的诗，似乎取了新的形式，正有所写作，从近日出版之《新月》月刊所载小诗可以明白。

使作者诗歌与朱湘、闻一多等诗歌，于读者留下一个极深印象，且使诗的地位由忽视中转到它应有位置上去，为人所尊重，是作者在民十五年时代编辑《晨报副刊》时所发起之诗会与《诗刊》。在这周刊上，以及诗会的座中，有闻一多、朱湘、饶子离、刘梦苇、于赓虞、蹇先艾、朱大枬诸人及其作品。刘梦苇于十六年死去，于赓虞由于生活所影响，对于诗的态度不同，以绝望的、厌世的、烦乱的病废的情感，使诗的外形成为划一的整齐，使诗的内含又浸在萧森鬼气里去。对生存的厌倦，在任何诗篇上皆不使这态度转成欢悦，且同时表现近代人为现世所烦闷的种种，感到文字的不足，却使一切古典的文字，以及过去的东方人的惊讶与叹息与愤怒的符号，一律复

活于诗歌中,也是于先生的诗。朱湘有一个《草莽集》,《草莽集》中所代表的"静",是无人作品可及的。闻一多有《死水》集,刘梦苇有《白鹤集》……

诗会中作者作品,是以各样不同姿态表现的,与《志摩的诗》完全相似,在当时并无一个人。在较新作者中,有邵洵美。邵洵美在那名为《花一般罪恶》的小小集子里,所表现的是一个近代人对爱欲微带夸张神情的颂歌。以一种几乎是野蛮的,直感的单纯,——同时又是最近代的颓废,成为诗的每一章的骨骸与灵魂,是邵洵美诗歌的特质。然而那充实一首诗外观的肌肉,使诗带着诱人的芬芳的词藻,使诗生着翅膀,从容飞入每一个读者心中去的韵律,邵洵美所做到的,去《翡冷翠的一夜》集中的完全,距离是很远很远的。

作者的诗歌,凡带着被抑制的欲望,作爱情的低诉,如《雪花的快乐》,在韵节中,较之以散文写作具复杂情感的如《翡冷翠的一夜》诸诗,易于为读者领会。

本篇原载1932年8月《现代学生》

论闻一多的《死水》

以清明的眼，对一切人生景物凝眸，不为爱欲所眩目，不为污秽所恶心，同时，也不为尘俗卑猥的一片生括厌烦而有所逃遁；永远是那么看，那么透明的看，细小处，幽僻处，在诗人的眼中，皆闪耀一种光明。作品上，以一个"老成懂事"的风度，为人所注意，是闻一多先生的《死水》。

读《死水》容易保留到的印象，是这诗集为一本理知的静观的诗。在作品中那种安详同世故处，是常常恼怒到年青人的。因为年青人在诗的德性上，有下面意义的承认：

> 诗是歌颂自然与人生的，
> 诗是诅咒自然与人生的，
> 诗是悦耳的柔和的东西，
> 诗是热烈的奔放的东西，
> 诗须有情感，表现的方法须带一点儿天真，
> ……

这样或那样，使诗必须成立于一个概念上，是"单纯"与"胡涂"。那是为什么？因为是"诗"。带着惊讶，恐怖，愤怒，欢悦，任情的歌唱，或矜慎的小心的低诉，才成为一般所认可的诗。纤细的敏感的神经，从小小人事上，作小小的接触，于是微带夸张，或微带优郁，写成诗歌，这样诗歌才是合乎一九二〇年来中国读者的心情的诗歌。使生活的懑怨与忧郁气分，来注入诗歌中，则读者更易于理解，同情。因为从一九二三年到今日为止，手持新诗有所体会的年青人，为了政治的同习惯的这一首生活的长诗，使人人

都那么忧愁，那么忧愁！

　　社会的与生理的骚扰，年青人，全是不安定，全是纠纷，所要的诗歌，有两种，一则以力叫号作直觉的否认，一则以热情为女人而赞美。郭沫若，在胡适之时代过后，以更豪放的声音，唱出力的英雄的调子，因此郭沫若诗以非常速力，占领过国内青年的心上的空间。徐志摩，则以另一意义，支配到若干青年男女的多感的心，每日有若干年青人为那些热情的句子使心跳跃，使血奔窜。

　　在这样情形下，有两本最好的诗，朱湘《草莽集》，同闻一多的《死水》。两本诗皆稍稍离开了那时代所定下的条件，以另一态度出现，皆以非常寂寞的样子产生，存在。《草莽集》在中国抒情诗上的成就，形式与内容，实较之郭沫若纯粹极多。全部调子建立于平静上面，整个的平静，在平静中观照一切，用旧词中属于平静的情绪中所产生的柔软的调子，写成他自己的诗歌。明丽而不纤细，《草莽集》的价值，是不至于因日前的寂寞而消失的。《死水》一集，在文字和组织上所达到的纯粹处，那摆脱《草莽集》为词所支配的气息，而另外重新为中国建市一种新诗完整风格的成就处，实较之国内任何诗人皆多。《死水》不足"热闹"的诗，那是当然的，过去不能使读者的心动摇，未来也将这样存在。然而这是近年来一本标准诗歌！在体裁方而，在文字方面，《死水》的影响，不是读者，当是作者。由于《死水》风格所暗示，现代国内作者向那风格努力的，已经很多了。在将来，某一时节，诗歌的兴味，有所转向，使读者，以诗为"人生与自然的另一解释"文字，使诗效率在"给读者学成安详的领会人生"，使诗的真价在"由于诗所启示于人的智慧与性灵"，则《死水》当成为一本更不能使人忘记的诗！

　　作者是画家，使《死水》集中具备刚劲的朴素线条的美丽。同样在画中，必需的色的错综的美，《死水》诗中也不缺少。作者是用一个画家的观察，去注意一切事物的外表，又用一个画家的手腕，在那些俨然具不同颜色的文字上，使诗的生命充溢的。

　　如《荒村》，可以代表作者使一幅画成就在诗上，如何涂抹他的颜色的本领。如《天安门》，在那些言语上如何着色，也可看出。与《天安门》相似那首《飞毛腿》，与《荒村》相近那首《洗衣歌》，皆以一个为人所不注意的题材，因作者的文字的染色，使那诗非常动人的。

> 他们都上那里去了？怎么
> 虾蟆蹲在甑上，水瓢里开白莲，
> 桌椅板凳在田里堰里飘着；
> 蜘蛛的绳桥从东屋往西屋牵？
> 门框里嵌棺材，窗棂里镶石块！
> 这景象是多么古怪多么惨！
> 镰刀让它锈着快锈成了泥，
> 抛着整个的鱼网在灰堆里烂。
> 天呀！这样的村庄都留不住他们！
> 玫瑰开不完，荷叶长成了伞；
> 秧针这样尖，湖水这样绿，
> 天这样青，鸟声像露珠这样圆。
> ……
> 这样一个桃源，瞧不见人烟！

这里所引的是《荒村》诗中一节。另外，以同样方法，画出诗人自己的心情，为百样声音百样光色所搅扰，略略与全集调子不同的，是《心跳》。代表作者在节奏和谐方面与朱湘诗有相似处，是一首名为《也许》的诗：

> 也许你真是哭得太累，
> 也许，也许你要睡一睡，
> 那么叫苍鹰不要咳嗽，
> 蛙不要号，蝙蝠不要飞，
>
> 不许阳光攒你的眼帘，
> 不许清风刷上你的眉
> ……

也许你听着蚯蚓翻泥，
听那细草的根儿吸水，
……

我就让你睡，我让你睡，
我把黄土轻轻盖着你，
我叫纸钱儿缓缓的飞。

在《收回》，在《你指着太阳起誓》，这一类诗中，以诗为爱情二字加以诠解，《死水》中诗与徐志摩《翡冷翠的一夜》及其他诗歌，全是那么相同又那么差异。在这方面作者的长处，却正是一般人所不同意处。因为作者在诗上那种冷静的注意，使诗中情感也消灭到组织中，一般情诗所不能缺少的一点轻狂，一点荡，都无从存在了。

作者所长是想象驰骋于一切事物上，由各样不相关的事物，以韵作为联结的绳索，使诗成为发光的锦绮，于情诗，对于爱，是与"志摩的诗"所下解释完全不同，所显示完全的一面也有所不同了的。

作者的诗无热情，但也不缺少那由两性纠纷所引起的抑郁。不过这抑郁，由作者诗中所表现时，是仍然能保持到那冷静而少动摇的恍惚的情形的。但离去爱欲这件事，使诗方向转到为信仰而歌唱时，如《祈祷》等篇，作者的热是无可与及的。

作者是提倡格律的一个人。一篇诗，成就于精炼的修辞上，是作者的主张。如在《死水》上，作者想象与组织的能力，非常容易见到：

让死水酵成一沟绿酒，
飘满了珍珠似的白沫；
小珠笑一声变成大珠，
又被偷酒的花蚊咬破。

一首诗，告我们不是一个故事，一点感想，应当是一片霞，一园花，有各样的颜色与姿态,具各样香味,作各种变化,是那么细碎又是那么整个的美,欣赏它,使我们从那手段安排超人力的完全中低首,为那超拔技巧而倾心,为那由于诗人做作手艺熟练而赞叹,《死水》中的每一首诗,是都不缺少那技术的完全高点的。

但因这完全,作者的诗所表现虽常常是平常生活的一面,如《天安门》等,然而给读者印象却极陌生了。使诗在纯艺术上提高,所有组织常常成为奢侈的努力,与读者平常鉴赏能力远离,这样的诗除《死水》外,还有孙大雨的诗歌。

本篇原载1930年4月10日《新月》

论焦菊隐的《夜哭》

使诗歌放在一个"易于为读者所接受的平常风格"下存在,用字,措词,处置那些句子末尾的韵,无一不"平常",然而因这点理由,反而得到极多的读者,是焦菊隐的诗歌。

作者在十五年七月所出版的散文诗歌《夜哭》,三年中有四版的事实,为中国新兴刊物中关于诗歌集子最热闹的一件事。这诗集,是总集作者十五年以前所有散文诗而加以小小选择的。十八年,另外出了一个次集,名为《他乡》,收入了《夜哭》以后诗歌,共十五首。

作者的诗是以"散文诗"这样一种名称问世的。失去了分行的帮助,使韵落在分段的末一句里,是作者的作品同一般人所异途处。在形式上,这是作者一个特点。其次,作者的诗,容纳的文字,是比目下国内任何诗人还奢侈的文字,凡属于一个年青的心所能感到的,凡属于一个年青人的口所不能说出的,焦先生是比一般人皆为小心的把那些文字攫到,而又谨慎又天真的安置到诗歌中的。比一般作品的风格要求皆低,比一般作品表现皆自由,文字却比一般作品皆雕琢堆砌,结果,每一首诗由一个年青人读来,皆感到一种"甜蜜",这也是作者作品一个特点。但这两个特点,也可以说,第一是作者"只能写散文",第二是作者"诗只能成就到那些方面"。这是一定的,作者年青,因此能那么做年青人的诗歌。作者有对于恋爱的希望与生活的忧郁,说自己的话,却正是为一般手持诗本多感多愁的年青男女而唱歌!

一个年青人,心中都愿意生活是一首诗,对恋爱与其他各事,做着各样朦胧而又浅薄的梦,所有幻想的翅膀,各处飞去,是飞不出焦菊隐先生作品所表现以外的。他们想象的驰骋,以及失望后的呻吟,因年龄所限制,他们所认为美而适当的文字,就是焦菊隐那类文字。他们的心是只能为这些文字而跳的,焦菊隐的诗歌,就无一首诗不在那方面可以得到完全的成功。

若一个艺术的高点,只是在一时代所谓"多数"人能够接受,在这里,我们找不出有比焦菊隐诗歌还好的诗歌。能有暇裕对新诗鉴赏,理解,同情,是不会在年青男女学生以外还有人的,为这些人而预备的诗歌,有三个不能疏忽的要点:

一是用易于理解不费思想的形式;

二是用一些有光有色的字略带夸张使之作若干比拟;

三是写他们所切身的东西。

焦菊隐是明白这个的。在创作,则我们知道张资平、章衣萍[1]的成就,为不可否认的真实。在诗,焦菊隐也自然不会十分寂寞了。

中国过去是这样情形,目下还是这样情形,焦菊隐的诗歌,较之闻一多的诗歌,为青年男女所"欢喜",也当然是毫无问题的。在"读者是年轻人"的时代里,焦菊隐的诗,是一定能比鲁迅小说还受人爱悦而存在的。

若我们想从一种时行作品中,测验一个时代文字的兴味高点,《夜哭》是一本最相宜的书。青年人对人生朦胧的眼,看一切,天真的心,想一切,由于年轻的初入世的眼与心,爱情的方向,悲剧与喜剧的姿态,焦菊隐先生的《夜哭》,是一本表现年青人欲望最好的诗。那诗集的存在,以及为世所欢迎,都证明到中国诗歌可以在怎样情形下发展,很可给新诗的研究者作一种参考题材。"多数"是怎样可以"获得",这意义,所谓革命文学并没有做到,我以为目下是用这本书可以说明的。

这里稍稍引一点东西——

> 夜正凄凉,春雨一般的寒颤的幽静的小风,正吹着妇人哭子的哀调,送过河来,又带过河去。
>
> 黑色孵着一流徐缓的小溪,和水里影映着惨淡的晚云,与两三微弱的灯光。星月都沉醉在雪后。
>
> 我毫不经意地踱过了震动欲折的板桥,黑,寒,与哀怨,包围

---

[1] 章衣萍,现代作家,曾为《语丝》撰稿人,《情书一束》作者。

着我如外衣一样。

……

我们只能感觉这远处吹来的夜哭声,有多么悲惋,多么凄清。她内心思念牛乳样甜而可爱的儿子有多么急切焦忧呢?这我可不能感觉了,我不能感觉,因为黑、寒,与哀怨包围着我如外衣一样。

……

(引自《夜哭》一)

凡是青年人所认为美丽的文字,在这诗里完全没有缺少。带一点儿病的衰弱,一点女性,作者很矜持的写成了这样的"散文诗"。作者文字的成就高点,就正是青年人所认为文字的最高点。那么纤细的缠绵的文字,告给我们的是文字已陷到一个最不值得努力的方向上去了,一个奢侈的却完全失去了文字的当然德性的企图,一种糟蹋想象的努力。但这个东西,却适于时代,更适宜于女人!女人是要这个才能心跳才能流泪的。试看另外一点东西:

天上一丝丝灰颓的云缕,似母亲窈弱无力的呻吟。

我心的灰颓颜色中,正腾沸着惨愁的哭声,浮泛着失色的朝云。

(《夜哭》五)

当我在安逸快乐时,她轻轻地向我软语缠绵,使我不能从迷茫中振起——似一只湿了翼的小鸟,伏居在温暖的香巢。

(《夜哭》十三)

黄昏孵罩着的小巷里,静如沉香的静寂中,飞漾来野犬的吠声。浮满了悲哀的波浪,似失子的母亲在夜哭。一波波悲浪如船桨漾水一般拍着我怯懦的心。

(《夜哭》十五)

倚傍着香肩,微微地低语,道着爱慕的芳香言语,如春峡中潺潺的细泉一样清响。

(《夜哭》十七)

还有像《夜的舞蹈》一诗里,那么的诗意葱茏,那么美,却完全是一种那么琐碎纤细的作品。文字的风度，表现散文中最不经济的一面，然而这一面使读者十分倾心，因此在《他乡》集中，作者努力的方向，还是在"描写"，在一些词藻上面，驰骋他的才思。不过小小不同处，是以个人为本位的抒情，转到较宽泛的人生上有所感触而写作，文字较朴素了一点，却仍使那好处成就于文字上的。把"散文"提高，比平常散文多具一些光色，纤细而并不华丽，虽缠绵凄清，然而由于周作人那种"朴素的散文"所能达到的"亲切"，《他乡》却没有达到的机会。

在《夜哭》集子里，有作者朋友于赓虞先生一序。于先生也同样是在北方为人所熟习的诗人，且同样使诗表现到的，是青年人苦闷与纠纷。情调的寄托，有一小部分是常常相似的。在那序上，说到作者的家世，即是那产生作者情调的理由。到后便说：

……他隐忍含痛的孤零的往前走着，怀念着已往，梦想着将来，感到不少荒凉的意味。……

……一个作家最大的成功，是能在他的作品中显露出"自我"来。菊隐在这卷诗里，曾透出他温柔的情怀中所潜伏的沉毅的生力，……

序上还提到那"缠绵"，"委婉"，"美丽"，"深刻"，以为那种"文体"，是一个特殊的奇迹。在那序上并没有过分誉词，于先生的尺度，是以自己的诗而为准则的。于先生的诗，也就成立于那些各样虚空有诱惑性的字面上。

作者再版自序，则带着小小的惭悔，为自己作品而有所解释，由于生活另一面动摇，对这诗集作者是自己就已经十分满意了的。那基于一点渺小压迫微小痛苦而作的呻吟，作者是以为不应当的。不过作者所忽略了的大处，在其次一集里，仍然还是没有见到。

在《夜哭》里，作者的情调，维持在两个人作品中间，其一是汪静之[1]，其一是于赓虞。显示青年为爱而歌的姿态，汪静之作品有相近处，表

---

[1] 汪静之，现代诗人，湖畔诗社发起人之一。

现青年人在失望中惊讶与悲哀,则于赓虞作品,与焦菊隐作品亦有相似的章法。不过那对一切绝望的极端的颓废,由于君诗中酝酿的阴森空气,焦菊隐是没有达到的。

以《夜哭》那种美丽而不实在的文体,在散文创作小说方面,有所努力,用同一意义,得一个时代的欢迎,而终于沉寂的,是王统照[1]的创作,同庐隐[2]女士的创作。创作的散文的标准,因一般作者的努力,所走的路将日与活用的语言接近,离开了空泛的词藻,离开了字面的夸张,那是可能的。但是诗,照目下情形看来,则有取相反姿势走去的现象,李金发,胡也频[3],使诗接受古文字中的助词与虚字,复词,杨骚[4]诗代表一个混杂的形式,因为这些新诗的产生,存在,所以《夜哭》的作者,对自己那诗歌纵极轻视,然而因那内容,所抓住的却是多数年青人的意识与兴味,这诗集,是将比作者所想到的好影响还能长久,也比我所说到的坏影响还大的。

作者所努力的,是使散文渗入诗的气息,这手段的成就与失败处,已在前面说及了。至于对此后诗作者与散文作者,作者的作品是无影响的,它那为作者所料不到的成就,完全是一般青年的读者,年青人对这诗集的合式,在未来一个时节里,还不会即刻消失,因为那些文字,并不达到艺术的某一高点,却不缺少一个通俗的动人风格,年青的男女,由于自己的选择,是不放过这本诗的。

本篇原载1930年11月30日《中央日报·文艺周刊》

---

[1] 王统照,现代作家,文学研究会成员。
[2] 庐隐,现代女作家。
[3] 胡也频,现代作家,"左联五烈士"之一。
[4] 杨骚,现代作家,《铁流》等的译者。

论刘半农《扬鞭集》

当"五四"运动左右时,第一期国语文学的发展上,刘复这个名字,是一个时髦的名字。在新文学新方向上,刘先生除曾经贡献给年青人以若干诚实而切要的意见外,还在一种勇敢试验中,写了许多新诗。按照当时诸人为文学所下的定义,使第一期新诗受了那新要求的拘束,刘复,沈尹默,周作人,为时稍后的康白情[1],俞平伯,朱自清,徐玉诺[2],在南方的沈玄庐[3],刘大白,以及不甚能诗却也有所写作的罗家伦,傅斯年[4]等等,是都同时对诗有所努力,且使诗的形式,极力从旧诗中解放,使旧诗中空泛的词藻,不再在新诗中保留的。每一个作者,对于旧诗词皆有相当的认识,却在新作品中,不以幼稚自弃,用非常热心的态度,各在活用的语言中,找寻使诗美丽完全的形式。且保守那与时代相吻合的思想,使稚弱的散文诗,各注入一种人道观念,作为对时代的抗议,以及青年人心灵自觉的呼喊,但这一期的新诗,是完全为在试验中而牺牲了。在稍后一时,即或在诗中那种单纯的朴素的描绘,以及人生文学的气息,尚影响到许多散文创作者,然而自从十三年后,这第一期新诗,便差不多完全遗落到历史后面,为人所渐忘了。他们在自己主张上写诗,这主张,为稍后的一时几人新的试验破坏无余了。

在第一期诗人中,周作人是一个使诗成为纯散文最认真的人,译日本俳句同希腊古诗,也全用散文去处置。使诗朴素单一仅存一种诗的精神,抽去一切略涉夸张的词藻,排除一切烦冗的字句,使读者以纤细的心,去接近玩味,这成就处实则也就是失败处的。因这个结果,文字虽由手中向大众

---

[1] 康白情,现代诗人。
[2] 徐玉诺,现代诗人,史学研究会成员。
[3] 沈玄庐,早期新诗作者。
[4] 罗家伦,《新潮》编者之一,后成为国民党政客。傅斯年,《新潮》编辑,后任国民党政府中央研究院历史语言研究所所长等职。

化，形式平凡而且自然，但那种单纯，却使读者的情感奢侈，一个读者，若缺少人生的体念，无想象，无生活，对于这朴素的诗，反而失去认识的方便了。年青人对于周作人的译作诗歌的喜悦，较之对于郭沫若译作诗歌的喜悦为少，这道理，便是因为那朴素是使诗歌转入奢侈，却并不"大众"的。较后时的郭沫若，一反北方所有文字运动的拘束，用年青人的感情，采用虽古典而实通俗的词藻与韵律，以略带夸张的兴奋调子，写他的诗，由于易于领会，在读者中便发生了无量的兴味。这一面的成就，却证明了北方几个诗人试验的失败。并且那试验，也就因此而止，虽俞平伯到较后日子里，还印行他的《忆》，刘复印行他的《扬鞭集》，周作人，则近年来还印行他的《过去的生命》，但这些诗皆以异常寂寞的样子产生，存在于无人注意情形中，因为读者还是太年青，一本诗，缺少诱人的词藻作为诗的外衣，缺少悦耳的音韵，缺少一个甜蜜热情的调子，读者是不会欢喜的，不能欢喜的。

似乎在《扬鞭集》或《忆》的序上，周作人先生有类似下面的意见：

……我所见到三个具诗的天分的人，一是俞平伯，二是沈尹默，三是刘复。……

沈尹默，十四年左右印行了《秋明集》两册，却是旧词旧诗。在新诗贡献上，除了从在《新青年》上他的几首诗，见出这一个对旧诗有最好修养的作者，当"五四"左右时，如何勇敢的放下一切文学的工具，来写他的幼稚的口语诗那种勇敢外，是没有什么可说的。俞平伯，在较先两个集子里，一切用散文写就的诗，才情都很好，描写官能所接触一切，低回反复，酣畅缠绵，然而那种感情却完全是旧式文人的感情，同朱自清非常相近。他在他那自己试验中感到爱悦的似乎还是稍后印出的《忆》，这名《忆》的一册小诗，用与冰心小诗[1]风格相似的体裁写成，感情还是那种感情，节约了文字，使在最小篇章里，见出自己一切过去的姿态，与欲望的阴影，这诗给作者自己的动摇或较之读者为大，因为用最少的笔描写自己的脸，与一个微笑，一滴泪，一声呻吟，除了自己能从那一条线一个曲折辨认出来发生兴味外，读者却因为那简单，不

---

[1] 冰心小诗，指《繁星》《春水》中篇幅短小，表现作者"零碎思想"的诗歌。

易领会了。周作人对刘半农的意见,似在能驾驭口语能驱遣新意这两件事上。

在《扬鞭集》里,有农村素描的肖像,如《一个小农家的暮》:

她在灶下煮饭,
新砍的山柴,
必必剥剥的响。
灶门里嫣红的火光,
闪着她嫣红的脸,
闪红了她青布的衣裳。

他衔着个十年的烟斗,
慢慢的从田里回来;
屋角里挂去了锄头,
便坐在稻床上,
调弄着只亲人的狗。

他还踱到栏里去,
看一看他的牛;
回头向她说,
"怎样了——
我们新酿的酒?"

门对面青山顶上,
松树的尖头,
已露出了半轮的月亮。
孩子们在场上看着月,
还数着天上的星:
"一,二,三,四,……"
"五,八,六,两,……"

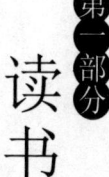

他们数，他们唱：

"地上人多心不平，

天上星多月不亮。"

这种朴素的诗，是写得不坏的。以一个散文的形式，浸在诗的气息里，平凡的看，平凡的叙述，表现一个平凡的境界，这手法是较之与他同时作者的一切作品为纯熟的。

又如《稻棚》，《同声》，全在同一调子里，写得非常亲切动人。

但这类诗离去了时代那一点意义，若以一个艺术的作品，拿来同十年来所有中国的诗歌比较，便是极幼稚的诗歌。散文的进步，中国十四年来的诗，但必须穿上华美的外衣，才会为人注意。刘复这诗歌，却是一九二一年左右写成的，那时代，汪静之，刘延陵[1]，徐玉诺，皆是诗人，在比较中，刘半农的诗是完全的。

刘复在诗歌上试验，有另外的成就，不是如《稻棚》的描写农村，不是如《耻辱的门》写他的人道主义的悲悯与愤怒。写恋爱的得失，心情的一闪，他的诗只记下一个符号，却不能使那个感想同观念成为一首好诗。他有长处，为中国十年来新文学作了一个最好的试验，是他用江阴方言，写那种方言山歌，用并不普遍的文字，并不普遍的组织，唱那一切成人所能领会的山歌，他的成就是空前的。一个中国长江下游农村培养而长大的灵魂，为官能的放肆而兴起的欲望，用微见忧郁却仍然极其健康的调子，唱出他的爱憎，混和原始民族的单纯与近代人的狡猾，按歌谣平静从容的节拍，歌热情郁怫的心绪，刘半农写的山歌，比他的其余诗歌美丽多了。

在《扬鞭集》一二四页上——

郎想姐来姐想郎，

同勒浪一片场浪乘风凉。

姐肚里勿晓得郎来郎肚里也勿晓得姐，

同看仔一个油火虫虫飘飘漾漾过池塘。

---

[1] 刘延陵，现代诗人。

在一二五页上——

姐园里一朵蔷薇开出墙,
我看见仔蔷薇也和看见姐一样。
我说姐倪你勿送我蔷薇也送个刺把我,
戳破仔我手末你十指尖尖替我绷一绷。

在一二七页上——

劈风劈雨打熄仔我格灯笼火,
我走过你门头躲一躲。
我也勿想你放脱仔棉条来开我,
只要看看你门缝里格灯光听你唱唱歌。

在一二八页上——

你联竿幽幽乙是揪格我?
我看你杀毒毒格太阳里打麦打的好罪过。
到仔几时一日我能够来代替你打,
你就坐勒树荫底下扎扎鞋底唱唱歌。

欲望是那么小,那么亲切,却写得那么缓和入耳。还有微带着挑拨,使欲望在另外一种比兴中显出,如在二二零页的一首。在二二二页上——

河边上阿姊你洗格舍衣裳?
你一泊一泊泊出情波万丈长!
我隔子绿沉沉格杨柳听你一记一记捣,
一记一记一齐捣勒笃我心上!

· 137 ·

较之其他诗皆像完美一点。俚俗，猥亵，不庄重，在一首较好的诗中是可以净化的，它需要的是整个的内含，在凤凰人歌谣中，有下面这样动人的句子——

天上起云云重云，
地下埋坟坟重坟；
姣妹洗碗碗重碗，
姣妹床上人重人。

又如描写一个欲望的恣肆，以微带矜持的又不无谐趣的神情唱着，又有下面的一歌——

大姐走路笑笑底，
一对奶子翘翘底；
我想用手摸一摸，
心中总是跳跳底。

关于叠字与复韵巧妙的措置，关于眩目的观察与节制的描写，这类山歌，技术方面完成的高点，并不在其他古诗以下。对于新诗有所写作，欲从一切形式中去试验，发现，完成，使诗可以达到一个理想的标准，这类歌谣可取法处，或较之词曲为多的。

《扬鞭集》作者为治音韵的学者，若不缺少勇气，试成作江阴方言以外的俗歌，他的成就，是一定可以在中国新诗的发展上有极多帮助的。不过，从自然平俗形式中，取相近体裁，如杨骚在他《受难者短曲》一集上，用中国弹词的格式与调子写成的诗歌，却得到一个失败的证据，证明新诗在那方面也碰过壁来的。

本篇原载1931年2月15日《文艺月刊》

论朱湘的诗

使诗的风度，显着平湖的微波那种小小的皱纹，然而却因这微皱，更见出寂静，是朱湘的诗歌。

能以清明的无邪的眼，观察一切，无渣滓的心，领会一切——大千世界的光色，皆以悦耳的调子，为诗人所接受；各样的音籁，皆以悦耳的调子，为诗人所接受。作者的诗，代表了中国十年来诗歌一个方向，是自然诗人用农民感情从容歌咏而成的从容方向。爱，流血，皆无冲突，皆在那名词下看到和谐同美，因此作者的诗，是以同这一时代要求取分离样子，独自存在的。

徐志摩、邵洵美[1]两人诗中那种为官能的爱欲而眩目，作出对生存的热情赞颂，朱湘是不曾那么写他的诗的。胡适最先使诗成为口号的形式而存在，郭沫若从而更夸张的使诗在那意义上发展，朱湘也不照到那样子作诗的。处处不忘却一个诗人的人生观的独见，从不疏忽了在"描写"以外的"解释"，冰心在她的小诗上，闻一多在他的作品上，全不缺少的气氛，从朱湘的《草莽集》诗中加以检察，也找寻不出。

作者第一个小集名《夏天》，在一九二二年印行时，有下面一点小小序引：

> 朱湘优游的生活既终，奋斗的生活开始，乃检两年半来所作的诗，选之，可存半数得二十六首，印一小册子，命名《夏天》，取青春已过，入了成人期的意思。我的诗，你们去吧！站得住自然的风雨，你们就存在；站不住，死了也罢。

---
[1] 邵洵美，现代诗人，新月社成员。

所谓代表这个诗人第一期的诗歌，在时代的风雨阴晴里，是诚如作者所意识到，成为与同一时代其他若干作品一样，到近来，已渐次为人忘怀了的。俞平伯，朱自清[1]，与这集子同一时代同一风格的诗歌，皆代表了一个文学新倾向的努力，从作品中，可得到的，只是那为摆脱旧时代诗所有一切外形内含努力的一种形式，那结果，除了对新的散文留下一种新姿态外，对于较后的诗歌却无多大影响的。

使诗的要求，是朴实的描写，单纯的想，天真的唱，为第一期中国新诗所能开拓的土境，这时代朱湘的诗，并无气力完全超跃这一个幼稚时代的因习。如《迟耕》：

蓑衣斗篷放在田坎上，
——柳花飞了！
"牛，乖乖的让我安上犁，
你好吃肥肥的稻秸。"

这一类诗歌的成就，正如一般当时的诗歌的成就，只在"天真与纤细"意义上存在的。但如《小河》，却已显出了作者那处置文字从容的手段了。

自云是我的家乡，
松盖是我的房檐，
父母，在地下，我与兄弟
并流入辽远的平原。

我流过宽白的沙滩，
过竹桥有肩锄的农人；
我流过俯岩的面下，
他听我弹幽涧的石琴。

---

[1] 朱自清，现代诗人、散文作家，文学研究会成员。

有时我流的很慢，
那时我明镜不殊，
轻舟是桃色的游云，
舟子是披蓑的小鱼；

有时我流的很快，
那时我高兴的低歌，
人听到我走珠的吟声，
人看见我起伏的胸波。

烈日下我不怕燥热，
我头上是柳阴的青帷；
旷野里我不愁寂寞：
我耳边是黄莺的歌吹。

我掀开雾织的白被，
我披起红縠的衣裳，
有时过一息清风，
纱衣琅帘般闪光。

我有时梦里上天，
伴着月姊的寂寥；
伊有水晶般素心
吸我沸腾的爱潮。
……
我流过四季，累了，
我的好友们又已凋残，
慈爱的地母怜我，
伊怀里我拥白絮安眠。

然而这诗,与在同一时代同一题材下周作人所写的《小河》,意义却完全不同的。周诗是一首朴素的诗。一条小河的存在,象征一个生活的斗争,由忧郁转到光明,使光明由力的抗议中产生。使诗包含一个反抗的意识,《小河》所以在当时很为人所称道。朱湘的《小河》却完全不同,诗由散文写来,交织着韵的美丽,但为当时习气所拘束,却不免用了若干纤细比拟,"月姊"、"草妹",使这诗无从脱去那第一期新诗的软弱。欲求"亲切",不免"细碎",作者在《草莽集》里,这缺点,是依然还存在的。

但在《夏天》里,如《寄思潜》一长诗,已显出作者的诗是当时所谓有才情的诗,与闻一多之长诗咏李白一篇[1],可以代表一个诗的新型。又如《早晨》,那种单纯的素描,也可以说是好诗的。

> 早晨:
> 黄金路上的丈长人影。

又如《我的心》:

> 我的心是一只酒杯,
> 快乐的美酒稀见于杯中;
> 那么斟吧,悲哀的苦茗,
> 有你时终胜于虚空!

则为作者所有作品中表现寂寞表现生活意识的一首诗。这寂寞,这飘上心头留在纸上的人生淡淡的哀戚,在《夏天》集里尚不缺少,在《草莽集》里却不能发现了的。

《草莽集》出版于一九二七年,这集子不幸得很,在当时,使人注意处,尚不及焦菊隐[2]的《夜哭》同于赓虞《晨曦之前》。《草莽集》才能代表作者在新诗一方面的成就,于外形的完整与音调的柔和上,达到一个为一般

---

[1] 闻一多,现代诗人、文史学者。其诗歌开创了格律体的新诗流派。咏李白一篇,指闻一多的《李白之死》。
[2] 焦菊隐,现代诗人、导演艺术家、戏剧理论家和文学翻译家。

诗人所不及的高点。诗的最高努力，若果是不能完全疏忽了那形式同音节，则朱湘在《草莽集》各诗上，所有的试验，是已经得到了非常成功的。

若说郭沫若某一部分的诗歌，保留的是中国旧诗空泛的夸张与豪放，则朱湘的诗，保留的是"中国旧词韵律节奏的魂灵。"破坏了词的固定组织，却并不完全放弃那组织的美，所以《草莽集》中的诗，读及时皆以柔和的调子入耳，无炫奇处，无生涩处。如《葬我》：

　　葬我在荷花池内，
　　耳边有水蚓拖声，
　　在绿荷叶的灯上
　　萤火虫时暗时明——

　　葬我在马缨花下，
　　永作着芬芳的梦——
　　葬我在泰山之巅，
　　风声呜咽过孤松——

　　不然，就烧我成灰，
　　投入泛滥的春江，
　　与落花一同漂去
　　无人知道的地方。

那种平静的愿望，诉之于平静的调子中，是在同时作者如徐志摩、闻一多作品中所缺少的。又如《摇篮歌》：

　　春天的花香真正醉人，
　　一阵阵温风拂上人身，
　　你瞧日光它移得多慢，
　　你听蜜蜂在窗子外哼：

睡呀,宝宝,
蜜蜂飞得真轻。

天上瞧不见一颗星星,
地上瞧不见一盏红灯;
什么声音也都听不到,
只有蚯蚓在天井里吟:
睡呀,宝宝,
蚯蚓都停了声。

一片片白云天空上行,
像是些小船飘过湖心,
一刻儿起,一刻儿又沉,
摇着船舱里安卧的人:
睡呀,宝宝,
你去跟那些云。

不怕它北风树枝上鸣,
放下窗子来关起房门;
不怕它结冰十分寒冷,
炭火烧在那白铜的盆;
睡呀,宝宝,
挨着炭火的温。

使一首诗歌,外形内含那么柔和温暖,却缺少忧郁,作者这诗的成就,是超于一切作品以上,也同时是本集中最完全的。还有《采莲曲》,在同一风格下,于分行,用韵,使节奏清缓,皆非常美丽悦耳。如——

小船呀轻飘,

杨柳呀风里颠摇；
荷叶呀翠盖，
荷花呀人样娇娆。
日落，
微波，
金丝闪动过小河。
左行，
右撑，
莲舟上扬起歌声。
……
溪涧，
采莲，
水珠滑走过荷钱。
拍紧，
拍轻，
桨声应答着歌声。
……
溪中，
采莲，
耳鬓边晕着微红。
风定，
风生，
风飗荡漾着歌声。
……
花芳，
衣香，
消溶入一片苍茫，
时静，
时闻，

虚空里袅着歌音。

以一个东方民族的感情，对自然所感到的音乐与图画意味，由文字结合，成为一首诗，这文字，也是采取自己一个民族文学中所遗留的文字，用东方的声音，唱东方的歌曲，使诗歌从歌曲意义中显出完美，《采莲曲》在中国新诗的发展上，也是非常有意义的。作者是主张诗可以诵读的人，正如同时代作者闻一多，徐志摩，刘梦苇，饶孟侃[1]一样，在当时，便是预备把《采莲曲》在一个集会中，由作者读唱，做一个勇敢的试验的。在闻一多的《死水》集里，有可读的诗歌，在徐志摩的《志摩的诗》集里，也有可读的诗歌，但两人的诗是完全与朱湘作品不同的。在音乐方面的成就，在保留到中国诗与词值得保留的纯粹，而加以新的排比，使新诗与旧诗在某一意义上，成为一种"渐变"的联续，而这形式却不失其为新世纪诗歌的典型，朱湘的诗可以说是一本不会使时代遗忘的诗的。

作者所习惯的，是中周韵文所有的辞藻的处置。在诗中，支配文言文所有优美的，具弹性的，具女性的复词，由于朱湘的试验，皆见出死去了的辞藻有一种机会复活于国语文学的诗歌中。这尸骸的复活，是必然的，却仍是由于作者一种较高手段选择而来的。中国新诗作者中，沈尹默，刘复，刘大白[2]，皆对旧诗有最好学力，对新诗又尽过力作新的方向拥护的，然而从《邮吻》作者的各样作品中去看看，却只见到《邮吻》作者摆脱旧辞藻的努力，使新诗以一个无辞藻为外衣的单纯形式而存在，从刘复的《扬鞭集》去看看，这结果也完全相同。这完全弃去死文字的勇敢处，多为由于"五四"运动对诗要求的一种条件所拘束，朱湘的诗稍稍离开这拘束，承受了词曲的文字，也同时还承受了词曲的风格，写成他的《草莽集》。但那不受"五四"文学运动的拘束，却因为作者为时稍晚的原因。同样不为那要求所拘束与限制，在南方如郭沫若，便以更雄强的夸张声势而出现了。

在《草莽集》上，如《猫诰》，以一个猫为题材，却作历史的人生的嘲讽；如《月游》，以一个童话的感兴，在那诗上作一种恣纵的描画；如《王

---

[1] 饶孟侃，现代诗人，新月社成员。刘梦苇，现代诗人。
[2] 刘复，即刘半农，中国现代诗人，"五四"新文化运动积极倡导者。刘大白，现代诗人，新诗倡导者之一。

娇》，在传奇故事的题材上，用一枝清秀明朗的笔，写成美丽的故事诗，成就全都不坏。其中《王娇》那种写述的方法，那种使诗在"弹词"与"曲"的大众的风格上发展，采用的也全是那稍古旧的一时代所习惯的文字，这个试验是尤其需要勇敢与才情的。

不过在这本诗上，那些值得提及的成就，却使作者同时便陷到一个失败的情形里去了。作者运用词藻与典故，作者的诗，成为"工稳美丽"的诗，缺少一种由于忧郁、病弱、颓废而形成的犷悍兴奋气息，与时代所要求异途，诗所完成的高点，却只在"形式的完整"，以及"文字的典则"两件事上了。离去焦躁，离去情欲，离去微带夸张的眩目光彩，在创作方面，叶圣陶先生近年来所有的创作，皆在时代的估价下显然很寂寞的，朱湘的诗，也以同一意义而寂寞下去了。

作者在生活一方面，所显出的焦躁，是中国诗人中所没有的焦躁，然而由诗歌认识这人，却平静到使人吃惊。把生活欲望、冲突的意识置于作品中，由作品显示一个人的灵魂的苦闷与纠纷，是中国十年来文学其所以为青年热烈欢迎的理由。只要作者所表现的是自己那一面，总可以得到若干青年读者最衷心的接受。创作者中如郁达夫、丁玲，诗人中如徐志摩、郭沫若，是在那自白的诚实上成立各样友谊的。在另外一些作者作品中，如继续海派刊物兴味方向而写作的若干作品，即或作品以一个非常平凡非常低级的风格与趣味而问世，也仍然可以不十分冷落的。但《草莽集》中却缺少那种灵魂与官能的烦恼，没有昏瞀，没有粗暴。生活使作者性情乖僻，却并不使诗人在作品上显示纷乱。作者那种安详与细腻，因此使作者的诗，乃在一个带着古典与奢华而成就的地位上存在，去整个的文学兴味离远了。

在各个人家的窗口，各人所见到的天，多是灰色的忧郁的天，在各个年青人的耳朵边，各人所听到的声音，多是辱骂埋怨的声音。在各人的梦境里，你同我梦到的，总不外是……。一些长年的内战，一个新世纪的展开，作者官能与灵魂所受的摧残，是并不完全同人异样的！友谊的崩溃，生活的威胁，人生的卑污与机巧，作者在同样灾难中领受了他那应得的一份。然而作者那灾难，却为"勤学"这件事所遮盖，作者并不完全与"人生"生疏，文学的热忱却使他天真了。一切人的梦境的建设，人生态度的决定，多由于

· 147 ·

物质的环境,诗人的梦,却在那超物质的生活各方面所有的美的组织里。他幻想到一切东方的静的美丽,倾心到那些光色声音上面,如在《草莽集》中《梦》一诗上,那么写着:

> 水样清的月光漏下苍松,
> 山寺内舒徐的敲着夜钟,
> 梦一般的泉声在远方动:
> ……

从自然中沉静中得到一种生的喜悦,要求得是那么同一般要求不同,纯粹一个农民的感情,一个农民的观念,这是非常奇异的。作者在其他诗篇上,也并不完全缺少热情,然而即以用《热情》为题的一诗看来,作者为热情所下诠解,虽夸张却并不疏忽了和谐的美的要求。这热情,也成为东方诗人的热情,缺少"直感"的抒摅,而为"反省"的陶醉了。

诗歌的写作,所谓使新诗并不与旧诗分离,只较宽泛的用韵分行,只从商籁体[1]或其他诗式上得到参考,却用纯粹的中国人感情,处置本国旧诗范围中的文字,写成他自己的诗歌,朱湘的诗的特点在此。他那成就,也因此只像是个"修正"旧诗,用一个新时代所有的感情,使中国的诗在他手中成为现在的诗。以同样态度而写作,在中国的现时,并无一个人。

本篇原载1931年1月15日《文艺月刊》

---

[1] 商籁体,意大利史Sonetto,英文、法文Sonnet的音译,又名十四行诗,是欧洲一种格律严格的抒情诗体,闻一多、孙大雨等较早尝试这种诗体的创作。

沈从文 读书与做人

第二部分
做人

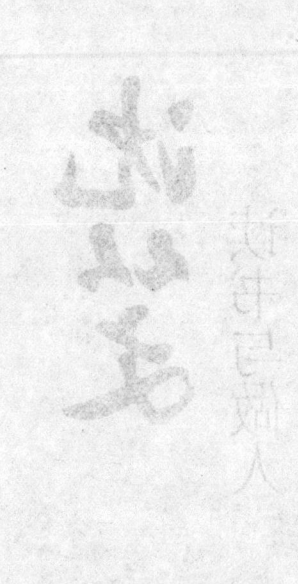

美与爱

宇宙实在是个复杂的东西，大如太空列宿，小至蜉蝣蝼蚁，一切分裂与分解，一切繁殖与死亡，一切活动与变易，俨然都各有秩序，照固定计划向一个目的进行。然而这种目的却尚在活人思索观念边际以外，难于说明。人心复杂，似有过之而无不及。然而目的却显然明白，即求生命永生。永生意义，或为精子游离而成子嗣延续，或凭不同材料产生文学艺术。似相异，实相同，同源于"爱"。

一个人过于爱有生一切时，必因为在一切有生中发现了"美"，亦即发现了"神"。必觉得那点光与色，形与线，即是代表一种最高的德性，使人乐于受它的统制，受它的处治。人类的智慧亦即由其影响而来，然而典雅词令和华美仪表，与之相比都见得黯然无光，如细碎星点在朗月照耀下一样情形。它或者是一个人，一件物，一种抽象符号的结集排比，令人都只能低首表示虔敬。正若因此一来，虽不会接近上帝，至少已接近上帝造物。

这种美或由上帝造物之手所产生，一片铜，一块石头，一把线，一组声音，其物虽小，亦可以见世界之大，并见世界之全；或即造物，最直接简便那个"人"。流星闪电于天空刹那而逝，从此烛示一种无可形容的美丽圣境，人亦相同，一微笑，一皱眉，无不同样可以显出那种圣境。一个人的手足毛发在此一闪即逝更缥缈的印象中，并印象温习中，都无不可见出造物者之手艺无比精巧。凡知道用各种感觉去捕捉住此美丽神奇光影的，此光影在生命中即永生不灭。屈原、曹植、李煜、曹雪芹，便是将这种光影用文字组成篇章，保留得完整的几个人，这些人写成的作品，虽各不相同，所得启示必古今如一，即被美所照耀，所征服，所教育是也。

美固无所不在，凡属造形，如用泛神情感[1]去接近，即无不可见出其精巧处和完整处。生命之最高意义，即此种"神在生命中"的认识。惟宗教与金钱，或归纳，或消蚀，已令多数人生活下来逐渐都变成庸俗呆笨，了无趣味。这些人对于一切美物，美事，美行为，美观念，无不漠然处之，毫无反应。于宗教虽若具有虔信，亦无助于宗教的发展；于金钱虽若具有热情，实不知金钱真正意义。

这种人既填满地面各处，必然即堕落了宗教的神圣性庄严性，凝滞了金钱的活动变化性。这种人大都富于常识，会打小算盘，知从"实在"上讨生活，或从"意义""名分"上讨生活，捕蚊捉蚤，玩牌下棋，在小小得失上注意关心，引起哀乐。生活安适，即已满足。活到末了，倒下完事。这些人所需要的既只是"生活"，并非对于"生命"具有何等特殊理解，故亦从不追寻生命如何使用，方觉更有意义。因此若有人超越习惯的心与眼，对美特具敏感，即自然将被这个多数人目为"痴汉"。若与多数人庸俗利害观念相冲突，且成为疯狂，为恶徒，为叛逆。换言之，即一切不吉名词，无不可加诸其身。对此消极的称为"沾染不得"，积极的为"与众弃之"。然而一切文学美术以及多数思想组织上巨大成就，却常常惟这种痴汉有分与多数无涉，则显而易见。

世界上缝衣匠、理发匠、作高跟皮鞋的，制造胭脂水粉的，共同把女人的灵魂压扁扭曲，失去了原有的本性，亦恰恰如宗教、金钱，到近代再加上个"政治倾向"，将多数男子灵魂压扁扭曲所形成的变态一样。两者且有一共同点，即由于本性日渐消失，"护短"情感因之亦与日俱增。和尚、道士、会员、议员……人人都俨然为一切名分而生存得十分庄严，事实上任何一个人却从不曾仔细思索过这些名词的本来意义。许多"场面上"人物，只不过如花园中盆景，被所谓思想观念强制曲折成为各种小巧而丑恶的形式罢了。一切所为所就，无不表现出对自然之违反，见出社会的拙象和人的愚心。然而近代所有各种人生学说，却大多数起源于承认这种种，重新给予说明与界限。这也就正是一般名为"思想家"的人物，日渐变成政治八股交际公文注疏家的原因！更无怪乎许多"事实"、"纲要"、"设计"、"报

---

[1] 泛神情感，源于泛神论。泛神论是一种将神融化于自然界的哲学观点，主张万物皆神，否定超自然的主宰或精神力量。

告",都找不出一点依据,可证明它是出于这个民族最优秀头脑与真实情感的产物,只看到它完全建立在少数人的霸道无知和多数人的迁就虚伪上面,政治、哲学、美术,背后都给一个"市侩"人生观在推行。换言之,即"神的解体"!

神既经解体,因此世上多斗方名士,多假道学,多蜻蜓点水的生活法,多情感被阉割的人生观,多阉宦情绪,多无根传说。大多数人的生命如一堆牛粪,在无热无光中慢慢燃烧,且结束于这种燃烧形式,不以为异。本来是懒惰麻木,却号称为"老成持重",本来是怯懦小气,却被赞为"有分寸不苟且",他的架子虽大,灵魂却异常小。他目前的地位虽高,却用过去的卑屈佞谀奠基而成。这也就是社会中还有圆光、算命、求神、许愿,种种老玩意儿存在的理由。因为这些人若无从在贿赂阿谀交换中支持他的地位,发展他的事业,即必然要将生命交给不可知的运与数的。

然而人是能够重新知道"神"的,且能用这个抽象的神,阻止退化现象的扩大,给新的生命一种刺激启迪的。

我们实需要一种美和爱的新的宗教,来煽起更年青一辈做人的热诚,激发其生命的抽象搜寻,对人类明日未来向上合理的一切设计,都能产生一种崇高庄严感情。国家民族的重造问题,方不至于成为具文,为空话!五月又来了,一堆纪念日子中,使我们想起用"美育代宗教"的学说提倡者蔡子民[1]老先生对于国家重造的贡献。蔡老先生虽在战争中寂寞死去了数年,主张的健康性,却至今犹未消失。这种主张如何来发扬光大,应当是我们的事情!

本篇原载报刊不详

---
[1] 蔡子民,即蔡元培。

生命

我好像为什么事情很悲哀，我想起"生命"。

每个活人都像是有一个生命，生命是什么，居多人是不曾想起的，就是"生活"也不常想起。我说的是离开自己生活来检视自己生活这样事情，活人中就很少那么作。因为这么作不是一个哲人，便是一个傻子了。"哲人"不是生物中的人的本性，与生物本性那点兽性离得太远了，数目稀少正见出自然的巧妙与庄严。因为自然需要的是人不离动物，方能传种。虽有苦乐，多由生活小小得失而来，也可望从小小得失得到补偿与调整。一个人若尽向抽象追究，结果纵不至于违反自然，亦不可免疏忽自然，观念将痛苦自己，混乱社会。因为追究生命"意义"时，即不可免与一切习惯秩序冲突。在同样情形下，这个人脑与手能相互为用，或可成为一思想家、艺术家，脑与行为能相互为用，或可成为一革命者。若不能相互为用，引起分裂现象，末了这个人就变成疯子。其实哲人或疯子，在违反生物原则，否认自然秩序上，将脑子向抽象思索，意义完全相同。

我正在发疯。为抽象而发疯。我看到一些符号，一片形，一把线，一种无声的音乐，无文字的诗歌。我看到生命一种最完整的形式，这一切都在抽象中好好存在，在事实前反而消灭。

有什么人能用绿竹作弓矢，射入云空，永不落下？我之想象，犹如长箭，向云空射去，去即不返。长箭所注，在碧蓝而明静之广大虚空。

明智者若善用其明智，即可从此云空中，读示一小文，文中有微叹与沉默，色与香，爱和怨。无著者姓名。无年月。无故事。无……然而内容极柔美。虚空静寂，读者灵魂中如有音乐。虚空明蓝，读者灵魂上却光明净洁。

大门前石板路有一个斜坡,坡上有绿树成行,长干弱枝,翠叶积叠,如翠翣[1],如羽葆[2],如旗帜。常有山灵,秀腰白齿,往来其间。遇之者即喑哑。爱能使人喑哑———种语言歌呼之死亡。"爱与死为邻"。

然抽象的爱,亦可使人超生。爱国也需要生命,生命力充溢者方能爱国。至如阉寺[3]性的人,实无所爱,对国家,貌作热诚,对事,马马虎虎,对人,毫无情感,对理想,异常吓怕。也娶妻生子,治学问教书,做官开会,然而精神状态上始终是个阉人。与阉人说此,当然无从了解。

夜梦极可怪。见一淡绿百合花,颈弱而花柔,花身略有斑点青渍,倚立门边微微动摇。在不可知地方好像有极熟习的声音在招呼:

"你看看好,应当有一粒星子在花中。仔细看看。"

于是伸手触之。花微抖,如有所怯。亦复微笑,如有所恃。因轻轻摇触那个花柄,花蒂,花瓣。近花处几片叶子全落了。

如闻叹息,低而分明。

……

雷雨刚过。醒来后闻远处有狗吠。吠声如豹。半迷糊中卧床上默想,觉得惆怅之至。因百合花在门边动摇,被触时微抖或微笑,事实上均不可能!

起身时因将经过记下,用半浮雕手法,如玉工处理一片玉石,琢刻割磨。完成时犹如一壁炉上小装饰。精美如瓷器,素朴如竹器。

一般人喜用教育身分,来测量这个人道德程度。尤其是有关乎性的道德。事实上这方面的事情,正复难言。有些人我们应当嘲笑的,社会却常常给以尊敬,如阉寺。有些人我们应当赞美的,社会却认为罪恶,如诚实。多数人所表现的观念,照例是与真理相反的。多数人都乐于在一种虚伪中保持安全或自足心境。因此我焚了那个稿件。我并不畏惧社会,我厌恶社会,厌恶伪君子,不想将这个完美诗篇,被伪君子与无性感的女子眼目所污渎。

百合花极静。在意象中尤静。

山谷中应当有白中微带浅蓝色的百合花,弱颈长蒂,无语如语,香清而

第二部分 做人

---

[1] 翠翣,古代仪仗中用的大掌扇,因皆编次雉羽或尾为之。
[2] 羽葆,即羽盖,古时用鸟羽装饰的车盖。
[3] 阉寺,即宦官。宦官一称寺人,又称阉人。

淡，躯干秀拔。花粉作黄色，小叶如翠珰。

法郎士[1]曾写一《红百合》故事，述爱欲在生命中所占地位，所有形式，以及其细微变化。我想写一《绿百合》，用形式表现意象。

本篇1941年8月以全文收入上海文化生活出版社初版《烛虚》集

---

[1] 法郎士，法国小说家，1921年获诺贝尔文学奖。

时 间

一切存在严格的说都需要"时间"。时间证实一切，因为它改变一切。气候寒暑，草木荣枯，人从生到死，都不能缺少时间，都从时间上发生作用。

常说到"生命的意义"或"生命的价值"。其实一个人活下来真正的意义同价值，不过是占有几十个年头的时间罢了。生前世界没有他，他是无意义无价值可言的。活到不能再活死掉了，他没有生命，他自然更无意义无价值可言。

正仿佛多数人的愚昧同少数人的聪明，对生命下的结论差不多都以为是"生命的意义同价值是活个几十年"，因此都肯定生活，那么吃，喝，睡觉，吵架，恋爱，……活下来等待死，死后让棺木来装殓他，黄土来掩埋他，蛆虫来收拾他。

生命的意义解释得既如此单纯："活下来，活着，倒下，死了"，未免太可怕了。因此次一等的聪明人，同次一等的愚人，对生命意义同价值找出第二种结论，就是"怎么样来耗费这几十个年头"。虽更肯定生活，那么吃，喝，睡觉，吵架，恋爱，……然而生活得失取舍之间，到底也就有了分歧。这分歧是一看即明白的。大别言之，聪明人要理想生活，愚蠢人要习惯生活。聪明人以为目前并不完全好，一切应比目前更好，且竭力追求那个理想。愚蠢人对习惯完全满意，安于习惯，保护习惯。（在世俗观察上，这两种人称呼常常相反，安于习惯的被呼为聪明人，怀抱理想的人却成愚蠢家伙。）

两种人既同样有个"怎么样来耗费这几十个年头"的打算，要从人与人之间找寻生存的意义和价值，即或择业相同，成就却不相同。同样想征服

颜色线条作画家，同样想征服乐器声音作音乐家，同样想征服木石铜牙及其他材料作雕刻家，甚至于同样想征服人身行为作帝王，同样想征服人心信仰作思想家：一切结果都不会相同。因此世界上有大诗人，同时也就有蹩脚诗人，有伟大革命家，同时也有虚伪革命家。至于两种人目的不同，择业不同，那就更容易一目了然了。

看出生命的意义同价值，原来如此如此，却想在生前死后使生命发生一点特殊意义同价值，心性绝顶聪明，为人却好像傻头傻脑，历史上的释迦，孔子，耶稣，就是这种人。这种人或出世，或入世，或革命，或复古，活下来都显得很愚蠢，死过后却显得很伟大。屈原算得这种人另外一格，历史上这种人并不多，可是间或有一个两个，就很像样子了。这种人自然也只能活个几十年，可是他的观念，他的意见，他的风度，他的文章，却可以活在人类记忆中几千年。一切人生命都有个时间限制，这种人的生命又似乎不大受这种限制。

话说回来，事事物物要时间证明，可是时间本身却是个极其抽象的东西。从无一个人说得明白时间是个什么样子。"时间"并不单独存在。时间无形，无声，无色，无臭。要说明时间的存在，还得回头从事事物物去取证。从日月来去，从草木荣枯，从生命存亡找证据。正因为事事物物都可为时间作注解，时间本身反而被人疏忽了。所以多数人提问到生命的意义同价值时，没有一个人敢说"生命意义同价值，只是一堆时间。"

"前不见古人，后不见来者，"这是一个真正明白生命意义同价值的人所说的话。老先生说这话时心中很寂寞！能说这话的是个伟人，能理解这话的也不是个凡人。目前的活人，大家都记着这两句话，却只有那些从日光下牵入牢狱，或从牢狱中牵上刑场的倾心理想的人，最了解这两句话的意义。因为说这话的人生命的耗费，同懂这话的人生命的耗费，异途同归，完全是为事实皱眉，却胆敢对理想倾心。

他们的方法不同，他们的时代不同，他们的环境不同，他们的遭遇也不同，相同的他们的心，同样为人类而跳跃。

本篇发表于1935年10月28日《大公报》

悲观与乐观

住在北平大城里,若同什么人一提到国家大事,不管他是银行办事的,学校教书的,编报的,作律师的,以及一切从事自由职业他那工作同国家荣辱分不开的,他总会觉得前途悲观。这人负责越重,知道国家情形越详细,仿佛便更容易悲观。这悲观我们不能隐讳,不应隐讳。

不过我们若从什么饭馆戏院过身,必可看到许多人进进出出。学校到开学上课时,仍然有人缴费上课。新办的北平市公共汽车,第五路车每次开出城时,眼见到坐的人满满的。(北平市各大街的牌楼,不是也全在那儿重新油漆涂金抹红吗?)……从这些方面看来,我们又会觉得乐观的人似乎太多了。

悲观的人说的好是"忧心国事",说的不好是"神经不大健全"。

乐观的人其所以能乐观,我以为也有两方面,一是认为徒然悲观无益,二是认为国家前途大可乐观。譬如水灾吧,它既然来了,大家就想办法,各就各人地位尽一点力,办报的为灾民请命,大声急呼,唱戏的唱义务戏,看戏的也看义务戏,多多少少总能帮助那些站在水里爬在屋脊上的同胞一点忙,当然比徒然悲观强多了。至于匪徒捣乱分子呢,不给他机会,就无法活动。努力消除他,就会消灭。政府能合作,有办法,自然使人对未来乐观,未来事纵不可知,可以放下不提。目前一切至少能维持,目前也就有乐观理由了。

不过我们也应当明白,某种人的不悲观,也许是他毫无知识;某种人的乐观,也许是他愚妄不可救药。

我以为不论悲观乐观,最要紧的还是人人皆应当多明白一点过去。现在、未来的国家事情,凡是负责的不独自己应当知道,并且还必须让不负责

的也知道。知道事情太多，结果不一定使人聪明，或者反而令人糊涂，因为糊涂，容易迷信，不错，我意思就要人迷信。

迷信就是宗教情绪的统一，它使人"简单"，比"世故"对于人类似乎还有用些。我们过去迷信鬼神，鬼神对我们便发生极大作用。如今对于鬼神之力的迷信时代已过去了，如果能够把新的迷信，集中在一种新的人事方面，信政府，信科学，信知识与技术，信组织与秩序，并不是无意义的努力。我们对于"人的能力"如发生信仰，受其催眠，为之兴奋，从小处说社会就可以支持现状，不会恶化；从大处说社会就可以产生变革，得到进步。

无迷信就少热情。一个民族缺少热情，悲观与乐观完全浮在表面上，活下去，也就是鬼混下去罢了。知识阶级能觉悟，不鬼混，中国有办法的。

　　　　　　　　　　　　本篇发表于1935年9月15日北平《实报》

烦 闷

烦闷来源有两方面：一是外面压力，二是个人生活。国家内忧外患逼迫，明白国势危险，不易支持，属于前者；个人生活无办法，恋爱失败，求学困难，作生意开铺子赔了本，属于后者。极端烦闷使人容易对当前社会绝望，对生存灰心，结果便是革命，绑票，卖国，发疯，堕落，自杀。

身当其冲，活在这个国家里，有血性有骨气的青年人，对当前各事难乐观，烦闷是极其自然的。或者想活不能活，或者想安分作一个人却无机会那么来作个人，于是革命，绑票，卖国，发疯，堕落，自杀，当然就多起来了。

应当怎么办？就是为烦闷找一条出路。

目前个人为烦闷找出路的方法，据我看来，读书人不外乎三五朋友说说气话，骂骂政府，或看看戏，打打牌。（再个人主义一点，也有关上房门灌两斤黄酒的。）其余官场中人商业中人呢，仍然是那一套，再加上打打台球，下盘棋，八大胡同走走，正阳楼吃两只螃蟹，大吼一阵五魁八马，也就完事了。试公公平平的想想，有多少人不是那么打发他的日子的？试想想，大家这么挨下去，拖下去，混下去，能支持多久？我问你。

个人为烦闷找出路，活得很有意思的，另外自然也还有人，值得我们注意。譬如有些教书的，明白要国家翻个身，个人不白生一世，必需苦干一场。就善用其所长，忘我毋私的来工作。有些读书的，住小公寓，冬无火炉，夏无蚊帐，时时刻刻感到宿食两问题难解决，但他们却不怕穷，不怕饿和冷，还依然拼命低头去学，去干。还有商人，事业家，他们那种沉默的奋斗，更不待说了。

我们要提起的是在社会上各方面"负责的人"，看看他们是不是注意到

这个"烦闷"病。若已注意到了,应当想什么方法来防止这个病的传染,且找出什么方法来治疗这种病。

　　看报载行政院褚民谊先生救水灾难民,上台唱《霸王别姬》,十分热闹。给南京多数市民娱乐的有人,给北京多数市民一点教训,为他们打打气的可没有人,想起来有点儿惨。

　　若说大学校长,只是校长,地方官只是官,名流只作名流,古董只玩古董,多数市民同学生,就那么挨下去,拖下去,混下去,说真话,这不成。

本篇发表于1935年10月20日北平《实报》

沉 默

读完一堆从各处寄来的新刊物后，仿佛看完了一场戏，留下种热闹和寂寞混和的感觉。

我沉默了两年。这沉默显得近于有点自弃，有点衰老。是的。古人说："玩物丧志"，两年来我似乎就在用某种癖好系住自己。我的癖好近于压制性灵的碇石，铰残理想的剪子。需要它，我才能够贴近地面，不至于转入虚无。我们平时见什么作家搁笔略久时，必以为"这人笔下枯窘，因为心头业已一无所有。"我这枝笔一搁下就是两年。我并不枯窘。泉水潜伏在地底流动，炉火闷在灰里燃烧，我不过不曾继续用它到那个固有工作上罢了。一个人想证明他的存在，有两个方法：其一从事功上由另一人承认而证明；其一从内省上由自己感觉而证明。我用的是第二种方法。我走了一条近于一般中年人生活内敛以后所走的僻路。寂寞一点，冷落一点，然而同别人一样是"生存"。或者这种生存从别人看来叫作"落后"，那无关系。两千年前的庄周，仿佛比当时多少人都落后一点。那些人早死尽了，到如今，你和我读《秋水》《马蹄》时，仿佛面前还站有那个落后的人。

我不写作，却在思索写作对于我们生命的意义。我想起三千年来许多人，想起这些人如何使用他那一只手。有些人经过一千年三千年那只手还俨然有力量能揪住多数人的神经或感情，屈抑它，松弛它，绷紧它，完全是一只魔手，每个人都是同样的一只手，五个指头，尖端缀一枚覆枧形的淡红色指甲，关节处有一些微涡和小皱，背面还萦绕着一点隐伏在皮肤下的青色筋络。然而有些人的手却似乎特有魔力。是不是我们每个人都可以把自己的手变成一只魔手？是不是只要我们愿意，就可以把自己一只手成为光荣的手？

我知道我们的手，不过是人类一颗心走向另一颗心的一道桥梁。作成

· 163 ·

这桥梁取材不一，也可以用金玉木石（建筑或雕刻），也可以用颜色（绘画），也可以用文字，用各种不同的文字。也可以单纯进取，譬如说，当你同一个青年女子在一处，相互用沉默和微笑代替语言犹有所不足时，它的小小活动就能够使一颗心更靠近一颗心。既然是一道桥梁，借此通过的自然就贵贱不一。将军凯旋由此通过，小贩贸易也由此通过。既有人用它雕凿大同的石窟，和阗的碧玉，也就有人用它编织芦席，削刮小挖耳子。故宫所藏宋人的《雪山图》、《洞天山堂》等等伟大画幅，是用手作成的，上海四马路小弄堂转角处叫卖的小画儿，也是用手作成的。《史记》是一个人写的，《肉蒲团》[1]也是一个人写的。既然是一道桥梁，通过的当然有各种各色的人性，道德可以通过，罪恶也无从拒绝。

提起道德和罪恶，使我感到一点迷惑。我不注意我这只手是否能够拒绝罪恶，倒是对于罪恶或道德两个名词想仔细把它弄清楚些。平时对于这两个名词显得异常关心的人，照例却是不甚追究这两个名词意义的人。我们想认识它；如制造糕饼人认识糕饼，到具体认识它的无固定性时，这两个名词在我们个人生活上，实已等于消灭无多意义了。人人都说艺术应当有一个道德的要求，这观念假定容许它存在，创作最低的效果是给自己与他人以人性交流的满足，由满足而感觉愉快，这效果的获得，可以说是道德的。造一点小小谣言，诬张为幻，通常认为不道德，然而倘若它也能给某种人以满足，也间或被一些人当作"战略"，看来又好像是道德的了。道德既随人随事而有变，它即或与罪恶是两个名词，事实上就无时不可以对调或混淆。一个牧师对于道德有特殊敏感，为道德的理由，终日手持一本《圣经》，到同夫人豀勃，这豀勃且起源于两人生理上某种缺陷时，对于他最道德的书，倒是一本讨论关于两性心理如何调整的书。一个律师对于道德有它一定的看法，当家中孩子被沸水烫伤时，对于他最道德的书，倒是一本新旧合刊的《丹方大全》。若说道德邻于人类向上的需要，有人需要一本《圣经》，有人需要一本《太上感应篇》，但我的一个密友，却需要我写一封甜蜜蜜充满了温情与一点轻微忧郁的来信。因为他等待着这个信，我知道！如说多数需要是道德的，事实上多数需要的却照例是一个作家所不能给的。大多数伟大作品，是

---

[1] 《肉蒲团》又名《觉后禅》，共六卷二十回，旧刻本题"情痴反正道人编次"，别题"情隐先生编次"，卷首有西陵如如居士序。刘廷玑《在园杂志》谓系李渔所撰。

因为它"存在"，成为多数需要。并不是因为多数需要，它因之"产生"。我的手是来照需要写一本《圣经》，一本《太上感应篇》，还是好好的回我那个朋友一封信？很明显的是我可以在三者之间随意选择。我在选择。但当我能够下笔时，我一定已经忘掉了道德和罪恶，也同时忘了那个多数。

我始终不了解一个作者把"作品"与为"多数"连缀起来，努力使作品庸陋，雷同，无个性，无特性，却又希望它长久存在，以为它能够长久存在，这一个观念如何能够成立。溪面群飞的蜻蜓够多了，倘若有那么一匹小生物，倦于骚扰，独自休息在一个岩石上或一片芦叶上，这休息，且是准备着一种更有意义的振翅，这休息不十分坏。我想，沉默两年不是一段长久的时间，若果事情能照我愿意作的作去，我还必需把这分沉默延长。

这也许近于逃遁，一种对于多数骚扰的逃遁。人到底比蜻蜓不同，生活复杂得多，神经发达得多。也必然有反应，被刺激过后的反应。也必然有直觉，基于动物求生的直觉。但自然既使人脑子进化得特别大，好像就是要人凡事多想一想，许可人向深处走，向远处走，向高处走。思索是人的权利，也是人其所能生存能进步的工具。什么人自愿抛弃这种权利，那是个人的自由，正如一个酒徒用剧烈酒精燃烧自己的血液，是酒徒的自由。可是如果他放下了那个生存进步的工具，以为用另外一种简单方式可以生存，尤其是一个作者，一个企图用手作成桥梁，通过一个理想，希望作品存在，与肉体脱离而独立存在，与事实似乎不合。自杀不是求生的方式，谐俗也不是求生的方式。作品能存在，仰赖读者，然对读者在乎启发，不在乎媚悦。通俗作品够在读者间存在的事实正多，然通俗与庸俗却又稍稍不同。无思索的一唱百和，内容与外形的一致摹仿，不可避免必陷于庸俗。庸俗既不能增人气力，也不能益人智慧。在行为上一个人若带着教训神气向旁人说：人应当用手足同时走路，因为它合乎大多数的动物本性或习惯。说这种话的人，很少不被人当作疯子。然而在文学创作上，类似的教训对作家却居然大有影响。原因单纯，就是大多数人知道要出路，不知道要脑子。随波逐流容易见好，独立逆风需要气力。

我觉得我应当努力来写一本《圣经》了，这经典的完成，不在增加多数人对于天国的迷信，却在说明人力的可信。使一些有志从事写作者，对于作

· 165 ·

品之生长，多有一分知识。希望个人作品成为推进历史的工具，这工具必需如何造作，方能结实牢靠，像一个理想的工具。我预备那么写下去，第一件事每个作家先得有一个能客观看世界的脑子。可是当我想起是不是这世界每个人都自愿有一个脑子，都觉得必需有个脑子时，我依然把笔搁下了。人间广泛，万汇难齐。沮洳是水作成的，江河也是水作成的；橘柚宜于南国，枣梨生长北方，万物各适其性，各有其宜，应沉默处得沉默，古人名为顺天体道。雄鹰只偶尔一鸣，麻雀却长日叽喳，效果不同，容易明白。各适其性，各取所需，如果在当前还许可时，我的沉默是不会妨碍他人进步，或许正有助于别一些伟大成就的。

十月八日北平

本篇发表于1936年11月1日《文季月刊》

潜渊

一

黄昏极美丽悦人。光景清寂，极静，独坐小蒲团上，望窗口微明，欧战从一日起始，至今天为止，已三十天。此三十天中波兰即已灭亡。一国家养兵至一百万，一月中即告灭亡，何况一人心中所信所守，能有几许力量，抗抵某种势力侵入？一九三九之九月，实一值得记忆的月份。人类用双手一头脑创造出一个惊心动魄文明世界，然此文明不旋踵立即由人手毁去。人之十指，所成所毁，亦已多矣。

九月××

二

读《人与技术》、《红百合》二书各数章。小楼上阳光甚美，心中茫然，如一战败武士，受伤后独卧荒草间，武器与武力已全失。午后秋阳照铜甲上炙热。手边有小小甲虫爬行，耳畔闻远处尚有落荒战马狂奔，不觉眼湿。心中实充满作战雄心，又似觉一切已成过去，生命中仅残余一种幻念，一种陈迹的温习。

心若翻腾，渴想海边，及海边可能见到的一一切。沙滩上为浪潮漂白的一些螺蚌残壳，泥路上一朵小小蓝花，天末一片白帆，一片紫。

房中静极。面对窗上三角形夕阳黄光，如有所悟，亦如有所惑。

十月××

三

晴。六时即起。甚愿得在温暖阳光下沉思，使肩背与心同在朝阳炙晒中感到灼热。灼热中回复清凉,生命从疲乏得到新生。久病新瘥一般新生。所思者或为阳光下生长一种造物(精巧而完美,秀与壮并之造物),并非阳光本身。或非造物,仅仅造物所遗留之一种光与影,形与线。

人有为这种光影形线而感兴激动的,世人必称之为"痴汉"。因大多数人都"不痴",知从"实在"上讨生活,或从"意义""名分"上讨生活。捕蚊捉虱,玩牌下棋,在小小得失上注意关心,引起哀乐,即可度过一生。生活安适,即已满足。活到末了,倒下完毕。多数人所需要的是"生活",并非对于"生命"具有何种特殊理解,故亦不必追寻生命如何使用,方觉更有意思。因此若有一人,超越习惯的心与眼,对于美特具敏感,自然即被称为痴汉。此痴汉行为,若与多数人庸俗利害观念相冲突,且成为罪犯,为恶徒,为叛逆。换言之,即一切不吉名词无一不可加诸其身,对此符号,消极意思为"沾惹不得",积极企图为"与众弃之"。然一切文学美术以及人类思想组织上巨大成就,常惟痴汉有分,与多数无涉,事情显明而易见。

十月××

四

金钱对"生活"虽好像是必需的,对"生命"似不必需。生命所需,惟对于现世之光影疯狂而已。因生命本身,从阳光雨露而来,即如火焰,有热有光。

我如有意挫折此奔放生命,故从一切造形小物事上发生嗜好,即不能挫折它,亦可望陶冶它,羁縻它,转变它。不知者以为留心细物,所志甚小。见闻不广,无多大价值物事,亦如宝贝,加以重视,未免可笑。这些人所谓价值,自然不离金钱,意即商业价值。

美固无所不在,凡属造形,如用泛神情感去接近,即无不可以见出其精巧处和完整处。生命之最大意义,能用于对自然或人工巧妙完美而倾心,人之所同。惟宗教与金钱,或归纳,或消灭。因此令多数人生活下来都庸俗呆笨,了无趣味。某种人情感或被世务所阉割,淡漠如一僵尸,或欲扮道学,充绅士,作君子,深深惧怕被任何一种美所袭击,支撑不住,必致误事。又或受佛教"不净观"影响,默会《诃欲经》本意,以爱与欲不可分,惶恐逃避，惟恐不及。像这些人，对于"美"，对于一切美物、美行、美事、美观念，无不漠然处之，竟若毫无反应。

不过试从文学史或美术史（以至于人类史）上加以清查，却可得一结论，即伟人巨匠，千载宗师，无一不对于美特具敏锐感触，或取调和态度，融汇之以成为一种思想，如经典制作者对于经典文学符号排比的准确与关心。或听其撼动，如艺术家之与美对面时从不逃避某种光影形线所感印之痛苦，以及因此产生佚智失理之疯狂行为。举凡所谓活下来"四平八稳"人物，生存时自己无所谓，死去后他人对之亦无所谓。但有一点应当明白，即"社会"一物，是由这种人支持的。

十月××

五

饭后倦极。至翠湖土堤上一走。木叶微脱，红花萎悴，水清而草乱。猪耳莲尚开淡紫花，静贴水面。阳光照及大地，随阳光所及，举目临眺，但觉房屋人树，及一池清水，无不如相互之间，大有关系。然个人生命，转若甚感单独，无所皈依，亦无附丽。上天下地，粘滞不住。过去生命可追寻处，并非一堆杂著，只是随身记事小册三五本，名为记事，事无可记，即记下亦无可观。惟生命形式，或可于字句间求索得到一二，足供温习。生命随日月交替，而有新陈代谢现象，有变化，有移易。生命者，只前进，不后退，能迈进，难静止。到必需"温习过去"，则目前情形可想而知。沉默甚久，生悲悯心。

我目前俨然因一切官能都十分疲劳，心智神经失去灵明与弹性，只想休息。或如有所规避，即逃脱彼噬心嚼知之"抽象"。由无数造物空间时间综合而成之一种美的抽象。然生命与抽象固不可分，真欲逃避，惟有死亡。是的，我的休息，便是多数人说的死。

十月××

六

在阳光下追思过去，俨然整个生命俱在两种以及无数种力量中支撑抗拒，消磨净尽，所得惟一种知识，即由人之双手所完成之无数泥土陶瓷形

象，与由上帝双手搏泥所完成之无数造物灵魂有所会心而已。令人痛苦也就在此。人若欲贴近土地，呼吸空气，感受幸福，则不必有如此一分知识。多数人或具有一种浓厚动物本性，如猪如狗，或虽如猪如狗，惟感情被种种名词所阉割，皆可望从日常生活中感到完美与幸福。譬如说"爱"，这些人爱之基础或完全建筑在一种"情欲"事实上，或纯粹建筑在一种"道德"名分上，异途同归，皆可得到安定与快乐。若将它建筑在一抽象的"美"上，结果自然到处见出缺陷和不幸。因美与"神"近，即与"人"远。生命具神性，生活在人间，两相对峙，纠纷随来。情感可轻翥高飞，翱翔天外，肉体实呆滞沉重，不离泥土。

　　××说："×××年前死得其所，是其时。"即"人"对"神"的意见，亦即神性必败一个象征。××实死得其时，因为救了一个"人"，一个贴近地面的人。但××若不死，未尝不可以使另外若干人增加其神性。

　　有些人梦想生翅膀一双，以为若生翅翼，必可轻举，向日飞去。事实上即背上生出翅膀，亦不宜高飞。如×××。有些人从不梦想。惟时时从地面踊跃升腾，作飞起势，飞起计。虽腾空不过三尺，旋即堕地。依然永不断念，信心特坚。如×××。前者是艺术家，后者是革命家。但一个文学作家，似乎必需兼有两种性格。

十月××
十月十六日摘抄
本篇收1941年8月上海文化生活出版社初版《烛虚》

长 庚

一

久不出门，天雨闷人，上街去买点书，买点杂用事物，同时也想看看人，从"无言之教"得到一点启发。街上人多如蛆，杂声嚣闹。尤以带女性的男子话语到处可闻，很觉得古怪。心想：这正是中华民族的悲剧。雄身而雌声的人特别多，不祥之至。人既雄身而雌声，因此国事与家事便常相混淆，不可分别。"亲戚"不仅在政治上是个有势力有实力的名词，经济，教育，文学，任何一方面事业，也与"亲戚"关系特别深。"外戚""宦官"虽已成为历史上名词，事实上我们三千年的历史一面固可夸耀，一面也就不知不觉支配到这个民族，困缚了这个民族的命运。如今有多少人作事，不是因"亲戚"面子得来！有多少从政者，不是用一个阉宦风格，取悦逢迎，巩固他的大小地位！这也就名为"政治"。走来走去，看到这种政治人物不少，心转悲戚。活在这种人群中，俨若生存只是一种嘲讽。

晚上到承华圃送个朋友到医院去，闻几个"知识阶级"玩牌争吵声，油然生悲悯心。觉人生长勤，各有其分。正如陈思王[1]佚诗，"巢许让天下，商贾争一钱"；在争让中就可见出所谓人生两极。这两极分野，并不以教育身分为标准。换言之，就是不以识字多少或社会地位大小为标准。同为圆颅方踵，不识字身分低的人，三年战争的种种表现，尽人皆知。至于有许多受过高等教育，在外表上称绅士淑女的，事实上这种人的生活兴趣，不过同虫蚁一样，在庸俗的污泥里滚爬罢了。这种人在滚爬中也居然搀杂泪和笑，活下来，就活在这种小小得失恩怨中，死去了，世界上少了一个"知识阶级"，如此而已。这种人照例永远还是社会中的"多数"。历史虽变，人性不变，

[1] 陈思王即曹植。陈为封地，思为谥。

所以屈原两千年前就有哺糟啜醨以谐俗的愤激话。这个感情丰富作人认真的楚国贤臣，虽装做世故，势不可能，众醉独醒，作人不易，到末了还是自沉清流，一死了事。人虽死了，事还是了不的。两千年后的考据家，便很肯定的说："屈原是个疯子。政治上不得意，所以发疯自杀。"这几句话倒说明了另外一件事实，近代中国从政者自杀之少，原来政治家不得于此者还可望得意于彼，所以不会疯，也从不闻自杀。可是任何时代一个人脑子若从人事上作较深思索，理想同事实对面，神经张力逾限，稳定不住自己，当然会发疯，会自杀！再不然，他这种思索的方式，也会被人当作疯子，或被人杀头的。庄子既不肯自杀，也不愿被杀，所以宁曳尾泥涂以乐天年。同样近于自沉，即将生命沉于一个对人生轻嘲与鄙视的态度中。这态度稳定了他，救活了一条老命，多活几年，看尽了政治上得意成功人的种种，也骂尽了这种得意成功人的丑态，死去时，却得到一个"聪明人"称呼，作品且为后来道家一部重要经典。其实两个人对于他们所熟习的中层分子，是同样感到完全绝望的。虽然两千年来两人的作品，还靠的是这种中层分子来捧场，来欣赏，来研究。

九号

二

在乡下住，黄昏时独自到后山高处去，望天空云影，由紫转黑，天空尚净白，云已墨黑。树影亦如墨色，夜尚未来。远望滇池，一片薄烟，令人十分感动。在仙人掌作成的篱笆间，看长脚蜘蛛缀网，经营甚力，忽若有契于心。人生百年长勤，大都如是！捕蚊捉虫，其事虽小，然与生存大有关系，便自然会有意义。世界上有不少人所思所愿，脑子中转来运去，恐怕总逃不出"果口腹"打算。所愿小多，故易满足。既能满足，即趋懒惰。读书人对学问不进步处，对人事是非好坏麻木处，对生活无可不可处，无不是这种人得到满足以后的反应。若不明白近年来中层阶级的不振作，从此可以得到贴近事实的解释。然人能贴近生活，即俨然接近自然，成为生物之一种，从"万物之灵"回到"脊椎动物"，也可谓上帝一种巧妙安排。上帝知道，世人所谓得失哀乐，离我多远！

住小楼上,半夜闻山中狼嗥。在窗口见一星子,光弱而美,如有所顾盼。耳目所接,却俨然比若干被人称为伟人功名巨匠作品留给我的印象,清楚深刻得多。

十七号

三

得××来信说:"从最近文章看来,你近来生活似乎十分消沉,值得同情。"回信告她说:"不用同情"。我人并没有衰老,何尝消沉?惟沉默已久,分析一番,也只是人太年青一点必然现象。我正感觉楚人血液给我一种命定的悲剧性。生命中储下的决堤溃防潜力太大太猛,对一切当前存在的"事实"、"纲要"、"设计"、"理想",都找寻不出一点证据,可证明它是出于这个民族最优秀头脑与真实情感的产物。只看到它完全建筑在少数人的霸道无知和多数人的迁就虚伪上面。政治、哲学、文学、美术,背面都给一个"市侩"人生观在推行。由于外来现象的困缚,与一己信心的固持,我无一时不在战争中,无一时不在抽象与实际的战争中,推挽撑拒,总不休息。沉默正是这战争的发展。古人说,"三十而立,四十而不惑",我的年龄恰恰在两者之间。一年来战争的结果,感觉生命已得到了稳定,生长了一种信心。相信一切由庸俗腐败小气自私市侩人生观建筑的有形社会和无形观念,都可以用文字作为工具,去摧毁重建。

从"五四"到如今,廿年来由于这个工具的误用与滥用,在士大夫新陈代谢情形中,进步和退化现象,都明明白白看得出。其属于精神堕落处,正由于工具误用,在受过高等教育的公务员中,就不知不觉培养成一种阉宦似的阴性人格,以阿谀作政术,相互竞争。这相互竞争的结果,在个人功名事业为上升,在整个民族向上发展即受妨碍。同时在专家或教育界知识分子中,则造成一种麻木风气。任何人都知道这么拖下去不成,可是任何人还是一事不作,坐以待毙。麻木风气表现于个人性格上,大家都只图在窄小人圈子里独善其身,把所学一切只当成换吃换喝工具,别的毫无意义。这些人生存的意义既只是养家活口,因此凡一切进步理想,都不能引起何等良好作用,只要同他们当前生活略为冲突时,还总不免要想方设法加以抵制。观念

的凝固，无形中即助长恶势力的伸张，与投机小人的行险侥幸。我因此感到，工具使用的方式，实在是一件大事，值得庄严谨慎来检校一番。

其次，看看二十年来用文字作工具，使这个民族自信心的生长，有了多少成就。从成就上说，便使我相信，经典的重造，不是不可能的。经典的重造，在体裁上更觉得用小说形式为便利。这种新经典的产生，还待多数从各方面来努力。这努力的起始，是有识者将写作的专利，从少数"职业作家"独占情形下解放，另外从一个更宽广的社会中去发现作家，鼓励作家，培养作家。

又其次是新经典的原则，当从一个崭新观点去建设这个国家有形社会和无形观念。尤其是属于做人的无形观念重要。勇敢与健康，对于更好的"明天"或"未来"人类的崇高理想的向往。为追求理想，牺牲心的激发……更重要点是从生物学新陈代谢自然律上，肯定人生新陈代谢之不可免，由新的理性产生"意志"，且明白种族延续国家存亡全在乎"意志"，并非东方式传统信仰的"命运"。用"意志"代替"命运"，把生命的使用，在这个新观点上变成有计划而能具连续性，是一切新经典的根本。

从"五四"到今年正好二十周年。一个人刚刚成熟的年龄。修正这个运动的弱点，发展这个运动长处，再来个二十年努力，是我们的责任也是我们的权利。两年来的沉默，得到那么一个结论。屈原的愤世，庄周的玩世，现在是不成了。理性在活生生的人事中培养了两千年，应当有了些进步。生命的"意义"，若同样是与愚迷战争，它使用的工具仍离不了文字，这工具的使用方法，值得我们好好的来思索思索。

廿二号

本篇原载出处不详，收上海文化生活出版社1941年8月初版《烛虚》

不毁灭的背影

"其为人也,温美如玉,外润而内贞。"

旧人称赞"君子"的话,用来形容一个现代人,或不免稍稍迂腐。因为现代是个粗犷,夸侈,褊私、疯狂的时代。艺术和人生,都必象征时代失去平衡的颠簸,方能吸引人视听。"君子"在这个时代虽稀有难得,也就像是不切现实。惟把这几句作为佩弦先生[1]身后的题词,或许比起别的称赞更恰当具体。佩弦先生人如其文,可爱可敬处即在凡事平易而近人情,拙诚中有妩媚,外随和而内耿介,这种人格或性格的混和,在作人方面比文章还重要。经传中称的圣贤,应当是个什么样子,话很难说。但历史中所称许的纯粹君子,佩弦先生为人实已十分相近。

我认识佩弦先生和许多朋友一样,从读他的作品而起。先是读他的抒情长诗《毁灭》,其次读叙事散文《背影》。随即因教现代文学,有机会作个进一步的读者。在诗歌散文方面,得把他的作品和俞平伯先生成就并提,作为比较讨论,使我明白代表"五四"初期两个北方作家:平伯先生如代表才华,佩弦先生实代表至性,在当时为同样有情感且善于处理表现情感。记得《毁灭》在《小说月报》发表时,一般读者反应,都觉得是新诗空前的力作,文学研究会同人也推许备至。惟从现代散文发展看全局,佩弦先生的叙事散文,能守住文学革命原则,文字明朗、素朴、亲切,且能把握住当时社会问题一面,贡献特别大,影响特别深。从民九起,国家教育设计,即已承认中小学国文读本,必用现代语文作品。因此梁任公、陈独秀、胡适之、朱经农、陶孟和……诸先生在理论问题文中,占了教科书重要部门。然对于生命在发展成长的青年学生,情感方面的启发与教育,意义最深刻的,却应

---

[1] 佩弦先生,即朱自清,中国现代作家。

数冰心女士的散文,叶圣陶、鲁迅先生的小说,丁西林先生的独幕剧,朱孟实先生的论文学与人生信札,和佩弦先生的叙事抒情散文。在文学运动理论上,近二十年来有不断的修正,语不离宗,"普及"和"通俗"目标实属问题核心。真能理解问题的重要性,又能把握题旨,从作品上加以试验,证实,且得到有持久性成就的,少数作家中,佩弦先生的工作,可算得出类拔萃。求通俗与普及,国语文学文字理想的标准,是经济、准确和明朗,佩弦先生都若在不甚费力情形中运用自如,而得到极佳成果。一个伟大作家最基本的表现力,是用那个经济、准确、明朗文字叙事,这也就恰是近三十年有创造欲,新作家待培养、待注意、又照例疏忽了的一点。正如作家的为人,伟大本与素朴不可分。一个作家的伟大处,"常人品性"比"英雄气质"实更重要。但是在一般人习惯前,却常常只注意到那个英雄气质而忽略了近乎人情的厚重质实品性。提到这一点时,更让我们想起"佩弦先生的死去,不仅在文学方面损失重大,在文学教育方面损失更为重大";冯友兰[1]先生在棺木前说的几句话,十分沉痛。因为冯先生明白"教育"与"文运"同样实离不了"人",必以人为本。文运的开辟荒芜,少不了一二冲锋陷阵的斗士,扶育生长,即必需一大群有耐心和韧性的人来从事。文学教育则更需要能持久以恒兼容并包的人主持,才可望工作发扬光大。佩弦先生伟大得平凡,从教育看远景,是惟有这种平凡作成一道新旧的桥梁,才能影响深远的。

我认识佩弦先生本人时间较晚,还是民十九以后事。直到民二十三,才同在一个组织里编辑中小学教科书,隔二三天有机会在一处商量文字,斟酌取舍。又同为一副刊一月刊编委,每二星期必可集会一次,直到抗战为止。西南联大时代,虽同在一系八年,因家在乡下,除每星期上课有二三次碰头,反而不易见面。有关共事同处的愉快印象,照我私意说来,潘光旦、冯芝生、杨今甫、俞平伯四先生,必能有纪念文章写得更亲切感人。四位的叙述,都可作佩弦先生传记重要参考资料。我能说的印象,却将用本文起始十余字概括。

一个写小说的人,对人特别看重性格。外表轮廓线条与人不同处何在,并不重要。最可贵的是品性的本质,与心智的爱恶取舍方式。我觉得佩弦先

---

[1] 冯友兰,中国现代学者,哲学家。

生性格最特别处,是拙诚中的妩媚,且调和那点"外润而内贞"形成的趣味和爱好。他对事,对人,对文章,都有他自己意见,见得凡事和而不同,然而差别可能极小。他也有些小小弱点,即调和折衷性,用到文学方面时,比如说用到鉴赏批评方面,便永远具教学上的见解,少独具肯定性。用到古典研究方面,便缺少专断议论,无创见创获。即用到文学写作,作风亦不免容易凝固于一定风格上,三十年少变化,少新意。但这一切又似乎和他三十年主持文学教育有关。在清华、联大"委员制"习惯下任事太久,对所主持的一部门事务,必调和折衷方能进行,因之对个人工作为损失,对公家贡献就更多。熟人记忆中如尚记得联大时代常有人因同开一课,各不相下,僵持如摆擂台局面,就必然会觉得佩弦先生的折衷无我处,如何难能可贵!又良好教师和文学批评家,有个根本不同点:批评家不妨处处有我,良好教师却要客观,要承认价值上的相对件,多元性。陈寅恪、刘叔雅先生的专门研究,和最新创作上的试验成就,佩弦先生都同样尊重,而又出于衷心。一个大学国文系主任,这种认识很显然是能将新旧连接文化活用引导所主持一部门工作,到一个更新发展趋势上的。中国各大学的国文系,若还需要办下去,佩弦先生这点精神,这点认识,实值得特别注意,且值得当成一个永久向前的方针。

  凡讨论现代中国文学过去得失的,总感觉到有一点困难,即顾此失彼。时间虽仅短短三十年,材料已留下一大堆。民二十四年良友图书公司主持人赵家璧先生,印行新文学大系,欲克服这种困难和毛病,因商量南北熟人用分门负责制编选。或用团体作单位,或用类别作单位。最难选辑的是新诗。佩弦先生担任了这个工作,却又用的是那个客观而折衷的态度,不仅将各方面作品都注意到,即对于批评印象,也采用了一个"新诗话"制度辑取了许多不同意见。因之成为谈新诗一本最合理想的参考读物,且足为新文学选本取法。

  佩弦先生的《背影》,是近二十五年国内年青学生最熟习的作品。佩弦先生的土耳其式毡帽和灰棉袍,也是西南联大同人记忆最深刻的东西。但这两种东西必需加在一个瘦小横横的身架上,才见出分量,——一种悲哀的分量!这个影子在我记忆中,是从二十三年在北平西斜街四十五号杨宅起始,

第二部分 做人

到"八一三"共同逃难天津,又执长沙临时大学饭厅中,转到昆明青云街四眼井二号,北门街唐家花园清华宿舍一个统舱式楼上。到这时,佩弦先生身边还多了一件东西,即云南特制的硬质灰白羊毛毡。(这东西和潘光旦先生鹿皮背甲,照老式制法上面还带点毛,冯友兰先生的黄布印八卦包袱,为本地孩子辟邪驱灾用的,可称联大三绝。)这毛毡是西南夷时代的氍毹,用来裹身,平时可避风雨,战时能防刀箭,下山时滚转而下还不至于刺伤四肢。昆明气候本来不太热太冷,用不着厚重被盖,佩弦先生不知从何时起床上却有了那么一片毛毡。因为他的病,有两回我去送他药,正值午睡方醒,却看到他从那片毛毡中挣扎而出,心中就觉得有种悲戚。想象他躺在硬板床上,用那片粗毛毡盖住胸腹午睡情形,一定更凄惨。那时节他即已常因胃病,不能饮食,但是家小还在成都,无人照顾,每天除了吃宿舍集团粗粝包饭,至多只能在床头前小小书桌上煮点牛奶吃吃。那间统舱式的旧楼房,一共住了八个单身教授,同是清华二十年同事老友,大家日子过得够寒伧,还是有说有笑,客人来时,间或还可享用点烟茶。但对于一个体力不济的病人,持久下去,消耗情形也就可想而知。房子还坍过一次墙,似在东边,佩弦先生幸好住在北端。

楼房对面是个小戏台,戏台已改作过道,过道顶上还有个小阁楼,住了美籍教授温特。阁楼梯子特别狭小曲折,上下都得一再翻转身体,大个子简直无希望上下。上面因陋就简,书籍、画片、收音机、话匣子,以及一些东南亚精巧工艺美术品,墙角梁柱凡可以搁东西处无不搁得满满的。屋顶窗外还特制个一尺宽五尺长木槽,种满了中西不同的草花。房中还有只好事喜弄的小花猫,各处跳跃,客人来时,尤其欢喜和客人戏闹。二丈见方的小阁楼,恰恰如一个中西文化美术动植物罐头,不仅可发现 民族一区域热情和梦想,痛苦或欢乐的式式样样,还可欣赏终日接受阳光生意盎然的花草,陶融于其中的一个老人,一只小猫,佩弦先生住处一面和温特教授小楼相对,另一面有两个窗口,又恰当去唐家花园拜墓看花行人道的斜坡,窗外有一簇绿荫荫的树木,和一点芭蕉一点细叶紫干竹子。有时还可看到斜坡边栏干砖柱上一盆云南大雪山种华美杜鹃和白山茶,花开得十分茂盛,寂静中微见凄凉,雨来时风起处一定能送到房中一点簌簌声和淡淡清远香味。

那座戏楼，那个花园，在民初元恰是三十岁即开府西南，统领群雄，反对帝制，五省盟主唐继尧将军的私产。蔡松坡、梁任公，均曾下榻其中。迎宾招贤，举觞称寿，以及酒后歌余，月下花前散步赋诗，东大陆主人的豪情胜概，历史上动人情景，犹恍惚如在目前。然前后不过十余年，主要建筑即早已赁作美领事馆办公处，终日只闻打字机和无线电收音机声音。戏楼正厅及两厢，竟成为数十单身流亡教授暂时的栖身处，池子中一张长旧餐桌上放了几份报，一个不美观破花瓶，破烂萧条恰像是一个旧戏院的后台。戏台阁楼还放下那么一个"鸡尾"式文化罐头。花园中虽经常尚有一二十老花匠照料，把园中花木收拾得很好，花园中一所房子中，小主人间或还在搁有印缅总督，边疆土司，及当时权要所送的象牙铜玉祝寿礼物堆积客厅中，款待客人，举行小规模酒筵舞会，有乐声歌声和行酒欢呼笑语声从楼窗溢出，打破长年的寂静。每逢云南起义日，且照例开放墓园，供市民参观拜谒。凡此都不免更使人感到"一切无常，一切也就是真正历史。"这历史，照例虽存在却不曾保留下来，保留下来的倒常常是"不见马家宅，今作奉诚园"诗人黍离的感慨！就在那么一种情形下，《毁灭》与《背影》作者，站在住处窗口边，没有散文没有诗，默默的过了六年。这种午睡刚醒或黄昏前后镶嵌到绿荫荫窗口边憔悴清瘦的影子，在同住七个老同事记忆中，一定终生不易消失。

在那个住处窗口边，佩弦先生可能会想到传道书所谓"一切虚空"。也可能体味到庄子名言："大块赋我以形，劳我以生，佚我以老，息我以死。"因为从所知道的朋友说来，他实在太累了，体力到那个时候，即已消耗得差不多了。佩弦先生本来还并未老，精神上近年来且表现得十分年青。但是在公家职务上，和家庭担负上，始终劳而不佚，得不到一点应有的从容，就因劳而病死了。

广济寺下院砖塔顶扬起的青烟，这两天可能已经熄灭了。能毁灭的已完全毁灭。但是佩弦先生的人与文，却必然活到许多人生命中，比云南唐府那座用大理石砌就的大坟还坚实永久。

八月十九日西部

本文发表于1948年8月28日《新路》周刊

友 情

一九八〇年十一月，我初次在美国哥伦比亚大学一个小型的演讲会讲话后，就向一位教授打听在哥大教中文多年的老友王际真先生的情况，很想去看看他。际真曾主持哥大中文系达二十年，那个系的基础，原是由他奠定的。即以《红楼梦》一书研究而言，他就是把这部十八世纪中国著名小说节译本介绍给美国读者的第一人。人家告诉我，他已退休二十年了，独自一人住在大学附近一个退休教授公寓三楼中。后来又听另外人说，他的妻不幸早逝，因此人很孤僻，长年把自己关在寓所楼上，既极少出门见人，也从不接受任何人的拜访，是个古怪老人。

我和际真认识，是在一九二八年。那年他由美返国，将回山东探亲，路过上海，由徐志摩先生介绍我们认识的。此后曾继续通信。我每次出了新书，就给他寄一本去，我不识英语，当时寄信用的信封，全部是他写好由美国寄我的。一九二九年到一九三一年间，我和一个朋友生活上遭到意外困难时，还前后得到他不少帮助。际真长我六七岁，我们一别五十余年，真想看看这位老大哥，同他叙叙半世纪隔离彼此不同的情况。因此回到新港我姨妹家不久，就给他写了个信，说我这次到美国，很希望见到几个多年不见的旧友，如邓嗣禹、房兆楹和他本人。准备去纽约专诚拜访。

回信说，在报上已见到我来美消息。目前彼此都老了，丑了，为保有过去年青时节印象，不见面还好些。果然有些古怪。但我想，际真长期过着极端孤寂的生活，是不是有一般人难于理解的隐衷？且一般人所谓"怪"，或许倒正是目下认为活得"健康正常人"中业已消失无余的稀有难得的品质。

虽然回信像并不乐意和我们见面，我们——兆和、充和[1]、傅汉思[2]和

---

[1] 充和，即张充和，作者夫人张兆和之妹。
[2] 傅汉思，美国汉学家，张充和的丈夫。

我，曾两次电话相约两度按时到他家拜访。

第一次一到他家，兆和、充和即刻就在厨房忙起来了。尽管他连连声称厨房不许外人插手，还是为他把一切洗得干干净净。到把我们带来的午饭安排上桌时，他却承认作得很好。他已经八十五六岁了，身体精神看来还不错。我们随便谈下去，谈得很愉快。他仍然保有山东人那种爽直淳厚气质。使我惊讶的是，他竟忽然从抽屉里取出我的两本旧作，《鸭子》和《神巫之爱》！那是我二十年代中早期习作，《鸭子》还是我出的第一个综合性集子。这两本早年旧作，不仅北京上海旧书店已多年绝迹，连香港翻印本也不曾见刊。书已经破旧不堪，封面脱落了，由于年代过久，书页变黄了，脆了，翻动时，碎片碎屑直往下掉。可是，能在万里之外的美国，见到自己早年不成熟不像样子的作品，还被一个古怪老人保存到现在，这是难以理解的，这感情是深刻动人的！

谈了一会，他忽然又从什么地方取出一束信来，那是我在一九二八到一九三一年写给他的。翻阅这些五十年前的旧信，它们把我带回到二十年代末期那段岁月里，令人十分怅惘。其中一页最最简短的，便是这封我向他报告志摩遇难的信：

际真：

　　志摩十一月十九日十一点三十五分乘飞机撞死于济南附近"开山"。飞机随即焚烧，故二司机成焦炭。志摩衣已尽焚去，全身颜色尚如生人，头部一大洞，左臂折断，左腿折碎，照情形看来，当系飞机坠地前人即已毙命。二十一此间接到电后，二十二我赶到济南，见其破碎遗骸，停于一小庙中。时尚有梁思成等从北平赶来，张嘉铸从上海赶来，郭有守从南京赶来。二十二晚棺木运南京转上海，或者尚葬他家乡。我现在刚从济南回来，时（一九三一年十一月）二十三早晨。

那是我从济南刚刚回青岛，即刻给他写的。志摩先生是我们友谊的桥梁，纵然是痛剜人心的噩耗，我不能不及时告诉他。

如今这个才气横溢光芒四射的诗人辞世整整有了五十年。当时一切情形，保留在我印象中还极其清楚。

那时我正在青岛大学中文系教点书。十一月二十一日下午，文学院几个比较相熟的朋友，正在校长杨振声先生家吃茶谈天，忽然接到北平一个急电。电中只说志摩在济南不幸遇难，北平、南京、上海亲友某某将于二十二日在济南齐鲁大学朱经农校长处会齐。电报来得过于突兀，人人无不感到惊愕。我当时表示，想搭夜车去济南看看，大家认为很好。第二天一早车抵济南，我赶到齐鲁大学，由北平赶来的张奚若、金岳霖、梁思成诸先生也刚好到达。过不多久又见到上海来的张嘉铸先生和穿了一身孝服的志摩先生的长子，以及从南京来的张慰慈、郭有守两先生。

随即听到受上海方面嘱托为志摩先生料理丧事的陈先生谈遇难经过，才明白出事地点叫"开山"，本地人叫"白马山"。山高不会过一百米。京浦车从山下经过，有个小站可不停车。飞机是每天飞行的邮航班机，平时不售客票，但后舱邮包间空处，有特别票仍可带一人。那日由南京起飞时气候正常，因济南附近大雾迷途，无从下降，在市空盘旋多时，最后撞在白马山半斜坡上起火焚烧。消息到达南京邮航总局，才知道志摩先生正在机上。灵柩暂停城里一个小庙中。

早饭后，大家就去城里偏街瞻看志摩先生遗容。那天正值落雨，雨渐落渐大，到达小庙时，附近地面已全是泥浆。原来这停灵小庙，已成为个出售日用陶器的堆店。院坪中分门别类搁满了大大小小的缸、罐、沙锅和土碗，堆叠得高可齐人。庙里面也满是较小的坛坛罐罐。棺木停放在人门左侧贴墙处，像是临时腾出来的一点空间，只容三五人在棺边周旋。

志摩先生已换上济南市面所能得到的一套上等寿衣：戴了顶瓜皮小帽，穿了件浅蓝色绸袍，外加个黑纱马褂，脚下是一双粉底黑色云头如意寿字鞋。遗容见不出痛苦痕迹，如平常熟睡时情形，十分安详。致命伤显然是飞机触山那一刹那间促成的。从北京来的朋友，带来个用铁树叶编成径尺大小花圈，如古希腊雕刻中常见的式样，一望而知必出于志摩先生生前好友思成夫妇[1]之手。把花圈安置在棺盖上，朋友们不禁想到，平时生龙活虎般、天

---

[1] 思成夫妇，即梁思成、林徽因夫妇。

真淳厚、才华惊世的一代诗人，竟真如"为天所忌"，和拜伦、雪莱命运相似，仅只在人世间活了三十多个年头，就突然在一次偶然事故中与世长辞！志摩穿了这么一身与平时性情爱好全然不相称的衣服，独自静悄悄躺在小庙一角，让檐前点点滴滴愁人的雨声相伴，看到这种凄清寂寞景象，在场亲友忍不住人人热泪盈眶。

我是个从小遭受至亲好友突然死亡比许多人更多的人，经受过多种多样城里人从来想象不到的噩梦般生活考验，我照例从一种沉默中接受现实。当时年龄不到三十岁，生命中像有种青春火焰在燃烧，工作时从不知道什么疲倦。志摩先生突然的死亡，深一层体验到生命的脆弱倏忽，自然使我感到分外沉重。觉得相熟不过五六年的志摩先生，对我工作的鼓励和赞赏所产生的深刻作用，再无一个别的师友能够代替，因此当时显得格外沉默，始终不说一句话。后来也从不写过什么带感情的悼念文章。只希望把他对我的一切好意热忱，反映到今后工作中，成为一个永久牢靠的支柱，在任何困难情况下，都不灰心丧气。对人对事的态度，也能把志摩先生为人的热忱坦白和平等待人的希有好处，加以转化扩大到各方面去，形成长远持久的影响。因为我深深相信，在任何一种社会中，这种对人坦白无私的关心友情，都能产生良好作用，从而鼓舞人抵抗困难，克服困难，具有向上向前意义的。我近五十年的工作，从不断探索中所得的点滴进展，显然无例外都可说是这些朋友淳厚真挚友情光辉的反映。

人的生命会忽然泯灭，而纯挚无私的友情却长远坚固永在，且无疑能持久延续，能发展扩大。

一九八一年八月于北京作
本篇发表于1981年11月《新文学史料》

从现实学习

近年来常有人说我不懂"现实",追求"抽象",勇气虽若热烈实无边际。在杨墨[1]并进时代,不免近于无所归依,因之落伍。这个结论不错,平常而自然。极不幸即我所明白的现实,和从温室中培养长大的知识分子所明白的全不一样,和另一种出身小城市自以为是属于工农分子明白的也不一样,所以不仅目下和一般人所谓现实脱节,即追求抽象方式,恐亦不免和其他方面脱节了。试疏理个人游离于杨墨以外种种,写一个小文章,用作对于一切陌生访问和通信所寄托的责备与希望的回答。

我第一次听到"现实"两个字,距如今已二十五年。我原是个不折不扣的乡巴老,辗转于川黔湘鄂二十八县一片土地上。耳目经验所及,属于人事一方面,好和坏都若离奇不经。这分教育对于一个生于现代城市中的年青人,实在太荒唐了。可是若把它和目下还存在于中国许多事情对照对照,便又会觉得极平常了。当时正因为所看到的好的农村种种逐渐崩毁,只是大小武力割据统治作成的最愚蠢的争夺打系,对于一个年青人教育意义是现实,一种混合愚蠢与堕落的现实,流注浸润,实在太可怕了,方从那个半军半匪部队中走出。不意一走便撞进了住有一百五十万市民的北京城。第一回和一个亲戚[2]见面时,他很关心的问我:"你来北京,作什么的?"我即天真烂漫地回答说:"我来寻找理想,读点书。""嗐,读书。你有什么理想,怎么读书?你可知道,北京城目下就有一万大学生,毕业后无事可做,愁眉苦脸不知何以为计。大学教授薪水十折一,只三十六块钱一月,还是打拱作揖联

---

[1] 杨墨,杨即杨朱,墨即墨翟,均为战国初思想家。这里是用来指现实中两种对立的人生态度。
[2] 一个亲戚,指沈从文的姐夫田真逸。

合罢教软硬并用争来的。大小书呆子不是读死书就是读书死。哪有你在乡下作老总有出息！""可是我怎么作下去？六年中我眼看在脚边杀了上万无辜平民，除对被杀的和杀人的留下个愚蠢残忍印象，什么都学不到！做官的有不少聪明人，人越聪明也就越纵容愚蠢气质抬头，而自己俨然高高在上，以万物为刍狗。被杀的临死时的沉默，恰像是一种抗议：'你杀了我肉体，我就腐烂你灵魂。'灵魂是个看不见的东西，可是它存在，它将从另外许多方面能证明存在。这种腐烂是有传染性的，于是军官就相互传染下去，越来越堕落，越变越坏。你可想得到，一个机关三百职员有百五十支烟枪，是个什么光景？我实在呆不下了，才跑出来！……我想来读点书，半工半读，读好书救救国家。这个国家这么下去实在要不得！"

我于是依照当时《新青年》《新潮》《改造》等等刊物所提出的文学运动社会运动原则意见，引用了些使我发迷的美丽词令，以为社会必须重造，这工作得由文学重造起始。文学革命后，就可以用它燃起这个民族被权势萎缩了的情感，和财富压瘪扭曲了的理性。两者必需解放，新文学应负责任极多。我还相信人类热忱和正义终必抬头，爱能重新黏合人的关系，这一点明天的新文学也必须勇敢担当。我要那么从外面给社会的影响，或从内里本身的学习进步，证实生命的意义和生命的可能。说去说来直到自己也觉得不知所谓时，方带怔止住。事实上呢，只需几句话即已足够了。"我厌恶了我接触的好的日益消失坏的支配一切那个丑恶现实。若承认它，并好好适应它，我即可慢慢升科长，改县长，作厅长？但我已因为厌恶而离开了。"至于文学呢，我还不会标点符号！我承认应当从这个学起，且丝毫不觉得惭愧。因为我相信报纸上说的，一个人肯勤学，总有办法的。

亲戚为人本富于幽默感，听过我的荒谬绝伦抒情议论后，完全明白了我的来意，充满善心对我笑笑地说："好，好，你来得好。人家带了弓箭药弩入山中猎取虎豹，你倒赤手空拳带了一脑子不切实际幻想入北京城作这分买卖。你这个古怪乡下人，胆气真好！凭你这点胆气，就有资格来北京城住下，学习一切经验一切了。可是我得告你，既为信仰而来，千万不要把信仰失去！因为除了它，你什么也没有！"

我当真就那么住下来了。摸摸身边，剩余七块六毛钱。"五四"运动以

后第三年。

怎么向新的现实学习？先是在一个小公寓湿霉霉的房间，零下十二度的寒气中，学习不用火炉过冬的耐寒力。再其次是三天两天不吃东西，学习空空洞洞腹中的耐饥力，并其次是从饥寒交迫无望无助状况中，学习进图书馆自行摸索的阅读力。再其次是起始用一支笔，无日无夜写下去，把所有作品寄给各报章杂志，在毫无结果等待中，学习对于工作失败的抵抗力与适应力。各方面的测验，间或不免使得头脑有点儿乱，实在支撑不住时，便跟随什么奉系直系募兵委员手上摇摇晃晃那一面小小三角白布旗，和五七个面黄肌瘦不相识同胞，在天桥杂耍棚附近转了几转，心中浮起一派悲愤和混乱。到快要点名填志愿书发饭费时，那亲戚说的话，在心上忽然有了回音，"可千万别忘了信仰！"这是我唯一老本，我哪能忘掉？便依然从现实所作成的混乱情感中逃出，把一双饿得昏花朦胧的眼睛，看定远处，借故离开了那个委员，那群同胞，回转我那"窄而霉小斋"，用空气和阳光作知己，照旧等待下来了。记得郁达夫先生第一次到我住处来看看，在口上，随后在文章上，都带着感慨劝我向亲戚家顺手偷一点什么，即可从从容容过一年时，我只笑笑。为的是他只看到我的生活，不明白我在为什么而如此生活。这就是我到北方来追求抽象跟现实学习，起始走的第一段长路，共约四年光景。年青人欢喜说"学习"和"争斗"，可有人想得到这是一种什么学习和争斗！

这个时节个人以外的中国社会呢，代表武力有大帅，巡阅使，督军和马弁……。代表文治有内阁和以下官吏到传达。代表人民有议会参众两院到乡约保长，代表知识有大学教授到小学教员。武人的理想为多讨几个女戏子，增加家庭欢乐。派人和大土匪和小军阀招安撤伙，膨胀实力。在会馆衙门做寿唱堂会，增加收入并表示阔气。再其次即和有实力的地方军人，与有才气的国会文人，换谱打亲家，企图稳定局面或扩大局面。凡属武力一直到伙夫马夫，还可向人民作威作福，要马料柴火时，吓得县长越墙而走。至于高级官吏和那个全民代表，则高踞病态社会组织最上层，不外三件事娱乐开心：一是逛窑子，二是上馆子，三是听乐子。最高理想是讨几个小婊子，找一个好厨子。（五子登科原来也是接收过来的！）若兼作某某军阀驻京代表时，住处即必然成为一个有政治性的俱乐部，可以唱京戏，推牌九，随心所欲，京兆尹和京师警察总监绝不会派人捉赌。会议中照报上记载看来，却只闻相骂，相打，打到后来且互相上法院起诉。两派议员开会，席次相距较远，神经兴奋无从交手时，便依照《封神演义》上作战方式，一面大骂一面祭起手边的铜墨盒法宝，远远抛去，弄得个墨汁淋漓。一切情景恰恰像《红楼梦》顽童茗烟闹学，不过在庄严议会表演而已。相形之下，会议中的文治派，在报上发表的宪法约法主张，自然见得黯然无色。任何理论都不如现实具体，但这却是一种什么现实！在这么一个统治机构下，穷是普遍的事实。因之解决它即各自着手。管理市政的卖城砖，管理庙坛的卖柏树，管理宫殿的且因偷盗事物过多难于报销，为省事计，即索兴放一把火将那座大殿烧掉，无可对证。一直到管理教育的一部之长，也未能免俗，把京师图书馆的善本书，提出来抵押给银行，用为发给部员的月薪。总之，凡典守保管的都可以随意处理。即自己性命还不能好好保管的大兵，住在西苑时，也异想天开，把圆明园附近大路路面的黄麻石，一块块撬起卖给附近学校人家起墙造房子。卖来卖去，政府当然就卖倒了。一团腐烂，终于完事。但促成其崩毁的新的一群，一部分既那么贴进这个腐烂堆积物，就已经看出一点征象，于不小心中沾上了些有毒细菌。当时既不曾好好消毒防止，当然便有相互传染之一日。

　　从现实以外看看理想，这四年中也可说是在一个新陈代谢挣扎过程中。文学思想运动已显明在起作用，扩大了年青学生对社会重造的幻想与信心。那个人之师的一群呢，"五四"已过，低潮随来。官僚取了个最像官僚的政策，对他们不闻不问，使教书的同陷于绝境。然而社会转机也即在此。教授过的日子虽极困难，惟对现实的否定差不多却有了个一致性。学生方面则热忱纯粹分子中，起始有了以纵横社交方式活动的分子，且与"五四"稍稍不同，即"勤学"与"活动"已分离为二。不学并且像是一种有普遍性的传染病。（这事看来小，发展下去影响就不小！"五四"的活动分子，大多数都成了专家学者，对社会进步始终能正面负责任。三一八的活动分子，大多数的成就，便不易言了。）许多习文学的，当时即搁了学习的笔，在种种现实中活动，联络这个，对付那个，欢迎活的，纪念死的，开会，打架——这一切又一律即名为革命过程中的争斗，庄严与猥亵的奇异混和，竟若每事的必然，不如此即不成其为活动。问问"为什么要这样？"就中熟人即说："这

第二部分 做人

个名叫政治。政治学权力第一。如果得到权力,就是明日伟大政治家。"这一来,我这个乡下人可糊涂了。第一是料想不到文学家的努力,在此而不在彼。其次是这些人将来若上了台,能为国家作什么事?有些和我相熟的,见我终日守在油腻腻桌子边出神,以为如此呆下去,不是自杀必然会发疯,从他们口中我第二次听到现实。证明抽象的追求现实方式。

"老弟,不用写文章了。你真太不知道现实,净作书呆子做白日梦,久想产生伟大的作品,哪会有结果?不如加入我们一伙,有饭吃,有事做,将来还可以——只要你愿意,什么都不难。"

"我并不是为吃饭和做事来北京的!"

"那为什么?难道当真喝北风,晒太阳,可以活下去?欠公寓伙食账太多时,半夜才能回住处,欠馆子饭账三五元,就不大敢从门前走过,一个人可以如此长远无出息的活下去?我问你。"

"为了证实信仰和希望,我就能够。"

"信仰和希望,多动人的名词,可是也多空洞!你就呆呆地守住这个空洞名词拖下去,挨下去,以为世界有一天忽然会变好?老弟,世界上事不那么单纯,你所信仰希望的惟有革命方能达到。革命是要推翻一个当前,不管它好坏,不问用什么手段,什么方式。这是一种现实。你出力参加,你将来就可作委员,作部长,什么理想都可慢慢实现。你不参加,那就只好做个投稿家,写三毛五一千字的小文章,过这种怪寒伧的日子下去了。"

"你说信仰和希望,只是些单纯空洞名词,对于我并不如此。它至少将证明一个人由坚信和宏愿,能为社会作出点切切实实的贡献。譬如科学……"

"不必向我演说,我可得走了。我还有许多事情!四点钟还要出席同乡会,五点半出席恋爱自由讨论会,八点还要……老弟,你就依旧写作你的杰作吧,我要走了。"

时间于是过去了,"革命"成功了。现实使一些人青春的绿梦全褪了色。我那些熟人,当真就有不少凭空作了委员,娶了校花,出国又回国,从作家中退出,成为手提皮包,一身打磨得光亮亮小要人的。但也似乎证实了我这个乡下人的呆想头,并不十分谬误。做官固然得有人,作事还要人。挂个作家牌子，各处活动，终日开会吃点心固然要人，低头从事工作更要人。守住新文学运动所提出的庄严原则，从"工具重造"观点上有所试验，锲而不舍的要人，从"工具重用"观点上，把文学用到比宣传品作用深远一些，从种种试验取得经验的尤其要人。革命如所期待的来临，也如所忧虑加速分化。在这个现实过程中，不幸的作了古人，幸运的即作了要人，文学成就是各自留下三五十首小诗，或三五篇小说，装点装点作家身分。至于我呢，真如某兄所说，完全落了伍。因为革命一来，把三毛到一元千字的投稿家身分也剥夺了，只好到香山慈幼院去作个小职员。但自己倒不在意，只觉得刚走毕第一段路，既好好接触这个新的现实，明白新的现实，一切高尚理想通过现实时，所形成的分解与溃乱，也无一不清清楚楚，而把保留叙述这点儿现实引为己任，以为必可供明日悲剧修正的参考。

在革命成功热闹中，活着的忙于权利争夺时，刚好也是文学作品和商业资本初次正式结合，用一种新的分配商品方式刺激社会时，现实政治和抽象文学亦发生了奇异而微妙的联系。我想要活下去，继续工作，就必得将工作和新的商业发生一点关系。我得起始走进第二步路，于是转到一个更大更现实的都市，上海。上海的商人，社会，以及作家，便共同给我以另外一课新的测验，新的经验。

当时情形是一个作家总得和某方面有点关连，或和政治，或和书店——或相信，或承认，文章出路即不大成问题。若依然只照一个"老京派"方式低头写，写来用自由投稿方式找主顾，当然无出路。且现代政治的特殊包庇性，既已感染到作家间，于是流行一种现实争斗，一例以小帮伙作基础，由隔离形成小恩小怨，对立并峙。或与商业技术合流，按照需要，交换阿谀，标榜同道，企图市场独占。或互相在文坛消息上制造谣言，倾覆异己，企图取快一时。在这种变动不居是非不明的现实背景中，人的试验自然也因之而加强。为适应环境更需要眼尖手快，以及能忽彼忽此。有昨日尚相互恶骂，今日又握手言欢的。有今天刚发表雄赳赳的议论，大家正为他安全担心，隔一日却已成为什么什么老伙计的。也有一面兼营舞场经理，赌场掌柜，十分在行，一面还用绿色水笔写恋爱诗，红色水笔写革命诗的。……总之，千奇百怪，无所不有。对于文学，由这些人说来，不过是一种求发展求生存的工

第二部分 做人

· 189 ·

具或装饰而已。既不过是工具或装饰，热闹而不认真处，自然即种下些恶种子，影响于社会的将来。很可惜即一些准备执笔的年青朋友，习染于这个风气中，不能不一面学习写作，一面就学习送丧拜寿。其时个人用个虔诚谨慎态度有所写作，成绩足以自见的，固不乏人，但一到集团，便不免空空洞洞。集团表面越势力赫赫，这部门也就越见得空虚。文运既由个人自由竞争转而成为党团或书商势力和钱财的堆积比赛，老板为竞争营业计，因之昨日方印行普罗文学，明日又会提倡儿童妇女教育。对作家则一例以不花钱为原则，减少商品成本，方合经济学原理。但为营业计，每一书印出尚可见大幅广告出现，未尝不刺激了作者，以为得不到金钱总还有个读者。至于政治，则既有那种用作家名分作委员要人的在内，当然还要文学，因此到某一天，首都什么文学夜会时，参加的作家便到了四五百人。且有不少女作者。事后报上还很生动的叙述这个夜会中的种种，以为要人和美丽太太都出席，增加了夜会的欢乐进步空气。要人之一其实即是和我同在北平小公寓中住下，做了十多年作家，还不曾印行过一个小小集子的老朋友。也就是告我政治即权力的活动家。夜会过后，这"魔手生蛋"一般出现的四百作家，也就似乎忽然消失了，再不曾听说有什么作品上报了。这个现实象征的是什么，热闹是否即进步，或稍稍有点进步的希望？现实对某些人纵不可怕，对年青的一辈却实在是影响恶劣。原来一种新的腐败已传染到这个部门，一切如戏，点缀政治。无怪乎"文学即宣传"一名词，毫无人感觉奇异。……乡下人觉得三年中在上海已看够了，学够了，因之回到了北平，重新消失于一百五十万市民群中，不见了。我明白，还只走完第二段路，尚有个新的长长的寂寞跋涉，待慢慢完成。北平的北风和阳光，比起上海南京的商业和政治来，前者也许还能督促我，鼓励我，爬上一个新的峰头，贴近自然，认识人生。

我以为作家本无足贵，可贵者应当是他能产生作品。作品亦未必尽可贵，可贵者应当：他的成就或足为新文学运动提出个较高标准，创造点进步事实，一面足以刺激更多执笔者，有勇气，得启示，能作各种新的努力和探险，一面且足以将作品中所浸润寄托的宏博深至感情，对读者能引起普遍而良好的影响。因此一个作家当然不能仅具个作家身分，即用此身分转而成为现实政治的清客，或普通社会的交际花为已足。必需如一般从事科学或文史工作者，长时期沉默而虔敬的有所从事，在谨严认真持久不懈态度上，和优秀成就上，都有同样足资模范的纪录。事业或职业部门多，念念不忘出路不忘功利的，很可以在其他部门中得到更多更方便机会，不必搞文学，不必充作家。政治上负责者无从扶助这个部门的正常发展，也就得放弃了它，如放弃学校教育一样，将它一律交给自由主义者，听其在阳光和空气下自由发展。（教育还包含了点权利，必国家花钱，至于文学，却近乎完全白尽义务，要的是政府给予以自由，不是金钱！）这个看法本极其自然，与事实需要亦切合。然于时政治上已有个独占趋势，朝野既还有那些走路像作家，吃饭像作家，稿纸上必印就"××创作用稿"，名片上必印就"××文学会员"的活动人物，得在上海争文运作为政治据点，且寄食于这个名分上。因此在朝在野所作成的空气，就依然还是把作家放入宣传机构作属员为合理。凡违反这个趋势的努力都近于精力白费，不知现实。"民族文学""报告小说"等等名词即应运而生。多少人的活动，也因之与中国公文政治有个一致性，到原则方案提出后，照例引起一阵辩论，辩论过后，告一段落，再无下文。正因为空论易热闹，实难见好，相互之间争持名词是非，便转而越见激烈。到无可争持时，同属一伙还得争个名分谁属，谁发明，谁领导，来增加文运活泼空气。真如所谓"妄人争年，以后正者为胜"，虽激烈而持久，无助于真实的进步亦可想而知！活泼背后的空虚，一个明眼人是看得出的。

　　文学运动既离不了商业竞卖和政治争夺，由切实工作转入宣传铺张，转入死丧庆吊仪式趋赴里，都若有个夙命的必然。在这个风气流转中，能制造点缀"时代"风景的作家，自然即无望产生受得住岁月陶冶的优秀作品。玩弄名词复陶醉催眠于名词下的作家既已很多了，我得和那个少数争表现。工作也许比他人的稍麻烦些，沉闷些，需保持单纯和严谨，从各方面学习试用这枝笔，才能突破前人也超越自己。工作游离于理论纠纷以外，于普通成败得失以外，都无可避免。即作品所表现方式，也不得不从习惯以外有所寻觅，有所发现，扩大它，重造它，形成一种新的自由要求的基础。因之试从历史传说上重新发掘，腐旧至于佛典中的喻言禁律，亦尝试用一种抒情方式，重新加以处理，看看是不是还能使之翻陈生新。文体固定如骈文和偈语，亦尝试将它整个解散，与鄙俚口语重新拼合，证明能不能产生一种新的

· 191 ·

效果。我还得从更多不同地方的人事和景物取证。因之不久又离开北京,在武汉,在青岛,各地来去过了二年。就中尤以在青岛两年中,从多阳光的海岸边所作的长时间的散步,大海边的天云与海水,以及浪潮漂洗得明莹如玉的螺蚌残骸所得的沉默无声的教育,竟比一切并世文豪理论反而还具体。惟工作方式既游离于朝野文学运动理论和作品所提示的标准以外,对于寄食的职业又从不如何重视,所以对普遍生活言,我近于完全败北。然而对于工作信仰和希望,却反而日益明确。在工作成就上,我明白,还无望成为一个优秀作家,在工作态度上,却希望能无愧于手中一枝笔,以及几个良师益友一群赞赏者对于这枝笔可作的善意期许。

东北沦陷于日人手中后,敌人势力逼近平津,华北有特殊化趋势。为国家明日计,西北或河南山东,凡事都得要重新作起,问题不轻细。有心人必承认,到中央势力完全退出时,文字在华北将成为唯一抵抗强邻坚强自己的武器。三十岁以上一代,人格性情已成定型,或者无可奈何了,还有个在生长中的儿童与少壮,待注入一点民族情感和做人勇气。因之和几个师友接受了一个有关国防的机构委托,为华北学生编制基本读物[1]。从小学起始,逐渐完成。把这些教材带到师大附小去作实验的,还是个国立大学校长,为理想的证实,特意辞去了那个庄严职务,接受这么一份平凡工作。乡下人的名衔,则应当是某某小学国文教师的助理。(同样作助理的,还有个是国内极负盛名大学的国文系主任!)照政治即权力的活动家说来,这义利取舍多不聪明,多失计。但是,乡下人老实沉默走上第三段路,和几个良师益友在一处工作继续了四年,很单纯,也很愉快。

在争夺口号名词是非得失过程中,南方以上海为中心,已得到了个"杂文高于一切"的成就。然而成就又似乎只是个结论,结论且有个地方性,有个时间性,一离开上海,过二三年后,活泼热闹便无以为继,且若无可追寻。在南京,则文学夜会也够得个活泼热闹!在北平呢,真如某"文化兄"所说,死沉沉的。人与人则若游离涣散,见不出一个领导团体。对工作信念,则各自为战,各自低头寻觅学习,且还是一套老心情,藏之名山,传诸

---

[1] 此事指1933年夏天升始的以杨振声为首的为华北中小学生编写教材和基本读物的任务。下文所说辞去国立大学校长职务的人,即杨振声;1932年9月前,杨曾担任青岛大学校长。"国文系主任"则指任清华大学中文系主任的朱自清。

其人，与群众脱离，与现实脱离。某"文化兄"说的当然是一种真实。但只是真实的一面，因为这死沉沉与相对的那个活泼泼，一通过相当长的时间，譬如说，三年四年吧，比较上就会不同一点的。在南方成就当然也极大。唯一时间用人工方法作成注意热闹集中的大众语、拉丁化……等等，却似乎只作成一个政治的效果，留下一本论战的总集，热闹过后，便放弃了。总之，团体和成就竟若一个相反比例，集团越大成就就越少。所以在南京方面，我们竟只留下一个印象，即"夜会"继以"虚无"。然而在北方，在所谓死沉沉的大城里，却慢慢生长了一群有实力有生气的作家。曹禺、芦焚、卞之琳、萧乾、林徽因、李健吾、何其芳、李广田……是在这个时期中陆续为人所熟习的，而熟习的不仅是姓名，却熟习他们用个谦虚态度产生的优秀作品！因为在游离涣散不相黏附各自为战情形中，即有个相似态度，争表现，从一个广泛原则下自由争表现。再承认另一件事实，即听凭比空洞理论还公正些的"时间"来陶冶清算，证明什么将消灭，什么能存在。这个发展虽若缓慢而呆笨，影响之深远却到目前尚有作用，一般人也可看出的。提及这个扶育工作时，《大公报》对文学副刊的理想，朱光潜、闻一多、郑振铎、叶公超、朱自清诸先生主持大学文学系的态度，巴金、章靳以主持大型刊物的态度，共同作成的贡献是不可忘的。

　　只可惜工作来不及作更大的展开，战争来了。一切书呆子的理想，和其他人的财富权势，以及年青一辈对生活事业的温馨美梦，同样都于顷刻间失去了意义。于是大家沉默无言在一个大院中大火炉旁，毁去了数年来所有的资料和成绩，匆匆离开了北平，穿过中国中部和西南部，转入云南。现实虽若摧毁了一切，可并不曾摧毁个人的理想。这并不是个终结，只是一个新的学习的开始。打败仗图翻身，胜利后得建国，这个部门的工作，即始终还需要人临以庄敬来谨慎从事。工作费力而难见好。在人弃我取意义下，我当然还得用这一枝笔从学习中讨经验，继续下去。

　　到云南后便接近一个新的现实社会。这社会特点之一，即耳目所及，无不为战争所造成的法币空气所渗透。地方本来的厚重朴质，虽还保留在多数有教养的家庭中，随物质活动来的时髦，却装点到社会表面。阳光下自由既相当多，因之带刺的仙人掌即常常缠了些美而易谢的牵牛花，和织网于

其间的银绿色有毒蜘蛛，彼此共存共荣。真实景物中还包含了个比喻，即在特别温暖气候中，能生长高尚理想，也能繁荣腐臭事实。少数人支配欲既得到个充分发展机会，积累了万千不义财富，另外少数人领导欲亦需要寻觅出路，取得若干群众信托。两者照理说本相互对峙，不易混合，但不知如何一来，却又忽然转若可以相互依赖，水乳交融，有钱有势的如某某金融头目，对抽象忽发生兴味，装作追求抽象的一群，亦即忽略了目前问题。因之地方便于短短时期中忽然成为民主的温室。到处都可听到有人对于民主的倾心，真真假假却不宜过细追问。银行客厅中挂满了首都名流的丑恶字画，又即在这种客厅中请来另外一些名流作家反复演讲。在这个温室中，真正对学术有贡献，做人也站得住的纯粹知识分子，在国家微薄待遇中，在物价上涨剥削中，无不受尽困辱饥饿，不知何以为生。有些住处还被人赶来赶去。也少有人注意到他们对国家社会战时平时的重要性，或就能力所及从公私各方面谋补救之方。小部分在学识上既无特别贡献，为人还有些问题的，不是从彼一特殊意义中，见得相当活跃，即是从此一微妙关系中，见得相当重要。或相反，或相成，于是到处有国际猜谜的社论，隔靴搔痒的座谈，新式八股的讲演，七拼八凑的主张。凡事都若异常活泼而庄严，背后却又一例寄托于一个相当矛盾的不大不小各种机缘上。一切理想的发芽生根机会，便得依靠一种与理想相反的现实。所以为人之师的，一面在推广高尚的原则，一面亦即在承认并支持一些不甚高尚的现实。一些青年朋友在此空气中呼吸，也就成为一个矛盾混合体。贫穷的子弟多还保有农村的朴质纯粹，非常可爱；官商子弟暴发户，则一面从不拒绝家中得来的不义之财，买原子笔学跳舞，以为时髦不落人后。书房中却照例乐意有个鲁迅高尔基木刻像，也参加回把夜会朗诵诗，免得思想落伍。因之一时兴奋，什么似乎都能否定，兴奋过后继以沉默，什么似乎又即完全承认。社会一面如此，另一面则又有些人，俨若游离于时代苦闷以外，亦在时代苦闷之中。即一部分知识分子，平时以儒学自许，自高自卑情绪错综纠结，寂寞难受，思有以自见，即放弃了"子不语怪力乱神"的理性态度，听生命中剩余宗教情绪泛滥，一变而公开为人念咒诵经，打鬼驱魔。且有人不自知残忍，从种种暗示中促成家中小孩子白日见神见鬼，且于小小集团中，相互煽惑，相互传染。举凡过去神权社会巫术时代的形形色色，竟无不在着长袍洋装衣冠中复演重生。由藏入滇的喇嘛，穿上朱红缎袍，坐了某委员的吉普车满街兜风，许多有知无知的善男信女，因之即在大法王驻跸处把头磕得个昏昏沉沉，求传法得点灵福。（这些人可绝想不到中甸大庙那个活佛，却是当地唯一钟表修理人！）大约这也分散了些民主的信仰，于是就来了"政治"，又有什么"国特"活动的近乎神迹鬼话的传说，铺张于彼此寒暄里。……试为之偈曰："一切如戏，点缀政治。一切如梦，认真无从。一切现实，背后空虚。仔细分析，转增悲悯。"一切有生，于抵抗、适应、承受由战争而来的抽象具体压力时所见出种种园景彩绘，固必然如彼如此也。

由于战争太久，大家生活既艰苦又沉闷，国事且十分糟，使人对于现实政治更感到绝望，多少人神经都支持不住，失去了本来的柔韧，因之各以不同方式，谋得身心两面的新的平衡。从深处看，这一切本不足奇。但同是从深处看，"民主温室"之破碎冻结，一变面成为冰窖，自是意中事。这个温室固可望培养滋育某种健康抽象观念，使之经风雨，耐霜雪，但亦可能生成野蒿荨麻。而后者的特殊繁殖性，且将更容易于短时期普遍蔓延，使地而形成一个回复荒芜现象，也是意中事。乡下人便在这个复杂多方的现实中，领略现实，并于回复过程中，认识现实，简简单单过了九年日子。在这段时间中，对于能变更自己重造自己去适应时代，追求理想，终又因而为当权者爪牙一击而毁去的朋友，我充满敬意。可是对于另外那些更多数同事，用完全沉默来承当战争所加给于本身的苦难，和工作所受挫折限制，有一时反而被年青人误解，亦若用沉默来否定这个现实的，实抱同样敬意。为的是他们的死，他们的不死，都有其庄严与沉痛。而生者的担负，以及其意义，影响于国家明日尤其重大。我明白，我记住，这对我也即是一种教育。

这是乡下人的第四段旅程，相当长，相当寂寞，相当苦辛。但却依然用那个初初北上向现实学第一课的朴素态度接受下来了。尤其是战事结束前二年，一种新式纵横之术，正为某某二三子所采用，在我物质精神生活同感困难时期，对我所加的诽谤袭击。另一方面，我的作品一部分，又受个愚而无知的检查制度所摧毁。几个最切身的亲友，且因为受不住长时期战争所加于生活的压力，在不同情形下陆续毁去。从普通人看来，我似乎就还是无抵

抗，不作解救之方，且仿佛无动于中。然而用沉默来接受这一切的过程中，至少家中有个人却明白，这对我自己，求所以不变更取予态度，用的是一种什么艰苦挣扎与战争！

　　这其间，世界地图变了。这个前后改变，凡是地下资源所在，人民集中，商业转口，军略必争处，以及广大无垠的海洋和天空，也无不有钢铁爆裂作成的死亡与流血。其继续存在的意义，亦无不有了极大分别。即以中国而言，属于有形的局势和无形的人心，不是也都有了大大变更？即以乡下人本身而言，牙齿脱了，头发花了，至于个人信念，却似乎正好用这一切作为测验，说明它已仿佛顽固僵化，无可救药。我只能说，脱掉的因为不结实，听它脱掉。毁去的因为脆弱，也只好随之毁去。为追求现实而有所予，知适应现实而有所取，生活也许会好得多，至少那个因失业而发疯亲戚还可望得救。但是我的工作即将完全失去意义。一个人有一个人的限度，君子豹变既无可望，恐怕是近于凤命，要和这个集团而争浑水摸鱼的现实脱节了。这也就是一种战争！即甘心情愿生活败北到一个不可收拾程度，焦头烂额，争取一个做人的简单原则，不取非其道，来否认现代简化人头脑的势力所作的挣扎。我得做人，得工作，二而一，不可分。我的工作在解释过去，说明当前，至于是否有助于未来，正和个人的迂腐顽固处，将一律交给历史结算去了。

　　国家既落在被一群富有童心的伟大玩火情形中，大烧小烧都在人意料中。历史上玩火者的结果，虽常常是烧死他人时也同时焚毁了自己，可是目前，凡有武力武器的恐都不会那么用古鉴今。所以烧到后来，很可能什么都会变成一堆灰，剩下些寡妇孤儿，以及……但是到那时，年青的一代，要生存，要发展，总还会有一天觉得要另外寻出一条路的！这条路就必然是从"争夺"以外接受一种教育，用爱与合作来重新解释"政治"二字的含义，在这种憧憬中，以及憧憬扩大努力中，一个国家的新生，进步与繁荣，也会慢慢来到人间的！在当前，在明日，我们若希望那些在发育长成中的头脑，在僵化硬化以前，还能对现实有点否定作用，而又勇于探寻能重铸抽象，文学似乎还能作点事，给他们以鼓励，以启示，以保证，他们似乎也才可望有一种希望和勇气，明日来在这个由于情绪凝结自相残毁所作成的尸骨瓦砾堆积物上,接受持久内战带来的贫乏和悲惨,重造一个比较合理的国家!

我同来了,回到离开了九年相熟已二十五年的北京大城中来了。一切不同,一切如旧。从某方面言,二十年前军阀政客议员官僚的种种,都若已成陈迹,已成过去。这种过去陈迹的叙述,对于一个二十岁左右的年青朋友,即已近于一种不可信的离奇神话,竟不像真有其人真有其事,但试从另一角度看看,则凡是历史上影响到人类那个贪得而无知的弱点,以及近三十年来现代政治,近八年的奴役统治共同培养成功的一切弱点,却又像终无从消失,只不过像是经过一种压缩作用,还保存得上好,稍有机会即必然会慢慢膨胀,恢复旧观。一不小心,这些无形无质有剧性毒的东西,且能于不知不觉间传染给神经不健全身心有缺陷抵抗力又特别脆弱的年青人。受传染的特征约有数种,其一即头脑简化而统一,永远如在催眠中,生活无目的无理想,年龄长大出洋留学读一万卷书后,还无从救济那个麻木呆钝。另外一种,头脑组织不同一点,又按照我那些老熟人活动方式,变成一个小华威先生,熟习世故哲学,手提皮包,打磨得上下溜光,身分和灵魂都大同小异,对生命也还是无目的,无信心。……提到这个典型人时,如从一个写小说的因材使用观说来,本应当说这纵不十分可爱,也毫不什么可憎。复杂与简单,我都能欣赏,且将由理解欣赏进而成为朋友。可是若从一个普通人观点想想,一个国家若有一部分机构,一部分人,正在制造这种一切场面上都可出现的朋友,我们会不会为这个国家感到点儿痛苦和危惧?

国家所遭遇的困难虽有多端,而追求现实、迷信现实、依赖现实所作的政治空气和倾向,却应该负较多责任。当前国家不祥的局势,亦即由此而形成,而延长,而扩大。谁都明知如此下去无以善后,却依然毫无真正转机可望,坐使国力作广泛消耗,作成民族自杀的悲剧。这种悲剧是不是还可望从一种观念重造设计中,作点补救工作?个人以为现实虽是强有力的巨无霸,不仅支配当前,还将形成未来。举凡人类由热忱理性相结合所产生的伟大业绩,一与之接触即可能瘫痪圮坍,成为一个无用堆积物。然而我们却还得承认,凝固现实,分解现实,否定现实,并可以重造现实的,唯一希望将依然是那个无量无形的观念!由头脑出发,用人生的光和热所蓄聚综合所作成的种种优美原则,用各种材料加以表现处理,彼此相黏合,相融汇,相传染,

慢慢形成一种新的势能、新的秩序的憧憬来代替。知识分子若缺少这点信心，那我们这个国家，才当真可说是完了！

人人都说北平是中国的头脑，因为许多人能思索，且能将知识和理性有效注入于年青一代健康头脑中。学校次第复员，说明这头脑又将起始负起了检讨思索的责任。看看今年三万学生的投考，宜使人对于这头脑的如何运用，分外关心。

北平天空依然蓝得那么令人感动，阳光明朗空气又如此清新。间或从一个什么机关门外走过，看到那面青天白日满地红的国旗，总像是有点象征意味，不免令一些人内心感到点渺茫烦忧，又给另外一些人于此中怀有些些希冀。这些烦忧和希冀，反应到普通市民情绪中，或者顷刻间即消失无余，注入年青学生头脑里，很显然即会有作用。北平市目前有将近二万的大学生，情绪郁结比生活困苦还严重，似乎即尚无人想到，必须加以疏理。若缺少有效的安排，或听其漫无所归，或一例归于现实政治作成的人工催眠所形成的病态发展，实非国家民族之福，反而将悲剧延长。"学术自由"一名词，已重新在这个区域叫得很响，可见对于它国人寄托了多少希望。名词虽若相当空泛，原则的兑现，实应为容许与鼓励刚发育完成的头脑，吹入一点清新活泼自由独立的空气。使之对于自己当前和未来，多负点责任。能去掉依赖的自然习惯，受奴役麻醉的强迫习惯，对现实的腐朽气味和畸形状态，敢怀疑，敢否认，并仔细检讨现实，且批评凡用武力支持推销的一切抽象。若这种种在目前还近于一种禁忌，关涉牵连太多如何努力设法除去不必要的禁忌，应当是北平头脑可作的事，也是待发展的文学思想运动必需担当的事。

夜深人静，天宇澄碧，一片灿烂星光所作成的夜景，庄严美丽实无可形容。由常识我们知道每一星光的形成，时空都相去悬远，零落孤单，永不相及。然而这些星光虽各以不同方式而存在，又仍若各自为一不可知之意志力所束缚，所吸引，因而形成其万分复杂的宇宙壮观。人类景象亦未尝不如是。温习过去，观照当前，悬揣未来，乡下人当检察到个人生命中所保有的单纯热忱和朦胧信仰，二十五年使用到这个工作上，所作成的微末光芒时徘徊四顾，所能看到的，亦即似乎只是一片寥廓的虚无。不过面对此虚无时，实并不彷徨丧气，反而引起一种严肃的感印。想起人类热忱和慧思，在文化史上所作成的景象，各个星子煜煜灼灼，华彩耀目，与其生前生命如何从现实脱出，陷于隔绝与孤立，一种类似宗教徒的虔敬皈依之心，转油然而生。

我这个乡下人似乎得开始走第三站路了。昔人说，"德不孤，必有邻"。证以过去，推想未来，这种沉默持久的跋涉，即永远无个终点，也必然永远会有人同时或异代继续走去！再走个十年八年，也许就得放下笔长远休息了。"大块劳我以生，息我以死。"玩味蒙庄之言，使人反而增加从容。二十年来的学习，担当了一个"多产作家"的名分，名分中不免包含了些嘲讽意味，若以之与活动分子的相反成就比，实更见出这个名分的不祥。但试想想，如果中国近二十年多有三五十个老老实实的作家，能忘却普遍成败得失，肯分担这个称呼，即或对于目下这个乱糟糟的社会，既无从去积极参加改造，也无望消极去参加调停，惟对于文学运动理想之一，各自留下点东西，作为后来者参考，或者比当前这个部门的成就，即丰富多了。二十五年前和我这个亲戚的对话，还在我生命中，信仰中。二十五年前我来这个大城中想读点书，结果用文字写成的好书，我读得并不多，所阅览的依旧是那本用人事写成的大书。现在又派到我来教书了。说真话，若书本只限于用文字写成的一种，我的职业实近于对尊严学术的嘲讽。因国家人材即再缺少，也不宜于让一个不学之人，用文字以外写成的书来胡说八道。然而到这里来我倒并不为亵渎学术而难受。因为第一次送我到学校去的，就是北大主持者胡适之先生。民十八年左右，他在中国公学作校长时，就给了我这种难得的机会。这个大胆的尝试，也可说是适之先生尝试的第二集，因为不特影响到我此后的工作，更重要的还是影响我对工作的态度，以及这个态度推广到国内相熟或陌生师友同道方面去时，慢慢所引起的作用。这个作用便是"自由主义"在文学运动中的健康发展，及其成就。这一点如还必需扩大，值得扩大，让我来北大作个小事，必有其意义，个人得失实不足道，更新的尝试，还会从这个方式上有个好的未来。

惟在回到这里来一个月后，于陌生熟识朋友学生的拜访招邀上，以及那个充满善意、略有幽默的种种访问记的刊载中，却感到一种深深的恐惧。北平号称中国的头脑，然而这头脑之可贵，实应当包含各部门专家丰富深刻知识的堆积。以一个大学言来，值得我们尊敬的，有习地质的，学生物的，

治经济政治的，弄教育法律的，即文史部门也还有各种学识都极重要。至于习文学，不过是学校中一个小小部门，太重视与忽视都不大合理。与文学有关的作家，近二十年来虽具有教育兼娱乐多数读者的义务，也即已经享受了些抽象的权利，即多数的敬爱与信托。若比之于学人，又仿佛显得特别重要。这实在是社会一种错觉。这种错觉乃由于对当前政治的绝望，并非对学术的真正认识关心。因为在目前局势中，在政治高于一切的情况中，凡用武力推销主义寄食于上层统治的人物，都说是为人民，事实上在朝在野却都毫无对人民的爱和同情。在企图化干戈为玉帛调停声中，凡为此而奔走的各党各派，也都说是代表群众，仔细分析，却除了知道他们目前在奔走，将来可能作部长、国府委员，有几个人在近三十年，真正为群众做了些什么事？当在人民印象中，又曾经用他的工作，在社会上有以自见？在习惯上，在事实上，真正丰富了人民的情感，提高了人民的觉醒，就还是国内几个有思想，有热情，有成就的作家。在对现实濒于绝望情形中，作家因之也就特别取得群众真实的敬爱与信托。然而一个作家若对于国家存在与发展有个认识，却必然会觉得工作即有影响，个人实不值得受群众特别重视。且需要努力使多数希望，转移到那个多数在课堂，在实验室，在工作场，在一切方面，仿佛沉默无闻，从各种挫折困难中用一个素朴态度守住自己，努力探寻学习的专家学人，为国家民族求生存求发展所作的工作之巨大而永久。一个作家之所以可贵，也即是和这些人取同一沉默谦逊态度，从事工作，而又能将这个忠于求知敬重知识的观念特别阐扬。这是我在学校里从书本以外所学得的东西，也是待发展的一种文学理论。

我希望用这个结论，和一切为信仰为理想而执笔的朋友互学互勉。从这结论上，也就可以看出一个乡下人如何从现实学习，而终于仿佛与现实脱节，更深一层的意义和原因！

十月二十七日

本篇发表于1946年11月3日、10日天津《大公报》

杂谈

中国人，不善于"幽默"，有吾家博士说过，还有其他人也说过。

倘若是人人真的莽撞直率，也不算顶无趣吧。

可惜者是倒并不如此。

中国人长于什么？是很多礼貌。"凡事不负责"，"走小路"，种种形成其他为君子。中国的君子，真不少！在新的时代下生存的又有新的君子，不很有人注意过。但这类君子，无往而不宜，"和气"，"亲密"，"忠厚"，颇为世所喜。

有人研究新的道德者，可师法这新君子。

在友中，我曾在心上深深佩服有着几个人。

面上若北京城铺子中人物，常是笑容可掬，似乎到处全可以同人拜把，心则很不易于观察。

到人面前说着各样颇易于动听的话，回头又恨之若不难于生食其人之肉者，是这类新君子伎俩。此不过伎俩之一种而已，其余还很多。

欲骂一个人，又不敢，则在另一件事向另一人说，这又是一种颇好本事。毁人于有意而无形中，自己不失为君子，聪明哉。从这事上可以见我们民族的礼貌是怎样的可贵可爱（？）！

这礼貌也可以说是幽默吧。

在文学的界域里，也有这类同样的情形。

卑卑不足道者多数是于自己无关。到自己——假说一个小小比喻吧——要人帮忙，礼貌出来了。

我是那么常常想：中国人，若果是人人都带一种大憨子脾气，大家真能在他兴味上说出那衷心欲说的话语，看看我们的文艺批评情形将成什么现

象！可以说者，因"礼貌"而默默，不必说的又因"礼貌"而也得吹吹：结果成了今日的样子。讲礼貌，凡事明利害，在一种全为礼貌支配下的社会情形中，一些人就自然而然成了一种中心人物了。

在另一种事业上可以证明这礼貌之不可缺者是作画的人怎么就能成名。此时中国的人欲作艺术家或文学家么？你去先把生活的艺术学成，再来动手作作你的事业吧。你能活动于某一种阶级间，这所靠的武艺并不是真的某种艺术。这年头谁要真纯艺术干吗？所谓有礼貌的世界者，乃把一切维持到一种不很忠实的"面子"下头之谓：懂怎样去使人顾全到你的"面子"，不拘欲作什么都很容易了。

看看我们近来的画家，有那个专心一意去作颜色生涯忽略了待人接物而能悠然活着下来的么？活且不让，还可以给社会同情么？

因习惯，大家似乎都学得聪明伶俐可爱，发见憨人就互相告语。憨人不太多，又似乎常常使这类君子感到寂寞了。

憎着这人这事这时代，不敢明于评论，因此便以为忘了利害去说的人是憨子，君子本色固如是矣。爱人不算是丑事，但倘若有人说到某某人可爱，这情形若为新君子所知者，更有嘲笑！这仿佛是本人如何有识而笑着的人是如何卑鄙浅陋的样子，故笑之若不足，犹可以于茶余饭后作谈助。这世界，实应在各人身上讲求趋吉避凶法子的世界，勇于自表者便是呆子，多么可笑呵！

君子的"笑""骂"，是我在许多地方就领略过了。为这事只有痛心。然而我一面为我中国聪明人的举目皆是以为可贺。

外国人这时不正有许多在说俄国人是疯子而夸奖黄色人讲礼貌么？

本篇发表于1928年1月9日《晨报副刊》

一种态度

近十多年在各种刊物上最常见的是"民族精神"字样。今年又为"精神动员"。就常理说,所要准备动员的"精神",应当就是先前一时谈及的那个"民族精神"。可是中华民族精神,在时间上有连续性,在历史上起大作用,在当前抗战明日建国两件事上且具有种种可能发挥的伟大力量,是些什么?说到它的却似乎并不多。因此民族精神这个名词,转成坚实勤俭行为,表现上好像极具体,实在很空泛。固有"精神"有些什么东西,值得发扬,恢复,光大,倒不曾提及。谈什么东西文化的,也照例抛下这个名词,不作诠注。仿佛大家都已常常提起,大家就应当早知道了。凡知道了的自然不用再说,可是看看各方面论客的持论,便可知这名词意义十分暧昧。解释民族精神伟大处较好的,还让冯友兰先生最近在《新动向》上发表的一篇文章,那文章题名《赞中华》[1]。就中说起中国伟大,实建筑在儒墨道诸家思想熏陶启迪上。中国人有儒家的严肃,墨家的朴实,道家的潇洒,表现人生态度或"有所为",或"满不在乎",所以民族永远不会灭亡。并以为两年来的抗战,军事上虽败北崩溃,政治上反而越打越进步,处处见出新机,就显明表现这伟大民族精神,如何值得重视,且因它的存在,值得乐观。冯先生话说得很好。从全面看,中华民族在儒墨道诸家思想涵育中有个光辉灿烂的明日,自不待言!惟部分观察,似乎就有点不同。我意思是我们倘若肯具体一点,试从二十五岁到五十岁左右某一部分留在后方的知识分子来观察,看看这些人于中国古代伟大思想,究竟受有多少影响?所得的结论,我们会在好感方面不免失望。我们会发现原来儒家的"刚勇有为"态度,墨家的"朴实热忱"态度,道家的"超脱潇洒"态度虽涵育于一般人中,影响于"读书

---

[1] 系指冯友兰发表于1939年5月10日《新动向》第2卷第8期上的《赞中华(新事论之十二)》一文。

人"却不怎么多。"读书人"是个通泛名词,我这里想借用它专指现在教书读书的一部分人。这些读书人知识虽异常丰富,常因近代教育制度或社会组织,知识仅仅变成一种"求食"的工具,并不能作为"做人"的张本。"严肃"用于门户之见,与信心坚固无关。"潇洒"近似对事马虎,与思想解放无关。真影响他们支配他们爱憎取予的,差不多总是一个小小团体,一群数日不多的朋友,三五同事,七八同学,十来本书。(团结他们的有时还是一桌麻雀牌!)若说前人受家族制度拘束,现在可说受生活团体拘束。因为生活范围小,所以个人兴趣窄,公众精神和服务情感即不大发达。儒家最美丽的认真为公精神,在读书人中且有日趋萎缩之势。好些名分上应属于"公"的,这些人作起来更容易假公济"私"。这类事大致随处都可耳闻目睹,也用不着多提了。至于因老庄思想而来的满不在乎好处,读书人不免受日常吃喝起居习惯限制,看不出什么超脱飞扬意趣,易发现的,倒反是容易把生活观念粘滞在人我小小琐碎得失上,施展不开。不特行为矜持拘泥,装模作样,即想象表现于文字语言时,亦无不显得非常贫薄无味。凡此种种,多属眼前事实。社会组织与生活方式,形成这部分知识分子普遍的弱点。蕴藏于内表现于外则毫无生气,则乌烟瘴气。所以我们若承认儒墨道哲学思想,刚勇、朴实、超脱,与这个民族光辉不可分,有一点值得注意,即当前读书人中正如何缺少这种优美德性。因缺这种优美德性,所产生的病态,实在相当严重。大家应当就见得到想得起的事情从小处努力,尽可能来谋改善。假若拿笔的朋友还相信文学艺术在社会上有一点力量,新的文学艺术便可从这方面下手,表现出一个综合的新的理想,新的生存态度。这种文学艺术,即或无关于当前抗战,然而大有助于明日"建国"。有心人应当承认用这种态度来写作,似迂腐,实健康。虽易触恼当前男的女的村的俏的少数读书人,对于另外多数将来读书人,或者还有点好处。

本篇发表于1939年6月25日《今日评论》

谈沉默

近一时期来，书呆子或半书呆子，都必然有个相同的白日梦，梦到自家会从"变"中得到一个转机，明知道情形困难，总以为这依然是解决行将到来的明日更大困难应有的勇气与诚意象征。表示这点愿望或有许多方式。除用笔、用口、用行为外，还有更大多数即用"沉默"来期待。用笔的可以检查受限制，用口的或因疲累得休息，用行为的自更容易处置，或使之软化，无可奈何，或……唯有沉默，在不变中继续生长沉默。

这个多数沉默，从表面上看，也许近于消极。可是很显然，实能酝酿生长一切幻想并作否定行为准备的。它如水，在平衍土地中浸润，在沟渎中涓涓流注，然而流注所及，则粉碎磐石，使山峡刻划成千尺沉沟，它本身则柔濡平静，在风涛激荡中，所掀起的白浪，万斛广舶与坚固堤防到时亦必然失去效用。它受点热，即能融解一切不甚牢固的粘合物并能变成气体，推动机械，使无情钢铁发生有规律的动止。它太冷，将结成冰，正由于体质一变，凝固时，便依然有崩崖绝岸的作用，或冻死地面草木人畜，以及人力所培养的种种，寄托希望的具体物质和抽象观念。总之，它能生长，也能消耗，能否定，能破坏，善体国经邦者，真不能不注意及此！

在变的动力中，我们当前所见到听到的，照旧把"沉默"一群除外，为的是既非党团，又无表示，且决不曾要求这样那样，当事者总是如何安排调整用笔，用口，用行为的一部分主张愿望，而有种种不同计划。然而同样一名词，同样一口号，且很可能即同样一件事情，一个问题，解释它，运用它时，不可免到某一点，即见出龃龉，见出扞隔，见出分歧。既各有所持，各有所恃，于是"以不变应万变"的原则才产生出来对付当前局面。问题暂且搁下，且听下回分解，等待下去，大家自然等待下去，这件事若是某茶社请

刘宝全唱大鼓书，观众中少数无理取闹说："不成，老调子得换。"刘老板以为有损大艺术家尊严时，可以说："这事由我，不能起哄，我有权力和责任安排节目，不能由少数观众随意点戏！"于是怒而退场停演。这很自然，因为囗拘会习惯。既是个第一流的艺术家，应有一点对艺术尊严态度，不如此，即不成其为刘宝全。俗语虽说历史就是戏，国家事究竟和艺术不相同，大政治家也可以有大脾气，这属于"人性"，我们承认，政党中尽管有人间或不免采取不正常活动方式，这出于"现代"，我们也得承认，然而多数不声不响，沉默的一群，凡用爱国作口号的任何方面是不能不注意到的情形。他们在各种难于形容困难中挣扎，从事各种工作，尽一个战时公民责任，眼看到这个国家近三十年的种种，寄托到这个国家内，又不能为普遍观众，无戏可看时，即抽身走路，即能走，向哪里走？还不是从学校、从机关、从工厂……走回那个凄凄惨惨的家庭？家中太太，儿女，都已饿倒了，他怎么办？他也可以狠心不管家，但不能不想到国，想到社会。为的是他们工作与国家社会荣枯不可分，要国家，爱社会，实并不下于任何集团政党。他识字，固然容易受宣传工作的影响，但也能就耳目接触为"事实"所吸引，换言之，能认识好坏是非。就中为人自尊心较强，对工作信心较深的，或者换于势拘于习，即在更困难痛苦中，也必然还能守住公民的责任防线，沉默忍受。为人不甚自重，又欲从变通中有以自见的，或尚可望在无可不可情形下，成为罗中一雀，跳跃媚悦于主人笼罩中，对年青人他还见得相当"前进"，对实力派他又像个"同志"，涉及国事弱强，则他不必分谤，有什么好处，又多少可以分润到一点剩余，如此一来，不仅无害于局面的继续，且可产生一点支持场面作用。然而还有一辈从帮会组织，社交方式，以及其他玩意儿，求得现代政治以空易空的争夺群众与立场的秘诀，因缘时会，乘时崛起的人物，他们叫喊、活动，而且随时又若都可以与极端前进或相当顽固的势力从某一点上相结合。一切现象都见出社会的分解，由分解中更容易失去拘束力或向心力……如目前情形，负责诸方面，若用意只是在对于统治下的公民容忍限度的测验，沉默的一群国人自不足着急，因为的的确确，容忍的尚能容忍，腐败堕落的也在加紧腐败堕落，还不到那个最大限度。不过一个私人债务可以延宕，一个国家的问题，却无从支吾逃避。说句公平话，中国广大土地勤俭人民实无负于国家，而近来其所以有问题，实由于负责者有些方面能力不大充足，而又缺少勇气，国家待处理的问题，得重新好好处理。假若注意点仅仅从"负隅自固"方面引起了烦恼，可以用各种方法自解。假若注意点是社会广泛普遍的沉默，从上级公务员到一个普通兵士，从第一流优秀专家，到一个单纯农民，看到他们在沉默中的忍受与挣扎，以及共同的愿望，多少会引起一点悲悯引起一点爱。会学得如此土地，如此人民，忧患所自来，不能不说是近三十年私与愚所占分量过重。且不能不说，这个习气弱点是得由有些方面坦白承认，才能用一个新的作风来代替的。一个伟大政治家之所以伟大，也即在善用这点悲悯与爱，如何图与民更始。以上虽属于个人私见，恐亦可以作为一个历史家和多数正直公民的意见。

       本篇发表于1945年5月11日《贵州日报》

中国人的病

国际上流行一句对中国很不好的批评:"中国人极自私"。凡属中国人民一分子,皆分担了这句话的侮辱与损害。办外交,做生意,为这句话也增加了不少麻烦,吃了许多亏!否认这句话需要勇气。因为你个人即或是个不折不扣的君子,且试看看这个国家做官的,办事的,拿笔的,开铺子作生意的,就会明白自私的现象,的确处处皆可以见到。它的存在原是事实。它是多数中国人一种共通的毛病。

一个自私的人注意权利时容易忘却义务,凡事对于他个人有点小小利益,为了攫取这点利益,就把人与人之间应有的那种谦退,牺牲,为团体谋幸福,力持正义的精神完全疏忽了。

一个自私的人照例是不会爱国的。国家弄得那么糟,同它当然大有关系。

国民自私心的扩张,有种种原因,其中极可注意的一点,恐怕还是过去的道德哲学不健全。时代变化了,支持新社会得用一个新思想。若所用的依然是那个旧东西,便得修正它,改造它。

支配中国两千年来的儒家人生哲学,它的理论可以说是完全建立于"不自私"上面。话皆说得美丽而典雅。主要意思却注重在人民"尊帝王""信天命",故历来为君临天下人主的法宝。末世帝王常利用它,新起帝王也利用它。然而这种哲学实在同"人性"容易发生冲突。精神上它很高尚,实用上它有问题。它指明作人的许多"义务",却不大提及他们的"权利"。一切义务仿佛皆是必需的,权利则完全出于帝王以及天上神佛的恩惠。中国人读书,就在承认这个法则,接受这种观念。读书人虽很多,谁也就不敢那么想:"我如今作了多少事,应当得多少钱。"若当真有人那么想,这人纵不算叛逆,同疯子也只相差一间。再不然,他就是"市侩"了。在一种"帝王神仙""臣仆信士"对立的社会组织下，国民虽容易统治，同时就失去了它的创造性与独立性。平时看不出它的坏处，一到内忧外患逼来，国家政治组织不健全，空洞教训束缚不住人心时，国民道德便自然会堕落起来，亡国以前各人分途努力促成亡国的趋势，亡国以后又老老实实同作新朝的顺民。历史上作国民的既只有义务，以尽义务引起帝王鬼神注意，藉此获取天禄与人爵。迫到那个能够荣辱人类的偶像权威倒下，鬼神迷信又渐归消灭的今日，自我意识初次得到抬头的机会，"不知国家，只顾自己"，岂不是当然的结果？

目前注意这个现象的很有些人。或悲观消极，念佛诵经了此残生。或奋笔挥毫，痛骂国民不知爱国。念佛诵经的工作不用提，奋笔挥毫的行为，其实又何补于世？不让作国民的感觉"国"是他们自己的，不让他们明白一个"人"活下来有多少权利，——不让他们了解爱国也是权利！思想家与统治者，只责备年轻人，困辱年轻人，俨然还希望无饭吃的因为怕雷打就不偷人东西，还以为一本孝经就可以治理天下，在上者那么糊涂，国家从哪里可望好起？

事实上国民毛病在旧观念不能应付新世界，因此一团糟。目前最需要的，还是应当从政治，经济，教育，文学，各方面共同努力，用一种新方法造成一种新国民所必需的新观念。使人人乐于为国家尽义务，且使每人皆可以有机会得到一个"人"的各种权利。合于"人权"的自私心扩张，并不是什么坏事情，它实在是一切现代文明的种子。一个国家多数国民能"自由思索，自由研究，自由创造"，自然比一个国家多数国民皆"蠢如鹿豕，愚妄迷信，毫无知识"靠君王恩赏神佛保佑过日子有用多了。

自私原有许多种。有贪赃纳贿不能忠于职务的，有爱小便宜的，有懒惰的，有作汉奸因缘为利，贩卖仇货企图发财的。这皆显而易见。如今还有种"读书人"，保有一个邻于愚昧与偏执的感情，徒然迷信过去，美其名为"爱国"。扇扬迷信，美其名为"复古"。国事之不可为，虽明明白白为近四十年来社会变动的当然结果，这种人却胡胡涂涂，徒卸责于白话文，以为学校中一读古书即可安内攘外，或委罪于年轻人的头发帽子，以为能干涉他们这些细小事情就可望天下太平。这种人在情绪思想方面，与三十年前的义和拳文武相对照，可以见出它的共通点所在。因种种关系，他们却皆很容

第二部分 做人

易使地方当权执政者，误认为捧场行为，与爱国行为。利用这种老年人的种种计策来困辱青年人。这种读书人俨然害神经错乱病，比起一切自私者还危险。这种人主张若当真发生影响，他们的影响比义和拳一定还更坏。这种少数人的病比多数人的病更值得注意。

真的爱国救国不是"盲目复古"，而是"善于学新"。目前所需要的国民，已不是搬大砖筑长城那种国民，却是知独立自尊，宜拼命学好也会拼命学好的国民。有这种国民，国家方能存在，缺少这种国民，国家决不能侥幸存在。俗话说："要得好须学好。"在工业技术方面我们皆明白学祖宗不如学邻舍，其实政治何尝不是一种技术？

倘若我们是个还想活五十年的年青人，而且希望比我们更年轻的国民也仍然还有机会在这块土地上活下去，我以为——

第一，我们应肯定帝王神佛与臣仆信士对立的人生观，是使国家衰弱民族堕落的直接负责者。（这是病因。）

第二，我们应认识清楚凡用老办法开倒车，想使历史回头的，这些人皆有意无意在那里作胡涂事，所作的事皆只能增加国民的愚昧与堕落，没有一样好处。（走方郎中的医方不对。）

第三，我们应明白凡迷恋过去，不知注意将来，或对国事消极悲观，领导国民从事念佛敬神的，皆是精神身体两不健康的病人狂人。（这些人同巫师一样，不同处只是巫师是因为要弄饭吃装病装狂，这些人是因为有饭吃故变成病人狂人。）

第四，我们应明白一个"人"的权利，向社会争取这种权利，且拥护那些有勇气努力争取正当权利的国民行为。应明白一个"人"的义务是什么，对做人的义务发生热烈的兴味，勇于去担当义务。（要把依赖性看作十分可羞，把懒惰同身心衰弱看成极不道德。要有自信心，忍劳耐苦不在乎，对一切事皆有从死里求生的精神，对病人狂人永远取不合作态度。这才是救国家同时救自己的简要药方。）

本篇发表于1935年6月10日《水星》

应声虫

范正敏《遯斋闲览》,有一条记应声虫,认为是一种传染性的怪病。医药故事,即尝引用到它。

> 余友刘伯时,尝见淮西士人杨勔,自言中年得异疾,每发言应答,腹中辄有小声效之。数年间,其声浸大。有道士见之,惊曰:"此应声虫也。久不治,延及妻子。宜读本草,遇虫所不应者,当取服之。"勔如言,读本草至雷丸,虫忽无声。乃顿饵数粒,遂愈。余始未以为信,其后至长汀,遇一丐者,亦有是疾,环而观之者众,因教之使服雷丸。丐者谢曰:"某贫无他技,所以求衣食于人者,唯藉此耳。"

这个记载也许有点儿讽刺意味,反映新法党争激烈时,使多少人放弃头脑不用,凡事只是人云亦云,为的是可谋衣食!应声虫自然是一种抽象生物,不至于为昆虫学者收入昆虫谱的。但到近年来,社会各方面却似乎有不少人已害了这种病。尤其是知识分子,一得这种病后,不仅容易传染及妻儿子女,且能延及过往亲朋,同事,师友。害病的特征为头脑硬化,情感凝固。凡事不论大小,都不大思索,不用理智判断是非。而习于人云亦云,随声附和。对任何强有力者都特别恭顺敬畏,不触忌讳。此种唯诺依违,且若寄托一种高尚理想。雷丸是否能治这种病,还没有人试验过。不过可以猜想而知的,即雷丸或其他药物,纵对于这种时代流行传染病能防止,能治疗,患病者却未必乐意受治疗。事正相反,说不定还希望其有更大传染性,能作迅速而普遍传染,由家人,亲友,慢慢扩大,至于那个多数,便于从多数发

生所谓政治影响。患病的大致可分两种:一种是年过四十,受过高等教育学有专长,透熟人情世故,带点虚伪做作情形害下去的。一种是年在二十左右,性情单纯热忱,在心理上属于青春期年龄,结合了求偶情绪与宗教迷信,本来应当十分激进,但因传染此病,而萎靡不振,因之绵缠下去的。二十岁左右受此传染病的又可分两种,一种待找出路分子,一为小有产者子弟。传染最厉害的还是找出路分子。对强权特别拥护崇拜,对财富尤所倾心,传染者既多,且于不知不觉间便形成一种特殊势力,影响到各方面,尤其是有助于巧取豪夺强权的扩大,以及腐败发霉社会的继续。更直接的自然还是影响其本人社会地位以及日常生活。用之于人,虽未必有牛黄马宝治疗之效果,但亦可以使许多人逐渐四平八稳,少年老成,麻木低能,凡神经兴奋之行为决不参加,凡增加纷乱之事决不介入。然或有好事者说,"这是应声虫作怪,得治疗,不治将作普遍传染,使社会上中层分子有集团头脑硬化现象,对国家民族十分危险"。患病的或有知,或无知,必一例觉得这人好事可恶,且别有用心。尤其是如涉及四十岁以上的病状,以为近于虚伪顽固懦弱自私,二十岁左右将有成为工具可能时,必特别不愉快。这有原因。只因为贫而无他技者,能听这种病延续下去,所有好处即比千年前还多。如劝他想法治疗,等于破他的财门。至于富而无他技者,即正可因之巩固已有权势,或增加左右时局地位,满足更大欲望。然尤其有意义,有作用,或尚为不贫不富那个知识阶级,若知所以附会于这个病状中,在写社论作公开演讲,表明放弃头脑阿谀势力为人类新道德时,实有不可思议之好处。

元鞭碾然子作《拊掌录》,记欧阳修与人行酒令,大有意思。

> 欧阳公与人行酒令,各作诗两句,须犯徒以上罪者。一人云:"持刀哄寡妇,下海劫人船。"一人云:"月黑杀人夜,风高放火天。"至欧公,却曰:"酒粘衫袖重,花压帽檐偏。"或问之,答曰:"当此时,徒以上罪亦做了。"

充军虽已成一古典名词,只在旧戏文小说中间或还可见到。至于徒以上罪,则至今似尚好好保留,随时可以使用。事在今日,若有人行这个酒令时，实不必如何苦思，只要口中轻轻地说："人云亦云，是应声虫"，即可罪名成立。因到处都有应声虫，话语顺风吹去，自然即有人觉得是刺中了他。这种人高一级的大多是四十五十而无闻，治学问弄事业一无特别成就，静极思动，忽然若有所悟，向虚空随手一捞，捉住一应声虫咽入腹中，于是从伙儿伴儿中，作点不花本钱的买卖，大之即可在此脆弱社会中，取得信托与尊重，忽俨然成为社会中要人，或某要人新器重的分子。小之亦可从而润点小油水，比如说，……事实虽如此如彼，却千万说不得，偶尔提及，即不免触犯忌讳。古人说："察渊鱼者不祥"，从这句话使人想起二千年前哲人警告的意味深长。"莫踬于山，而踬于垤"，世界上固尝有愚人所作的小小狡狯，有时会使巨人摔一跤，且即从此不再爬起的。而愚人之行为，通常即反映患应声虫者之病入膏肓，事极显明。

又《扪掌录》记海贼郑广作诗事云：

> 闽地越海贼曰郑广，后就降补官，同官强之作诗。广曰："不问文官与武官，文官武官总一般。众官是做官了做贼，郑广是做贼了做官。"

正和绰号"细腰宫院子"的庄季裕所著《鸡肋编》说的绍兴建炎时事相互映照。当时人云："欲得富，赶著行在[1]卖酒醋。欲得官，杀人放火受招安。"语气虽鄙俚不文，不仅是当时现实主义者动人的警句，且超越历史，简直有点永久性。用作抗战后方某一些为富不仁的人物，胜利后来收复区办接收的人物，以及带罪立功的某种人物，岂不是恰恰如烧饼歌，不必注解也明明白白？至于在陪都，或首都卖酒醋的，虽不闻发大财，但在某院长时代，穿老棉鞋棉袄坐庄号卖酒醋的同乡，入国家银行的实已不少。更有意义的，或者还应数一些读"子曰"的仲尼弟子，平时道貌俨然，常用"仲尼不死颜回复生"方式于师生间此唱彼和，随时随地作传道统非我其谁的宣示。时移世易，即暂时放下东方圣人不语怪力乱神之旨，将西方活佛一套秘法魔术，拿来使用，先于夫妇友朋间宣扬赞叹，旋即公开为人画符念咒，看鬼驱

---

[1] 行在原指皇帝所在的地方，后专指皇帝行幸所到的地方。南宋称临安为行在，表示不忘旧都汴梁而以临安为行都之意。

魔，且不妨定下规章，酌量收取法施，增加银行存款。有江充马道婆行巫蛊之利，而无造谣惑众灭门焚身之忧。较之卖酒醋少用本钱，杀人放火少担恐惧，亦可谓深明"易"道矣，这种知识阶级和应声虫关系不多，和磕头虫却有点渊源。因红衣大法师所有秘法，必由磕头万千而传也。如有人眼见昆明方面大学教授男女留学生向西藏法师磕头情况，必对"人生"和"教育"引起一极离奇的感印。

　　历史循环虽若莫须有，历史复演则在一个历史过于绵长的国家，似乎无从避免。无怪乎饱读旧书的吴稚老，总说旧书读不得。其意当不在担心有人迷醉于章句间，食古不化，不知现在为何事。或许倒是恐怕有些人太明白现实；将诸子纵横之术，与巫蛊媚惑之方，同冶一炉时，这个国家明日实不大好办！

本篇发表于1946年8月11日、12日上海《大公报》

关于学习

昭明先生：

关于学习问题，你要一点浅俗意见。你说你欢喜文学又太欢喜玩了，就照你说的"玩"文学方法，看看玩的是什么也很好。

提起玩我们很容易联想到"玩票"。你说得对可并不透彻。

梅兰芳或谭富英唱戏，大家都承认他唱得满好。我们想在业余意味上学之时，就从事"玩票"。学习上虽标明一个"玩"字，和职业艺员不同，可是玩到后来要拿得出手，在自得其乐以外还想得他人承认，都明白必需自己狠心下苦功夫，好吊嗓子，学身段，以至于……用极长时间兼有极大耐心，以及那个无可比拟的学习热忱，慢慢的来摸索训练，才可望得到一点点成就。然而到结果，这还不过是"玩票"！

另外是溜冰，更近乎业余游戏，比踢球简单方便。不必和他人共同协作，只要你自己会好好控制四肢，短期间即可得到参加的愉快。可是要想作个什么国际选手，就依然必需深入三昧，造诣独臻。初次上场时，三五步基本动作，可从他人指点提挈得到一点帮助。至于要达到庖丁解牛，心领神会，无往不宜境界，学习情形，将依然回到"虔敬""专一""辛勤"三点上；即是古人敬神如在左右那个"虔敬"，古人学琴妍眼薰目那个"专一"，以及老老实实肯定承认勤能补拙那个"辛勤"。溜冰依就不容易，求技近于道得费多少心！

但在"玩"字上也有只要为人秉性小小聪敏，略经学习，即可得到进步，玩来十分省事的，即年来社会较上阶层流行的"扑克牌"和"交际舞"，等而下之自更不用说。这些事从各方面情形看来，都好像可以不学而能。我决不怀疑有些人这方面的天赋。但想想，上层知识分子由于分工而兴

趣隔离，又由于苦闷又必需交际，友谊粘合，来往过程，若已到竟只能用这个王爷皇后桃花杏花纸片儿交换猜谜游戏上，把其他国人船上水手或小酒店中小市民层的玩具，搬到中国交际社会，成为唯一沟通彼此有益身心娱乐点缀物，这个上层的明日，也就多么可怕！我们是不是还能希望从这个发展下有伟大的思想，伟大的人格，……哲学或艺术？又看到另外一种伟人在什么舞会中陶陶然样子，以及牌桌边"哈鸡"下注的兴奋神情，总不免有点使人悲从中来，对这个统治层完全绝望。这两个阶层到处有好人，并不缺少真正学问和明朗人格，我们得承认。可是，他们玩的习惯方式，却依稀可观国运，见出民族精力的浪费，以及一点愚昧与堕落的混和。从这个玩的趋势上，还可测验出这愚昧和堕落能生长，能传染，在生长，在传染。你是不是觉得这种玩玩和国家兴亡相去太远，尤从连类并及，还有点相反意见？

这里到了一个两歧路上，看你准备向哪一个方向走去，应当问问你自己：你要玩什么？且预备什么样一种态度玩下去？你要写文章，这不用说了。可是打量用作第一流票友学京戏方式玩下去，还是用搭桥哈鸡跳交际舞意识情绪玩下去？你若嗓子本还好，唱京戏玩票，摹仿话匣子自然容易入门。可是想要综合前人优秀成就，由摹拟入神进而自张一军，纪录突破，能上台还不成，必需在台上还站得稳，真有几出拿手杰作听得下去，这必需要如何用心才做得到！虽然玩票的中材下驷，在同乡会或某校某院等等游戏会彩排清唱时，照例都容易博得满场鼓掌。若用"上可"身分出台，必更加容易见好。（有些人即仅仅装作在唱，做个姿式，毫不费力随意丢了两个解手，还是同样有人送花篮，拍掌，末了还写批评恭维一大阵！）可是这么唱戏哪会有真正好戏？这哪里算是唱戏？一切成功都包含在"打哈哈"意义中，本人毫无希望进步，对于戏的总成绩更不会有什么真贡献，是明明白白的。现代文学的发展，也有个类似情形。

人人说这是个现实时代，能适应为第一义。一个新作者善于适应，似乎即格外容易露面，容易成功。一个成名作家善于适应，则将成为"不倒翁"。不倒翁的制造我们都明白，特点是上面空空而下座落实，重心不在自己头脑上，所以不必思索，亦可省去思索苦痛。造形上虽稍见滑稽，但实具有健全意味。不必思索是他的特点，现代人因思索得的痛苦也可免掉。如果时代趋势又已到不甚宜于人用脑子从思索上提出意见时,这种健全性对于许多人必更加见得重要。(只是在文学史上,这种作家却不能算数。)另外还有一种作家,即守住一种玩票陈旧规矩,把学习从第一步到终点,当成一个沉默艰苦的长途跋涉。憨而且戆的把人生历史一齐摊在眼前,用头脑加以检讨,分析,条理,排比,选择,组织,处分。这个民族近数十年的爱和恨如何形成,如何分解了这个国家人民的观念和愿望,随后便到处是血与火泛滥焚烧,又如何造成万千的牺牲和毁灭。一切都若不必要,一切都若出于不得已,如此或如彼,他都清清楚楚。正因为认识得格外清楚,他将重新说明,重新诠释,重新为这个民族中真正多数,提出一种呼吁,抗议,并否定,让下代残余活在这个破碎国家土地上,可望稍稍合理些,幸福些!且由此出发,还能产生一些政治家,思想家,艺术家,事业家,敢于接受一种新的观念,头脑完全重造,从各种专家,公共卫生或生物化学……等等专家,用一切近代知识技术来处置支配这个民族的命运,来培养更小一代,发展更优秀品质,将国家并世界带入一个崭新的真正进步和繁荣,……说得明白简单一点,一个作家还能作许多事,只看你打量怎么样去作。你要"玩",你在这条歧路上向这边或那边走去?这里没有左和右,只是诚实和虚伪,沉重和虚浮,工作和游戏。两条路正在面前。与其向我来问路,还不如先弄明白你要走的是什么路!是学搭桥,哈鸡,跳那个文明交际舞,即以为在努力接受近代文明,日子过得十分愉快?还是玩点别的。并用另外一种心情来学习来从事。

你可敢把学习从最小处起始,每个标点都用得十分准确认真,每个字都去思索他的个别性质和相关意义,以及这些标点文字组织成句成篇以后的分量?你可敢照一个深刻思想家的方式去"想",照一个谨严宗教徒的方式去"信",而照一个真正作家的方式慢慢的去"作"?

面对这些问题,你可相信人生极其复杂,学习的发展,并不建立在一个名词上即可见功,却在面对这个万汇百物交错并织的色彩和声音、气味和形体,……多方人间世,由于人与人的固执的爱和热烈的恨,因而形成迸发与对立,相引与相消,到某一时且不免见出一种秩序平衡统统失去后的现实全盘混乱,在任何弥缝中都无济于事的崩毁。在这个现实过程中,许多人的头

脑都已形成一种钝呆和麻木状态,保护了自己的存在以外别无枨触。到一切意义都失去其本来应有意义时,一群有头脑的文学家,还能够用文字粘合破碎,重铸抽象,进而将一个民族的新的憧憬,装入一切后来统治者和多数人民头脑中,形成一种新的信仰,新的势能,重造一个新的时代一种新的历史?

你先得学习"想",学习向深处远处"想"。这点出自灵台的一线光辉,很明显将带你到一个景物荒芜然而大气郁勃的高处去,对人类前进向上作终生瞻望。

你需要学习,应学习的实在此而不在彼。话说回来这还也是一种"玩"!为的是玩到后来,玩累了,将依然不免为自然收拾,如庄子所谓"大块息我以死"。先得承认它的对于个体处分的合理,才会想得到现代活人自己处分自己为如何不合理,如何乱糟糟,如何有待于思想家、文学家、艺术家共同来重新组织一个世界。而你的工作,也可从这个方面选取一分相当沉重的什么到肩上,到手上,到灵魂上!

本篇发表于1947年9月20日天津《益世报》

学鲁迅

文学革命的意义，实包含"工具重造"、"工具重用"两个目标。把文字由艰深空泛转为明白亲切，是工具重造。由误用滥用，把艰深空泛文字用到颂扬名伶名花、军阀遗老，为他们封王进爵、拜生做寿，或死去以后谀墓哄鬼工作，改成明白亲切文体，用到人民生活苦乐的叙述，以及多数人民为求生存，求发展，所作合理挣扎，种种挣扎如何遭遇挫折，半路绊倒又继续爬起，始终否定当前现实，追求未来种种合理发展过程，加以分析，检讨，解剖，进而对于明日社会作种种预言，鼓励其实现，是工具重用。两目标同源异流，各自发展，各有成就：或丰饶了新文学各部门在文体设计文学风格上的纪录，或扩大加强了文学社会性的价值意识。终复异途同归，二而一，"文学与人生不可分"。一切理论的发展，由陈独秀、胡适之诸先生起始，三十年来或以文学社团主张出发，或由政治集团思想出发，理论变化虽多，却始终无从推翻这话所包含的健康原则和深远意义。几个先驱者工作中，具有实证性及奠基性的成就，鲁迅先生的贡献实明确而永久。分别说来，有三方面特别值得记忆和敬视：

一、于古文学的爬梳整理工作，不作章句之儒，能把握大处。

二、于否定现实社会工作，一支笔锋利如刀，用在杂文方面，能直中民族中虚伪、自大、空疏、堕落、依赖、因循种种弱点的要害。强烈憎恶中复一贯有深刻悲悯浸润流注。

三、于乡土文学的发轫，作为领路者，使新作家群的笔，从教条观念拘束中脱出，贴近土地，挹取滋养，新文学的发展，进入一新的领域，而描写土地人民成为近二十年文学主流。

至于对工作的诚恳，对人的诚恳，一切素朴无华性格，尤足为后来者示

范取法。

每年一度对于死者的纪念,纪念意思若有从前人学习,并推广对于前人工作价值的理解,促进更多方面的发展意义,个人以为这一天的纪念,应当使其他三百天大家来好好使用手中的笔,方为合理。因为文学革命的工具重造、工具重用,前人虽尽了所能尽的力,作各方面试探学习,实在说来,待作未作的事就还很多!更何况这个国家目前所进行的大悲剧,使年青一代更担负了如何沉重一份重担,还得要文学家从一个更新之观点上给他们以鼓励,以刺激,以启发,将来方能于此残破国土上有勇气来重新努力收拾一切!

"诚恳"倘若是可学的,也是任何一种民族在忧患中挣扎时基本品质。我们由此出发,对于工作,对于人,设能好好保持到它,即或走各自能走的路:作研究好,写杂文好,把一支笔贴近土地来写旧的毁灭和新的生长,以及新旧交替一切问题好。若这一点学不到,纪念即再热烈,和纪念本意将越来越远,即用笔,所能作的贡献,恐怕也将不会怎么多!再若教人学鲁迅的,年过四十,鲁迅在四十岁前后工作上的三种成就,尚无一种能学到。至于鲁迅先生那点天真诚恳处,却用一种社交上的世故适应来代替,这就未免太可怕了。因为年青人若葫芦依样,死者无知,倒也无所谓,正如中山先生之伟大,并不曾为后来者不能光大主义而减色。若死者有知,则每次纪念,将必增加痛苦。

其实这痛苦鲁迅先生在死后虽可免去,在生前则已料及。病时所发表一个拟遗嘱上,曾说得极明白。要家中人莫为彼举行任何仪式,莫收受人馈赠,要儿子莫作空头文学家。言虽若嘲谑,而实沉痛。因生前虽极力帮忙年青作家,也吃了不少空头作家闷气,十分失望。目下大家言学鲁迅,这个遗嘱其实也值得提出来,作为一种警惕。

本篇原载1947年11月1日《知识与生活》

烛 虚

一

　　察明人类之狂妄和愚昧，与思索个人的老死病苦，一样是伟大的事业，积极的可以当成一种重大的工作，在消极的也不失为一种有趣的消遣。

　　女人教育在个人印象上，可以引起三种古怪联想：一是《汉书·艺文志》[1]小说部门，有本谈胎教的书，名《青史子》，《玉函山房》[2]辑佚书还保留了一鳞半爪。这部书当秦汉时或者因为篇章完整，不曾被《吕氏春秋》[3]和《淮南子》[4]两部杂书引用。因此小说部门多了这样一部书名，俨然特意用它来讽刺近代人，生儿育女事原来是小说戏剧！二是现藏大英博物院，成为世界珍品之一，相传是晋人顾恺之画的《女史箴图》[5]卷。那个图画的用意，当时本重在注释文辞，教育女子。现在想不到仅仅对于我一个朋友特别有意义。朋友×先生，正从图画上服饰器物研究两晋文物制度以及起居服用生活方式，凭借它方能有些发现与了解。三是帝王时代劝农教民的《耕织图》，用意本在"往民间去"，可是它在皇后妃宫室中的地位，恰如《老鼠嫁女图》在一个平常农民家中的地位，只是有趣而好玩。但到了一些毛子手中时，忽然一变而成中国艺术品，非常重视。这可见一切事物在"时间"下都无同定性。存在的意义，有些是偶然的，存在的价值，多与原来情形不合。

[1]　《汉书·艺文志》，书名，东汉班固撰。
[2]　《玉函山房》，书名，系一部规模巨大的辑佚书，清道光中马国翰辑。
[3]　《吕氏春秋》，书名，亦称《吕览》，战国时秦相吕不韦集合门客共同编写，为杂家代表著作。
[4]　《淮南子》，书名，西汉淮南王刘安及其门客著。该书以道家思想为主，糅合儒、法、阴阳五行等家思想，一般认为是杂家著作。
[5]　顾恺之，东晋画家。《女史箴图》传是其早期摹本，内容绘写西晋张华所撰约束宫廷嫔妃的教诫。

现在四十岁左右的读书人,要他称引两部有关女子教育的固有书籍时,他大致会举出三十年前上层妇女必读的《列女传》[1]和普通女子应读的《女儿经》[2]。"五四"运动谈解放,被解放了的新式女子,由小学到大学,若问问什么是她们必读的书,必不知从何说起。正因为没有一本书特别为她们写的。即或在普通大学习历史或教育,能有机会把《列女传》看完,且明白它从汉代到晚清社会具有何种价值与意义,一百人中恐不会到五个人。新的没有,旧的不读,这个现象说明一件事情,即大学教育设计中,对于女子教育的无计划。这无计划的现象,实由于缺乏了解不关心而来。在教育设计上俨然只尊重一个空洞名词"男女平等",从不曾稍稍从身心两方面对社会适应上加以注意"男女有别"。因此教育出的女子,很容易成为一种庸俗平凡的类型;类型的特点是生命无性格,生活无目的,生存无幻想。一切都表示生物学上的退化现象。在上层社会妇女中,这个表示退化现象的类型尤其显著触目。下面是随手可拾的例子,代表这类型的三种样式。

某太太,是一个欧美留学生,她的出国是因为对妇女解放运动热心"活动"成功的。但为人似乎善忘,回国数年以后,她学的是什么,不特别人不知道,即她自己也仿佛不知道。她就用"太太"名分在社会上讨生活。依然继续两种方式"活动",即出外与人谈妇女运动,在家与客人玩麻雀牌。她有几个同志,都是从麻雀牌桌上认识的。她生存下来既无任何高尚理想,也无什么美丽目的。不仅对"国家"与"人"并无多大兴趣,即她自己应当如何就活得更有生趣,她也从不曾思索过。大家都以为她是一个有荣誉、有地位而且有道德的上层妇女,事实上她只配说是一个代表上层阶级莫名其妙活下来的女人。

某名媛,家世教育都很好,无可疵议。战争后尚因事南去北来。她的事也许"经济"关系比"政治"关系密切。为人爱国,至少是她在与银行界中人物玩扑克时,曾努力给人造成一个爱国印象。每到南行时,就千方百计将许多金票放在袜子中、书本中、地图中,以及一切可以瞒过税官眼目的隐蔽处。可是这种对于金钱的癖好,处置这个阿堵物的小心处,若与使用它时的方式两相对照,便反映出这个上流妇女愚而贪得与愚而无知到如何惊人程

---

[1] 《列女传》,书名,西汉刘安撰,共记105名妇女事迹。
[2] 《女儿经》,书名,旧时用作女子教育的通俗读本。

度。她主要的兴趣在玩牌，她的教育与门阀，却使她作了国选代表。她虽代表妇女向社会要求应有的权利，她的兴趣倒集中在如何从昆明带点洋货过重庆，又如何由重庆带点金子到昆明。

某贵妇人，她的丈夫在社会上素称中坚分子，居领导地位。她毕业于欧洲一个最著名女子学校，嫁后即只作"贵妇"。到昆明来住在用外国钱币计值的上等旅馆，生活方能习惯。应某官僚宴会时，一席值百五十元，一瓶酒值两百元，散席后还照例玩牌到半夜。事后却向熟人说，云南什么都不能吃，玩牌时，输赢不到三千块钱，小气鬼。住云南两个小孩子的衣食用品，利用丈夫服务机关便利，无不从香港买来。可是依然觉得云南对她实在太不方便，且担心孩子无美国桔子吃，会患贫血病，因此住不久，一家人又乘飞机往香港去了。中国当前是个什么情形，她不明白，她是不是中国人，也似乎不很明白。她只明白她是一个"上等人"，一个"阔人"，如此而已。

这三个上等身分的妇女，在战争期有一个相同人生态度，即消磨生命的方式，唯一只是赌博。竟若命运已给她们注定，除玩牌外生命无可娱乐，亦无可作为。这种现象我们如不能说是"命定"，想寻出一个原因，就应当说这是"五四"以来国家当局对于女子教育无计划的表现。学校只教她们读书，并不曾教过她们做人。家庭既不能用何种方式训练她们，学校对她们生活也从不过问，一离开学校，嫁人后，丈夫若是小公务员，两夫妇都有机会成为赌鬼，丈夫成了新贵以后，她们自然很容易变成那样一个类型——软体动物。

"五四"运动在中国读书人思想观念上，解放了一些束缚，这是人人知道的一件事情。当初争取这种新的人生观时，表现在文字上行为上都很激烈，很兴奋，都觉得世界或社会，既因人而产生，道德和风俗，也因人而存在，"重新做人"的意识极强，"人的文学"于是成为一个动人的名词。"重新做人"虽已成为一个口号，具尽符咒的魔力，可是，如何重新做人，重新做什么样人，似乎被主持这个运动的人，把范围限制在"争自由"一面，含义太泛，把趋势放在"求性的自由"一方面，要求太窄。初期白话文学中的诗歌，小说，戏剧，大多数只反映出两性问题的重新认识，重新建设一个新观念，这新观念就侧重在"平等"，末了可以说，女人已被解放了。

可是表示解放只是大学校可以男女同学，自由恋爱。政治上负责者，俨然应用下面观点轻轻松松对付了这个问题：

"要自由平等吧，如果男女同学你们看来就是自由平等，好，照你们意思办。"

于是开放了千年禁例，男女同学。正因为等于在无可奈何情形中放弃固有见解，取不干涉主义，因此对于男女同学教育上各问题，便不再过问。就是说在生理上，社会业务习惯上，家庭组织上，为女子设想能引起注意值得讨论的各种问题，从不作任何计划。换言之，即是在一种无目的的状况中，混了八年，由民八到民十六。我们若对过去稍加分析，自然会明白这八年中不仅女子教育如此，整个教育事实上都在拖混情形之中度过这八年，正是中国近三十年内政最黑暗糊涂时代。内战不息，军阀割据，贿选卖官，贪赃纳贿，一切都视为极其自然，负责者毫无羞耻感和责任感。北京政府的内政部不发薪，部员就撤卖故宫皇城作生活费用。教育部不发薪，部员就主张将京师图书馆藏书封存抵押。一切国家机关都俨然和官产处取同一态度，凡经手保管的都可自由处理变卖，不受任何限制。因此雍和宫喇嘛就卖法宝，天坛经管人就卖祭器。故宫有一群太监，民国以后留在京中侍候溥仪，因偷卖东西太多，恐被查出，索性一把火烧去大殿两幢灭迹，据估计损失至少值五千万！（后来故宫博物院长易培基的监守自盗，不过说明这个"北京风气"在革命成功后还未去尽罢了。比较起来，是最小一次偷偷摸摸案件，算不得一回事！）当时京畿驻军荒唐跋扈处更不可以想象，驻防颐和园西苑的奉军长官，竟随意把附近小山丘上几千棵合抱古柏和沿马路上万株风景树一齐砍伐，给北京城里木行作棺木，充劈柴。到后且异想天开，把圆明园废基的大石狮，大石华表，拱形石桥和白石栏杆，甚至于铺辇道的大石条，一律挖抬出卖，给燕京大学盖房子装点风景！大臣卖国，可说是异途同归，目的只在弄几个钱。大家卖来卖去，把屋里摆的，路上砌的，地面长的，地下放的，可卖的无一不卖，北京政府因此也就卖倒了。

北伐成功，中国统一后，政府对于高等教育虽定下了一些新章则，并学校，划学区，注意点似乎只重在分配地盘，调整人事，依然不曾注意到一个根本问题，即大学教育有个什么目的，男女同学同教，在十年试验中有些什么得失将待修正。主持教育的最高当局，至多从统计上知道受高等教育的男女人数比较，此外竟似乎别无兴趣可言。直到战前为止，二十年来的男女同学同教，这一段试验时间不为不长，在社会家庭各方面，已发生了些什么影响？两性问题从生理心理两方面研究认识，其他国家又有了些什么新的发现，可以用作参考？关于教学问题上，课程编排上，以及课外生活训练上，实在事事都需要用一个比较细心客观比较科学的态度来处理。尤其是现在，国内各地正有数百万壮丁参加战争，沿江沿海且有数千万民众向西南西北各省迁移，战时的适应，与战后的适应，对于女子无一不有个空前的变化，也就无一不需要教育负责人，给它一种最大的关心，看出一些问题，重新有个态度，且用极大勇气来试验，来处理。

这个时代像那种既已放弃了好好做人权利的妇人，在她们身分或生活上虽还很尊贵舒适，在历史意义上，实在只是一个废物，一种沉淀，民族新陈代谢工作，已经毫无意义，不足注意。所谓女子教育的对象，无妨把她们抛开。目前国内各处，至少有五千二十岁年青女子，五万十五岁年青女子，离开了家庭，在学校作学生，十年后必然还要到社会作主妇，作母亲，都需要一些比当前更进步更自重的做人知识，和更美丽更勇敢的人生观。有计划的在受教育时，应用各种训练方法，输入这种知识和人生观，实在是最高教育当局不能避免的责任。

此外凡是对于妇女运动具有热诚的人，也应当承认"改造运动"必较"解放运动"重要，"做人运动"必较"做事运动"重要。我们需要一个新的妇女运动，以"改造"与"做人"为目的。十六岁到二十岁的青年女子，若还有做人的自信心与自尊心，不愿意在十年后堕落到社会常见的以玩牌消磨生命的妇人类型中去，必对于这个改造与做人运动，感觉同情，热烈拥护。

我们还希望对于中层社会怀有兴趣的作家，能用一个比较新也比较健康的态度，用青年女子作对象，来写几部新式《青史子》或《列女传》。更希望对通俗文学充满信心的作家，以平常妇女为对象，用同样态度来写几部新式女儿经。从去年起始，"民族文学"成为一个应时的口号，若说民族文学有个广泛的含义，主要的是这个民族战胜后要建国，战败后想翻身。那么，

第二部分 做人

这种作品必然成为民族文学最根本的形式或主题。

二

　　自然既极博大，也极残忍，战胜一切，孕育众生。蝼蚁蚍蜉，伟人巨匠，一样在它怀抱中，和光同尘。因新陈代谢，有华屋山丘。智者明白"现象"，不为困缚，所以能用文字，在一切有生陆续失去意义，本身亦因死亡毫无意义时，使生命之光，煜煜照人，如烛如金。作烛虚二。

　　上星期下午，我过呈贡[1]去看孩子，下车时将近黄昏，骑上了一匹栗色瘦马，向西南田埂走去。见西部天边，日头落处，天云明黄媚人，山色凝翠堆蓝。东部长山尚反照夕阳余光，剩下一片深紫。豆田中微风过处，绿浪翻银，萝卜花和油菜花黄白相间，一切景象庄严而兼华丽，实在令人感动。正在马上凝思时空，生命与自然，历史或文化，种种意义，俨然用当前一片光色作媒触剂，引起了许多奇异感想。忽然有两匹马从身后赶上，超过我马头不远，又依然慢下来了。马上两个二十岁左右大学生模样女子，很快乐的一面咬嚼酸梨，一面谈笑。说的是你吃三个她吃五个一类的话语。末后在前面一个较胖一点的，忽回头把个水淋淋的梨骨猛然向同伴抛去。同伴笑着一闪，那梨骨就不偏不正打在我的身上。两个女学生一声不响，却笑嘻嘻的勒马赶先跑了。那马夫好像嘲笑又好像安慰我，"那是学生"。我知道，这是学生——把眼前自然景物和人事情形两相对照，使我感觉一种极其痛苦的印象，许多日以来不能去掉。一个人天生两只眼睛一张嘴，意思正似乎要我们多看少吃。这些近代女子做的事，竟恰恰像有意在违反自然的恩惠！

　　××也是一个大学生，年纪二十二岁，在国立大学二年级。关于读书事，连她自己也不大明白，为什么就入了大学英文系。功课还能及格，有一两门学科教员特别认真，就借同学笔记抄抄，写报告时也能勉强及格。家庭经济情况和爱好性情说来，她属于中产阶级的近代型女子。样子还相当好看，衣服又能够追随风气，所以在学校就常有男同学称她为"美人"。用"时代轮子转动了，我们一同飘流到这山国来"一类庸俗句子起始，写一些

---

[1] 呈贡，县名，位于昆明市东南部，滇池东岸。

虽带做作气还不失去青春的热与香的信件。可是学校的书本和同学的殷勤都并不引起她多少兴趣。她需要的只是玩一玩,此外都不大关心。出门时也欢喜穿几件比较好看时新的衣服,打扮得体体面面,虽给人一个漂亮印象,宿舍中衣被可零乱而无秩序。金钱大部分用在吃食,最小部分方用来买书。她也学美术,历史,生物学,这一切知识都似乎只能同考试发生关系,决不能同生活发生关系。也努力学外国文,最大目的,只是能说话同洋人一样,得人赞美,并不想把它当成一个向人类崇高生命追求探索工具。做人无信心,无目的,无理想,正好像二十年前有人为她们争求解放,已解放了,但事实上她并不知道真正要解放的是什么。因此在年龄相差不多的女同学中,最先解放了一个胃口,随时都需要吃,随处都可以吃。俨若每天任何一时都能够用食物填塞到胃囊中,表示消化力之强。同时象征生命正是需要最少最少的想象,需要最多最多实际事物的年龄。想起她们那个还待解放或已解放的"性",以及并无机会也好像不大需要解放的"头脑",使人默然了。若想起这种青年女子,在另一时社会上还称她们为"摩登女郎",能煽起有教养绅士青春的热,找回童年的梦,会觉得这个社会退化的可怕。

　　这正是另外一种类型,大凡家中有三五个子侄亲友的,总可以在其中发现那么一个女孩子。引起感想是这些女人旧知识学不了,新知识说不上。一眼看去还好,可不许人想想好到那里。

　　从这种类型女子说来,上帝真像有点草率处,使人想要询问,"老天爷,你究竟拿的是个什么主意,你是在有计划故意来试验训练男子?还是在无目的而任性情形中改造女人?"如果我们不宜把这问题牵引到"上帝"方面去,那就得承认这是"现代教育"的特点,只要她们读书,照二十年前习惯读书,读什么书?有什么用?谁都不大明白。作教育部长或大学教授的,作家长的,且似乎也永远不必须对这问题明白,或提出一些明智有益的意见。科学工作方面,我们虽然已经承认了豆类栽培可以发现遗传定律,稻棉可以有用杂交法育种,即在犬与鸽子禽兽身上,也知道采取了一个较新观点,加以训练。对于人的教育,尤其是与民族最有关系的女子教育,却一直到如今还脱不了在因习的自然状态下进行。这并不是人的蠢笨,实在是负责者懒惰与无知的表现!

第二部分　做人

这种现代教育的特点，如果不能引起当局的关心，有计划的来勇敢改造，我们就得自己想办法。这同许多问题差不多，总得有个办法，方能应付"明天"和"未来"！对妇女本身幸福快乐言，若知道关心明天和未来，也方能够把生命有个更合理更有意思的安排。

现代教育特点事实上应当称为弱点，改造运动必需从修正这个弱点而着手。修正方法消极方面是用礼貌节制她们的"胃部"，积极方面是用书本训练她们的"脑子"。一个"摩登女郎"的新的含义，应当是在饮食方面明白自制，在自然美方面还能够有兴致欣赏。且知道把从书本吸收一切人类广泛知识，看成是生命存在的特别权利，不仅仅当作学校或爸爸派定义务。扩大母性爱，对人类崇高美丽观念或现象充满敬慕与倾心，对是非好恶反应特别强，对现社会妇女堕落与腐败能认识又能免避，对做人兴趣特别浓厚也特别热诚，换言之，就是她既已从旧社会不良习惯观念中解放了出来，便能为新社会建立一个新的人格的标准。她不再是"自然"物，于人类社会关系上，仅仅在性的注定工作方面尽生育义务，从这种义务上讨取生活，以得人怜爱为已足。她还可以单为作一个"人"，用人的资格，好好处理她的头脑，运用到较高文化各方面去，放大她的生命与人格，从书本上吸收，同时也就创造，在生活上学习，同时也就享受。

我们是不是可以希望这种新女性，在这个新社会大学校学生群中陆续发现？形成这个五光十色的人生，若决定于人的意志力，也许我们需要的倒是一种"哲学"，一种表现这个优美理想的人生哲学，用它来作土壤，培植中国的未来新女性。

三

看看自己用笔写下的一切，总觉得很痛苦。先以为我"为运用文字而生"，现在反觉得"文字占有了我大部分生命。除此以外，别无所有，别无所余"。

重读《月下小景》、《八骏图》、《自传》，八年前在青岛海边一梧桐树下面，见朝日阳光透树影照地下，纵横交错，心境虚廓，眼目明爽，因之写成各书。二十三年写《边城》，也是在一小小院落中老槐树下，日影同样由树干枝叶间漏下，心若有所悟，若有所契，无浑渣，少凝滞。这时节实无阳光，仅窗口一片细雨，不成烟，不成雾，天已垂暮。

和尚，道士，会员，……人都俨然为一切名分而生存，为一切名词的迎拒取舍而生存。禁律益多，社会益复杂，禁律益严，人性即因之丧失净尽。许多所谓场面上人，事实上说来，不过如花园中的盆景，被人事强制曲折成为各种小巧而丑恶的形式罢了。一切所为所成就，无一不表示对于"自然"之违反，见出社会的拙象和人的愚心。然而所有各种人生学说，却无一不即起源于承认这种种，重新给以说明与界限。更表示对"自然"倾心的本性有所趋避，感到惶恐。这就是人生。也就是多数人生存下来的意义。

上海寄《昆明冬景》一书来，重阅《真俗人与假道学》。此文在《平明》[1]第一期上发表时，熟人多以为被骂，不熟人更多以为被骂。读书人事，大抵如此。思想矜持，情感琐碎，规矩忌讳，多而又多。或有假时髦，恰如"新式傻大姐"，或有新绅士，正与所说绅士情形相同，好事心虚，从一字一句间照见自己面目，自然小小不怪，但亦无可奈何。因如果就普遍社会现象立论，既说及人，总不免有贤慧庸鄙，初无关于二三子言行。然二三子或将文章割裂，不欣赏，只搜索，以为此影射谁，彼影射谁，不怕煞风景，无益费精神，殊令人深觉可悯。正如有乡下人，大清早担柴挑草进城，不明白城市中人起居行动忌讳，就眼睛看到的，心中感觉的，随便说说，或有人迎面走来，即闷倒在地，以为有意中伤。或有人正拥被睡晏觉，做好梦，猛被这种声音惊醒，事虽由乡下人引起，这乡下人实在亦无可奈何。

莫泊桑[2]说，"平常女子，大多数如有毛萝卜。"平常男子呢，一定还不如有毛萝卜，不过他并不说出。可是这个人，还是得生活在有毛无毛萝卜间数十年，到死为止。生前写了一本书，名叫《水上》，记载他活下来的感想，在有毛无毛萝卜间所见所闻所经验得来的种种感想。那本书恼怒了当时多少衣冠中人，不大明白。但很显然，有些人因此得承认，事实上我们如今还俨然生存在萝卜田地中，附近到处是"生命"，是另外一种也贴近泥土，

---

[1] 平明，指《中央日报》的"平明"副刊。
[2] 莫泊桑，法国作家。

也吸收雨露阳光，可不大会思索更不容许思索的生命。

因为《水上》，使我想起二十年前，在沅水中部某处一个小小码头边一种痛苦印象。有个老兵，那时害了很重的热病，躺在一只破烂空船中喘气等死。只自言自语说，"我要死的，我要死的，"声音很沉很悲，当时看来极难受，送了他两个桔子。且觉得甚不可解，"为什么一个人要死？是活够了还是活厌了？"过了一晚，天明后再去看看，人果然已经死了。死去后身体显得极瘦小，好像表示不愿意多占活人的空间。下陷的黑脸上有两只麻蝇爬着。桔子尚好好搁在身边。一切静寂，只听到水面微波嚼咬船板细碎声音。这个"过去"竟好好的保留在我印象中，活在我的印象中。

在他人看来，也许有点不可解，因为我觉得这种寂寞的死，比在城市中同一群莫名其妙的人热闹的生，倒有意义得多。

死既死不成，还得思活计。

驻防在陕西的朋友×××来信说，"你想来这里，极表欢迎：我已和×将军说过了，来时可以十分自由，看你要看的，写你想写的。"我真愿意到黄河岸边去，和短衣汉子坐土窑里，面对汤汤浊流，寝馈在炮火铁雨中一年半载，必可将生命化零为整，单单纯纯的熬下去，走出这个琐碎，懒惰，敷衍，虚伪的衣冠社会。一分新的生活，或能够使我从单纯中得到一点新的信心。

四

吴稚晖[1]老先生喜说笑话，以为"人虽由虫豸进化而来，但进化到有灰白色脑髓质三斤十二两后，世界便大不相同。世界由人类处理，人自己也好好处理了自己。"其实这三斤多脑髓在人类中起巨大作用，还只是近百年来事情。至于周口店的猿人，头脑虽已经相当大，驾御物质，征服自然，通说不上。当时日常生活，不过是把石头敲尖磨光，绑在一个木棒上，捉打懦弱笨小一点生物，茹毛饮血过日子罢了。论起求生工具精巧灵便，自由洒脱时，比一只蝴蝶穿得花枝招展，把长长的吸管向花心吮蜜，满足时一飞而去，事实上就差多了。但人之所以为人，也就在此。人类求生并不是容易事，必在能飞、能潜、能啮、能螫、能跑、能跳，能钻入地里，能寄生别的

---

[1] 吴稚晖，江苏人，早期加入同盟会，1912年发起组织留法俭学会，1921年曾任里昂中法大学校长。

生物身上，在一群大小不一生物中努力竞争，方能支持生命。在各种困苦艰难中训练出了一点能力，把能力扩大延长，才有今日。

这么努力，正好像有点为上天所忌，所以在人类中直到如今，尚保留了两种本能：一种是好斗本能，一种是懒惰本能。好斗与求生有密切关系。但好斗与愚蠢在情绪上好像又有种稀奇接合，换言之，就是古代斗的方式用于现代，常常不可免成为愚行，因此人固然产生了近代文明，然而近代文明也就大规模毁灭人的生命（战胜者同样毁灭）。这成毁互见，可说是自然恶作剧事例之一。懒惰也似乎与求生不可分，即生命的新陈代谢，需要有个秩序安排，方能平均。有懒惰方可产生淘汰，促进新陈代谢作用。这世界若无一部分人懒惰，进步情形，必大大不同，说不定会使许多生物都不能同时存在。即同属人类，较幼弱者亦恐无机会向上。即属同一种族，优秀而新起的，也不容易抬头。这可说是自然小聪明处另外一面。

好斗本能与愚行容易相混，大约是"工具"与"思想"发展不能同时并进的结果。是一时的现象，将来或可望改变。最大改变即求种族生存，不单纯诉诸武力与武器，另外尚可望发明一种工具，至少与武力武器有平行功效的工具。这工具是抽象的观念，非具体的枪炮。至于懒惰本能，形成它的原因，大致如下：即人虽与虫豸起居生活截然不同，脑子虽比多数生物分量重，花样多，但基本的愿望，多数还是与低级生物相去不多远，要生存，要发展。易言之，即是要满足食与性。所愿不深，容易达到，故易满足，自趋懒惰。一个民族中懒惰分子日多，从生物观点上说，不算是件坏事，从社会进步上说，也就相当可怕。但这种分子若属知识阶级，倒与他们所学"人为生物之一"原则相合。因为多数生物，能饱吃好睡，到性周期时生儿育女不受妨碍，即可得到生存愉快。人类当然需要这种安逸的愉快。不过知识积累，产生各样书本，包含各种观念，求生存图进步的贪心，因知识越多，问题也就越多。读书人若使用脑子，尽让这些事在脑子中旋转不已，会有多少苦恼，多少麻烦！事情显然明白，多数的读书人，将生命与生活来作各种抽象思索，对于他的脑子是不大相宜的。这些人大部分是因缘时会，或袭先人之余荫，虽在国内国外，读书一堆，知识上已成"专家"后，在做人意识上，其实还只是一个单位，一种"生物"。只要能吃，能睡，且能生育，即

已满足愉快。并无何等幻想或理想推之向上或向前，尤其是不大愿因幻想理想而受苦，影响到已成习惯的日常生活太多。平时如此，即在战时，自然还是如此。生活下来俨然随时随处都可望安全而自足，为的是生存目的只是目下安全而自足。虽如罗素[1]所说，"远虑"是人类的特点，但其实远虑只是少数又少数人的特点，这种近代教育培养成的知识阶级，大多数是无足语的！

人当然应像个生物。尽手足勤劳贴近土地，使用锄头犁耙作工具以求生，是农民更像一个生物的例子。至于知识分子呢，只好用他们玩牌兴趣嗜好来作说明了。照道理说来，这些人是已因抽象知识的增多，与生物的单纯越离越远的。但这些人却以此为不幸，为痛苦，实在也是不幸痛苦，所以就有人发明麻雀牌和扑克牌，把这些人的有用脑子转移到与人类进步完全不相干的小小得失悲欢上去。这么一来，这些上等人就不至于为知识所苦，生活得很像一个"生物"了。不过话说回来，若有人把这个现象从深处发掘，认为他们这点求娱乐习惯，是发源于与虫豸"本能"一致的要求时，他们却常常会感到受讽刺而不安。只是这不安事实上并不能把玩牌兴趣或需要去掉，亦不过依然是三四个人在牌桌旁发发牢骚罢了。为的是虫豸在习惯上比人价值低得多，所以有小小不安，玩牌在习惯上已成为上等人一种享乐，所以还是继续玩牌。

对于读书人玩牌的嗜好，我并不像许多老年人看法简单，以为是民族"堕落"问题。我只觉得这是一个"懒惰"现象，而且同时还认为是一个"自然"现象。因为这些人已能靠工作名分在社会有吃、有穿，作工作事都有个一定时间，只要不误事就不会受淘汰，学的既是普通所说近代教育，思想平凡而自私，根本上又并无什么生活理想，剩余生命的耗费，当然不是用扑克牌就是用麻雀牌。懒惰结果从全个民族精力使用方式上来说，大不经济，但由这些"上等人"个人观点说，却好像是很潇洒而快乐的。由于这么一来，一面他是在享受自由主义承平时代公民的权利；一面他不思不想，可以更像一个生物（于此我们正可见出上帝之巧慧）！

譬如有一人，若超越习惯心与眼，对这种知识分子活在当前情形下，加以权利义务的检视，稍稍对于他们的生活观念与生活习惯感到怀疑和不敬，

---

[1] 罗素，英国哲学家、数学家、逻辑学家，曾获1950年诺贝尔文学奖。

引起的反应，还是不会好。反应方式是这些人必依然一面玩牌，一面生气。"你说我是虫豸，我倒偏要如此。你不玩牌，做圣人去好了。"于是大家一阵哈哈大笑起来，桃花杏花，皇后王子，换牌洗牌，纠纷一团，时间也就过去了。或者意犹未平，就转述一点马路消息，抵补自己情绪上的损失，说到末了，依然一阵大笑。单纯生气，恼羞成怒，尚可救药。因为究竟有一根看不见的小刺签在这些人的心上，刺虽极小，总得拔去。若只付之一笑，就不免如古人所说"日光之下无新事"，且有同好三天三夜不下桌子的事，精神壮旺，可想而知。当然一切还是照旧。

不知何故，这类小事细细想来，也就令人痛苦。我纵把这种懒惰本能解释为自然意思，玩牌又不过是表示人类求愉快之一种现象，还是不免痛苦。正因为我们还知道这个民族目前或将来，想要与其他民族竞争生存，不管战时或承平，总之懒惰不得的。不特有许多事要人去做，其实还有许多事要人去想。而且事情居多是先要人想出一个条理头绪，方能叫人去做。一懒惰就糟糕！目下知识分子中，若能保留罗素所谓人类"远虑"长处多一些，岂不很好？眼见的是这种"人之师"就无什么方法可以将他们的生活观重造，耗费剩余生命最高应用方式还只会玩牌。更年青一点的呢，且有从先生们剪花样造就自己趋势，那就未免太可怕！

我们怎么办？是顺天体道，听其自然，还是不甘灭亡，另作打算？我们似乎还需要一些不能安于目前生活习惯与思想形式又不怕痛苦的年青读书人，或由于"远虑"，或由于"好事"，在一个较新观点上活下来，第一件事是能战胜懒惰。我们对于种族存亡的远虑，若认为至少应当如虫豸对于后嗣处理的谨慎认真，会觉得知识分子把一部分生命交给花骨头和花纸，实在是件可怕和可羞事情。

"怕"与"羞"两个字的意义，在过去时代，或因鬼神迷信与性的禁忌，在年青人情绪上占有一个重要位置。三千年民族生存与之不无关系。目下这两字意义却已大部分失去了。所以使读书人感觉某种行为可怕或可羞，在迷信、禁忌以及法律以外产生这种感觉，实在是一种艰难伟大的工作，要许多有心人共同努力，方有结果。文学艺术，都得由此出发。可是这问题目下说来，正像痴人说梦，正因为所谓有心人的意识上，对许多事也就只是

糊糊涂涂，马马虎虎，功利心切，虚荣心大，不敢向深处思索，俨然唯恐如此一来就会溺死在自己思想中。抄抄撮撮，读书教书。轻松写作之余，还是乐意玩三百分数目以至于如一些军官大老玩玩天九牌，散散心。生命相抵相销，未了等于一个零。

我似乎正在同上帝争斗。我明白许多事不可为，努力终究等于白费，口上沉默，我心并不沉默。我幻想在未来读书人中，还能重新用文学艺术激起他们"怕"和"羞"的情感，因远虑而自觉，把玩牌一事看成为唯有某种无用废人（如像老妓女一类人）方能享受的特有娱乐。因为这些人经营的是性的事业，身体到晚年实在相当可怜，已够令人同情了，这些人生活下来，脑子不必多所思索，尽职之余，总得娱乐散心，玩牌便是他最好散心工具。我那么想，简直是在同人类本来惰性争斗，同上帝争斗。

五

说他人不如说自己。记人事不如记心情，试从《三星在户》杂记中摘抄若干则。作烛虚五。

书本给我的启示极多，我欢喜《新约·哥林多书》记的一段：

我认得一个在基督里的人，……我认得这人，或在身内，或在身外，我都不知道，只有神知道。他被提到乐园里，听见隐秘的言语，是人不可说的。为这人，我要夸口。但是为我自己，除了我的软弱以外，我并不夸口。

——《哥林多书》[1]十二章四〇四页

办事处小楼上隔壁住了个木匠，终日锤子凿子，敲敲打打，声音不息。可是真正吵闹到我不能构思不能休息的，似乎还是些无形的事物，一片颜色，一闪光，在回想中盘旋的一点笑和怨，支吾与矜持，过去与未来。

为了这一切，上帝知道我应当怎么办。

我需要清静，到一个绝对孤独环境里去消化消化生命中具体与抽象。最好去处是到个庙宇前小河旁边大石头上坐坐，这石头是被阳光和雨露漂白磨光了的。雨季来时上面长了些绿绒似的苔类。雨季一过，苔已干枯了，在

---

[1] 《哥林多书》见《新约全书》。作者所引文字，见《哥林多后书》第十二章。

一片未干枯苔上正开着小小蓝花白花,有细脚蜘蛛在旁边爬。河水从石罅间漱流,水中石子蚌壳都分分明明。石头旁长了一株大树,枝干苍青,叶已脱尽。我需要在这种地方,一个月或一天。我必须同外物完全隔绝,方能同"自己"重新接近。

黄昏时闻湖边人家竹园里有画眉鸣啭,使我感觉悲哀。因为这些声音对于我实在极熟习,又似乎完全陌生。二十年前这种声音常常把我灵魂带向高楼大厦灯火辉煌的城市里,事实上那时节我却是个小流氓,正坐在沅水支流一条小河边大石头上,面对一派清波,做白日梦。如今居然已生活在二十年前的梦境里,而且感到厌倦了,我却明白了自己,始终还是个乡下人。但与乡村已离得很远很远了。

二十八,五,五。

我发现在城市中活下来的我,生命俨然只淘剩一个空壳。譬喻说,正如一个荒凉的原野,一切在社会上具有商业价值的知识种子,或道德意义的观念种子,都不能生根发芽。个人的努力或他人的关心,都无结果。试仔细加以注意,这原野可发现一片水塘泽地,一些瘦小芦苇,一株半枯柽柳,一个死兽的骸骨,一只干田鼠。泽地角隅尚开着一丛丛小小白花紫花(抱春花),原野中唯一的春天。生命已被"时间""人事"剥蚀快尽了。天空中鸟也不再在这原野上飞过投个影子。生存俨然只是烦琐继续烦琐,什么都无意义。

百年后也许会有一个好事者,从我这个记载加以检举,判案似的说道:"这个人在××年已充分表示厌世精神"。要那么说,就尽管说好了,这于我是不相干的。

事实上我并不厌世。人生实在是一本大书,内容复杂,分量沉重,值得翻到个人所能翻看到的最后一页,而且必须慢慢的翻。我只是翻得太快,看了些不许看的事迹。我得稍稍休息,缓一口气!我过于爱有生一切。爱与死为邻,我因此常常想到死。在有生中我发现了"美",那本身形与线即代表一种最高的德性,使人乐于受它的统制,受它的处治。人的智慧无不由此影响而来。典雅词令与华美文字,与之相比都见得黯然无光,如细碎星点在朗

第二部分 做人

月照耀下同样黯然无光。它或者是一个人，一件物，一种抽象符号的结集排比，令人都只想低首表示虔敬。阿拉伯人在沙漠中用嘴唇触地，表示皈依真主，情绪和这种情形正复相同，意思是如此一来，虽不曾接近真主，至少已接近上帝造物。

这种美或由上帝造物之手所产生，一片铜，一块石头，一把线，一组声音，其物虽小，可以见世界之大，并见世界之全。或即"造物"，最直接最简便那个"人"。流星闪电刹那即逝，即从此显示一种美丽的圣境，人亦相同。一微笑，一皱眉，无不同样可以显出那种圣境。一个人的手足眉发在此一闪即逝更缥缈的印象中，既无不可以见出造物者手艺之无比精巧。凡知道用各种感觉捕捉住这种美丽神奇光影的，此光影在生命中即终生不灭。但丁[1]、歌德[2]、曹植[3]、李煜[4]便是将这种光影用文字组成形式，保留的比较完整的几个人。这些人写成的作品虽各不相同，所得启示必中外古今如一，即一刹那间被美丽所照耀，所征服，所教育是也。

"如中毒，如受电，当之者必喑哑萎悴，动弹不得，失其所信所守。"美之所以为美，恰恰如此。

我好单独，或许正希望从单独中接近印象里未消失那一点美。温习过去，即依然能令人神智清明，灵魂放光，恢复情感中业已失去甚久之哀乐弹性。

五，十。

宇宙实在是个极复杂的东西，大如太空列宿，小至蚍蜉蝼蚁，一切分裂与分解，一切繁殖与死亡，一切活动与变易，俨然都各有秩序，照固定计划向一个目的进行。然而这种目的，却尚在活人思索观念边际以外，难于说明。人心复杂，似有过之无不及。然而目的却显然明白，即求生命永生。永生意义，或为生命分裂而成子嗣延续，或凭不同材料产生文学艺术。也有人仅仅从抽象产生一种境界，在这种境界中陶醉，于是得到永生快乐的。

我不懂音乐，倒常常想用音乐表现这种境界。正因为这种境界，似乎用

---

[1] 但丁，意大利诗人。
[2] 歌德，德国诗人、剧作家、思想家。
[3] 曹植，三国魏诗人，曹操子。
[4] 李煜，五代时南唐国王，世称李后主，多才艺，尤以词著名。

文字颜色以及一切坚硬的物质材器通通不易保存（本身极不具体，当然不能用具体之物保存）。如知和声作曲，必可制成比写作十倍深刻完整动人乐章。

表现一抽象美丽印象，文字不如绘画，绘画不如数学，数学似乎又不如音乐。因为大部分所谓"印象动人"，多近于从具体事实感官经验而得到。这印象用文字保存，虽困难尚不十分困难。但由幻想而来的形式流动不居的美，就只有音乐，或宏壮，或柔静，同样在抽象形式中流动，方可望能将它好好保存并加以重现。

试举一例。仿佛某时、某地、某人，微风拂面，山花照眼，河水浑浊而有生气，上浮着菜叶。有小小青蛙在河畔草丛间跳跃，远处母黄牛在豆田阡陌间长声唤子。上游或下游不知谁处有造船人斧斤声，遥度山谷而至。河边有紫花、红花、白花、蓝花，每一种花每一种颜色都包含一种动人的回忆和美丽联想。试摘蓝花一束，抛向河中，让它与菜叶一同逐流而去，再追索这花色香的历史，则长发、清胪、粉脸、素足，都一一于印象中显现。似陌生、似熟习，本来各自分散，不相粘附，这时节忽拼合成一完整形体，美目含睇，手足微动，如闻清歌，似有爱怨。……稍过一时，一切已消失无余，只觉一白鸽在虚空飞翔。在不占据他人视线与其他物质的心的虚空中飞翔，一片白光荡摇不定。无声、无香，只一片白。《法华经》[1]虽有对于这种情绪极美丽形容，尚令人感觉文字大不济事，难于捕捉这种境界。……又稍过一时，明窗绿树，已成陈迹。惟窗前尚有小小红花在印象中鲜艳夺目，如焚如烧。这颗心也同样如焚如烧。……唉，上帝。生命之火燃了又熄了，一点蓝焰，一堆灰。谁看到？谁明白？谁相信？

我说的是什么？凡能著于文字的事事物物，不过一个人的幻想之糟粕而已。

天气阴雨，对街瓦沟一片苔，因雨而绿，逼近眼边。心之所注，亦如在虚幻中因雨而绿，且开花似碎锦，一片芬芳，温静美好，不可用言语形容。白日既去，黄昏随来，夜已深静，我尚依然坐在桌边，不知何事必须如此有意挫折自己肉体，求得另外一种解脱。解脱不得，自然困缚转加。直到四点，闻鸡叫声，方把灯一扭熄，眼已润湿。看看窗间横格已有微白。如闻

第二部分 做人

[1] 《法华经》全称《妙法莲华经》，用莲花比喻佛说教法的清净为妙，故名。为天台宗的主要典籍。

· 237 ·

一极熟习语音,带着自得其乐的神气说:"荷叶田田,露似银珠。"不知何意。但声音十分柔美,因此又如有秀腰白齿,往来于一巨大梧桐树下。桐荚如小船,中有梧子。思接手牵引,既不可及。恕尔一笑,翻成愁苦。

凡此种种,如由莫扎克[1]用音符排组,自然即可望在人间成一惊心动魄佚神荡志乐章。目前我手中所有,不过一枝破笔,一堆附有各种历史上的霉斑与俗气意义文字而已。用这种文字写出来时,自然好像不免十分陈腐,相当颓废,有些不可解。

六,一。

上帝吝于人者甚多。人若明白这一点,必求其自取自用。求自取自用,以"人"教育"我"是唯一方法。教育"我"的事照例于"人"无损,扩大自我,不过更明白"人"而已。

天之予人经验,厚薄多方,不可一例。耳目口鼻虽同具一种外形,一种同样能感受吸收外物外事本性,可是生命的深度,人与人实在相去悬远。读万卷书,行万里路,自然有浩浩然雍雍然书卷气和豪爽气。然而识万种人,明白万种人事,从其中求同识差,有此一分知识,似乎也不是坏事。知人方足以论世。知人在大千世界中,虽只占一个极平常地位,而且个体生命又甚短促,然而手脑并用,工具与观念堆积日多,人类因之就日有进步,日趋复杂,直到如今情形。所谓知人,并非认识其复杂,只是归纳万汇,把人认为一单纯不过之"生物"而已。极少人能违反生物原则,换言之,便是极少人能避免自然所派定义务,"爱"与"死"。人既必死,即应在生存时知所以生。故孔子说,"未知生,焉知死?"多数人以为能好好吃喝,生儿育女,即可谓知生。然而尚应当有少数人,知生存意义,不仅仅是吃喝了事!爱就是生的一种方式,知道爱的也并不多。

我实需要"静",用它来培养"知",启发"慧",悟彻"爱"和"怨"等等文字相对的意义。到明白较多后,再用它来重新给"人"好好作一度诠释,超越世俗爱憎哀乐的方式,探索"人"的灵魂深处或意识边际,发现"人",说明"爱"与"死"可能具有若干新的形式。这工作必然可将

---

[1] 莫扎克,又译作莫扎特,奥地利作曲家,维也纳古典乐派代表人物之一。

那个"我"扩大，占有更大的空间，或更长久的时间。

可是目前问题呢，我仿佛正在从各种努力上将自己生命缩小，似乎必如此方能发现自己，得到自己，认识自己。"吾丧我"，我恰如在找寻中。生命或灵魂，都已破破碎碎，得重新用另一种带胶性观念把它粘合起来，或用别一种人格的光和热照耀烘炙，方能有一个新生的我。

可是，这个我的存在，还为的是返照人。正因为一个人的青春是需要装饰的，如不能用智慧来装饰，就用愚也无妨。

八，三。

《烛虚》之一、二原载于1940年4月1日《战国策》第1期，署名沈从文。之三曾以《时空》为篇名，1939年10月28日发表于昆明《中央日报》；之四原载于1940年7月15日《战国策》第8期，又于1940年8月19日刊于香港《大公报·文艺》；之五原载于1940年9月14日香港《大公报·文艺》，均署名上官碧。

其中，《烛虚》之四初次发表时，有如下一段引言，未收入《烛虚》集内：

家住呈贡，黄昏前独自到后山高处，望天末云影，由紫转黑。稍过一时，无云处天尚净白，云已墨黑，树影亦如墨黑。光景异常清寂。远望滇池，一片薄烟。在仙人掌篱笆间小小停顿，看长脚蜘蛛缀网，经营甚力。高大山楂树正开花，香气馥郁，蜂子尚营营嗡嗡，不肯休息。觉人生百年长勤，情形正复相似。捕蚊捉虫，吃吃喝喝，其事至小，然与生存大有关系，亦即十分庄严。但从这些小小生物谋生认真处看来，未免令人对于"人"生悲悯心。因通常人总喜说为"万物灵长"，脑能思索，手能发明，进步至不可思议。殊不知进步中依然处处尚可见出与虫豸完全相同处，即所思所顾，单纯而天真，终不出"果口腹""育儿女"二事。有些方面且不如虫豸认真，未免可怕。作《烛虚》四。

读书人的赌博

"关于知识阶级,最好少说话。察渊鱼者不祥。"

"是的,老师。不过这是我两年前记在一个小本子上的玩意儿,从没对人提起过!现在读书人变了。"

"你意思是他们进步了,还是更加堕落?"

"老师,我从不觉得他们堕落,因此也不希望他们进步。我只觉得他们是有头脑的人,以为不妨时常想一想。只要肯时常想一想,国家就会不同得多了!"

当我翻到《关于知识阶级》一段小文预备摘抄时,仿佛和骑青牛懂事故的老子,为有趣那么一个短短的对话。……作新烛虚一。

我想起战争,和别人想的稍有不同。我想起战争四年还未结束,各个战区都凝固在原有地面,像有所等待的神气。在这种情形中,前方后方五百万兵卒将士,或可即用战地作教场,学习作战并学习做人,得到不少进步。国家负责方面若像我一样思索到这个问题,想到这五百万壮丁将来回转他们那村里的茅屋中时,即以爱清洁有条理的生活习惯而言,对于国家重造所能发生的影响,可能有多大,就一定会想出许多方法,来教育他们,训练他们,决不至轻轻放过这个好机会了。这自然是我这个书呆子的妄想!规规矩矩的读书人,不会那么胡思乱想的。

以"教育"两字而言,目前即似乎还是学有专长读书人的专利。读书人常说"学术救国",可不相信壮丁复员后,除了耕田,有别的用处更能救国。这事情也极平常,因为许多读书人对于自己的问题就不大思索,譬如说吃教育饭的读书人,在目前战争情形中,是不是在教书以外,还想到如何教育自己？打了四年仗，世界地图都变了颜色，文化经济都有了变化，读书人有了多少进步？应不应当进步？我们且试为注意注意，有些现象就不免使人吃一惊。因为许多人表现到生活上，反映到文字上，都俨然别无希望与幻想，只是"在承认现实"的现状下，等待一件事情，即"胜利和平"。好像天下乱"用不着文人"，必待天下太平，那时一切照常，再来好好努力做人做事也不迟！战事结束既还早，个人生活日益逼紧，在一种新的不习惯的生活下，忍受不了战争带来的种种试验时，于是自然都不免有点神经衰弱。既神经衰弱，便带点自暴自弃的态度，因之"集团自杀"方式的娱乐，竟成为到处可见的情形。这类人耗费生命的态度和习惯，幽默点说来，简直都相当天真，有点返老还童的意味！正像是对国家负责表示："你不管我们生活，不尊重学术，好，我也不管！"所以照习惯风气，读书人不自重的行为，还好像含有不合作反抗现实的精神，看不惯社会的不公正，才如此如彼。负军事责任的，常说只要有飞机大炮，即可望有把握打个大胜仗，料不到一部分知识阶级的行为，恰恰就表示在民族精神上业已打了一个不大不小的败仗。

然而对于这个问题，却似乎和目前许多别的问题一样，不许人开口。触事多忌讳，不能说。用沉默阿谀事实，竟是必要的。或有人看不过意，要提出讨论讨论，或想法改善，结果终亦等于捕风，近于好事。好事过分或热心过分，说不定转而会被这些读书人指为有"神经病"。以为不看大处看小处，而且把小事放大，挑剔自家人何苦来。"小子何知，吾人以此自溺耳。"因此一切照常，

这种知识分子，事实上对生命即无一较高的理想或目的，必用刚正牺牲精神去求实现，生活越困难，自然越来越不济事。消极消极，竟如命里注定，他人好事热心，都是多余了。不过我们若想起二十年前，"五四"前辈痛骂遗老官僚为何事，真不能不为这种"神经衰弱"的知识阶级悲悯！

我于是妄想从病理学上去治疗这种人，由卫生署派出大批医生给这些读书人打打针，从心理学方面对付这种人，即简简单单，当顽童办理，用戒尺打手心。两个办法中也许后面一法还直截简单而有效果，为的是活了三四十岁的读书人，不知尊重自己，耗费生命的方法，还一如顽童。不当顽童处治，是不会有作用的！

细想知识阶级的过去，意忽有所悟。这类人大多中产家庭出身，或袭先人之余荫，或因缘时会，不大费力即得到当前地位。这些人环境背景，便等于业已注定为"守常"，适宜于在常态社会中过日子。才智聪明，且可望在一有秩序上轨道的国家中作一有用公民，长处是维持现状，并在优良环境中好好发展。

不凑巧就是他们活在当前的中国，战前即显得有点不易适应，他们梦想"民治主义"，可是却更适宜生活在一个"专制制度"中，只要这专制者不限制他们的言论，并不断绝他们的供给，他们赞同改变一切不良现状的计划，可是到实行时，却又常常为新的事实而厌恶，因此这些计划即使可逐渐达到真正的民主政治，他们还会用否定加以反对与怀疑。可是反对与怀疑尽管存在，一面又照例承认事实。在事实上任何形式的政治制度，只要不饿坏他们，总可望安于现状活下去。虽活得有点屈辱，要他们领导革命，可办不到。所以过去稍有头脑的军阀，当前的有手腕的政客，都明白不必担心知识阶级不合作。这些人目前也有好处，即私人公民道德无可疵议，研究学问也能遁序渐进慢慢见出成绩，虽间或有点自私，所梦想的好社会，好政治，都是不必自己出力即可实现，而且不能将生活标准降到某种程度，可是更大的好处，也许还是他们的可塑性，无所谓性，即以自我中心出发，发展自己稳定自己的人生观。因此聪明的政治家，易于运用他们的知识和社会地位，从事政治上的一切建设。不必真正如何重视他们，但不妨作成事事请教的神气，一半客气用在津贴研究费上，即可使他们感觉当事者的贤明。如运用得法，这些人至某一时无形中且会成为专制的"拥护者"，甚至于"阿谀"。正因为这些人在某一点上，常常是真正"个人主义者"，对国家"关心"相当抽象，对个人生命"照常"却极其具体。书本知识虽多，人生知识实不多。至于牺牲地位，完成理想，或为实证理想，自然是不可能的。话说回来，这些人又还可爱，可爱处也就是在他那种坦白而明朗的唯实哲学，得过且过的人生观，老实性格，单纯生命在温室中长大而又加以修理过的礼貌仪范。读的书虽常常是世界第一等脑子作的，过日子却是英美普通公民的生活打算。……

我好像重新明白一个问题，即前面所说，遇到这种人不自爱与不自重时，就打手心的办法了。因为这么一种人活到当前变动社会中实在是一种悲剧。他们的工作和生活的幻想，已完全毁了，完全给战争毁了，读书由于分工习惯，除了本行别的书又无多大兴味，他们从"集团自杀"方式上找娱乐，还能做什么？我幻想廿年后国家会有个新的制度，每个中国人不必花钱，都有机会由小学读到大学毕业。到那时，所谓"知识阶级"和"政客"，同样已成为一个无多意义的名词。国家一切设计全由专门家负责，新的淘汰制度，却把一切真正优秀分子，从低微社会中提出来，成为专门家的准备人材，到那时，对于知识阶级，将不是少说话，却是无话可说，那就太好了。

三十二年四月　改

本篇原载报刊不详

第二部分　做人

真俗人和假道学

朋友某教授,最近作篇文章,那么说:"世有俗子,尊敬艺术,收集骨董,以附庸风雅",觉得情形幽默,十分可笑。我的意见稍觉不同,倒以为这种人还可爱。"风雅"是什么,或许还得有风雅知识或有风雅意识的人来赞美诅咒。风雅的真假,也不容易说明,我想来谈谈俗事。俗似乎也有真假区别,李逵可爱,贾瑞[1]就并不怎么可爱;我们欢喜同一个农夫或一个屠户谈家常,谈生意,可不大乐意同一个什么委员谈民间疾苦。何以故?前者真,后者假。所以我认为俗人尊重艺术,收集骨董,附庸风雅,也有他的可爱处。倘若正当生于中国长于中国的艺术家不知中国艺术为何物,眼光小,趣味窄,见解偏,性情劣到无可形容时节,凡艺术家应作而不作的事,有俗人来附庸风雅,这人虽是李逵,是贾瑞,是造假货的市侩,是私挖坟墓的委员,总依然十分的可爱。为的是艺术品虽不能在艺术家手中发扬光大,还可望在这种人嗜好热心中聚积保存。这还是就假俗人不甘协俗附庸风雅者而言。至如真俗人,他自己并不以俗为讳,明本分,重本业,虽不曾读万卷书,使得心窍玲珑,却对于美具有一种本能的爱好。颜色与声音,点线或体积,凡所以能供其直觉感受愉快的,他都一例爱好,因爱好引起关心,能力所及,机会所许,因之对于凡所关心的事事物物,都给以更深一层注意。或收积同类加以比较,或搜罗异样综合分析,总而言之,就是他能从古今百工技艺,超势利,道德,是非,和所谓身分界限而制作产生的具体小东小西,来认识美之所以为美。这种艺术品既放宽了他的眼睛,也就放宽了他的心胸。话说回来,他将依然俗气,是个不折不扣的俗人。他或许因此一来还更拥护俗气。他不必冒充风雅,正因为美若是一种道德,这道德固不仅仅在几

---

[1] 李逵,古典长篇小说《水浒》中人物。贾瑞,古典长篇小说《红楼梦》中人物。

卷书本中，不仅仅在道学，风雅，以及都会客厅，大学讲座中，实无往不存在，实无往不可以发现，实无往不可以给他教育和启迪，使他做一个生命充满了光辉和力量的"人"！他将更广泛的接近这个世界，理解人生。他即或一字不识，缺少文明人礼貌与风仪，一月不理发，半年不祷告，不出席时事座谈会，不懂维他命，终其一生做木匠，裁缝，还依然是个十分可爱的人。很可惜的是这种俗人并不多，世界上多的倒是另外一种人。

与这种人行为性情完全相反，在都市中随处可以遇见的，是"假道学"。这种人终生努力求"可敬"。这种人的特点是生活空空洞洞，行为装模作样。这特点从戏剧文学观点来欣赏，也自然有他的可爱处。不幸他本人一切行为，一切努力，都重在求人"尊敬"，得人"重视"，一点点可爱处，自己倒首先放弃了。这种人毛病就是读了许多书籍，书籍的分量虽不曾压断脊骨，却毁坏了性情。表现他的有病是对鬼神传说尚多迷信，对人生现象毫无热情。处世某种宽容的道德，与做学问慎重勤勉处，都为的是可以使他生活在道德的自足情绪中与受社会重视意识中。他本来是懒惰麻木，常容易令人误认为持重老成。他本来自私怕事，又令人误认为有分寸不苟且。他的架子虽大，灵魂却异常小。他凡事敷敷衍衍，无理想，更无实现任何欲望的能力，在他们自己说来是明道守分。他的道是"生活一成不变"，他的分是"保全首领以终老"。他也害病找医生，捐款给抗敌会，参加团体宴会，并且在有分寸不使自己难为情的方便中做做爱，（秘密而温柔！）做爱时心在胸腔子里跳跃，可是这也只是一会儿的事，因为他做人的趣味，终战胜不过做道德家的趣味。他期望软弱处最多不过一秒钟，便刚强起来了。他爱名誉，为的是名誉是他生命中最重要的装饰。他间或不免作点伪，用来增加他的名誉。他从自己从别人看来都是有道德的，为的是在道德生活中他身心异常安全。

他貌若嫉恶如仇，在众人广座中尤其善于表现。他凡事力持"正义"，俨然是正义的维持者。

他若是个女人，常被人称为模范母亲，十分快乐。这种快乐情绪一加分析，就可知尤以"贞节"成分最多。贞节能与美丽结合为一本极难得，至少比淫荡和美丽结合更见动人。不幸这种贞洁居多却与老丑结合为一。（俨如

• 245 •

上帝造人，十分公正，失于此者可望得之于彼，许多女子不能由美丽上得到幸福，却可由贞节意义上得到自足！）虽然事多例外，有些上帝派定的模范人，依然乐于在客厅中收容三五俗汉，说说笑话，转述一点不实不尽属于私人的谣言，事事依然是"道德"的，很安全，很愉快。若他是个绅士，便在人前打趣打趣，装憨，装粗率，装事不经心，用为侍奉女子张本。他也依然是"道德"的，很安全，很愉快。

另有种年青男子，年纪较轻，野心甚大，求便于欲望实现，于是各以担负新道德自命。力所不及，继以作伪。貌作刚强，中心虚怯，貌若热忱，实无所谓。在朝则如张天翼所写华威先生，在野则如鲁迅所写阿Q[1]。另有种年青女人，袭先人之余荫，受过大学教育，父母精神如《颜氏家训》[2]所谓欲儿女学鲜卑语，弹琵琶，以之服侍公卿，得人怜爱。鲜卑语今既不可学，本人即以能说外国语如洋人为自足。力尚时髦，常将头发蜷曲，着短袖衣，半高跟鞋，敷厚粉浓朱，如此努力用心，虽劳不怨、然而一身痴肉，一脸呆相，虽为天弃，不甘自弃。或一时搔首弄姿，自作多情，或一时目不邪视，贞节如石头。两者行为小同，精神如一：即自觉已受新教育，有思想，要解放，知爱美！凡此种种，常不免令人对上帝起幽默感。好像真有一造物主，特为装点这个人生戏场，到处放一新式傻大姐，说傻话，作傻事，一举一动，无小令人难受，哭笑不得。这种人应当名为"新的假道学"。

假道学的社会纠纷多，问题多，就因为新旧假道学虽同样虚伪少人性，多做作，然而两者出发点不同，结论亦异。所为新式论客观法，这名为"矛盾"，为"争斗"。解放这矛盾争斗并无何等好方法，只有时间可以调处。时间将改变一切，重造一切。

未来事不能预言，惟可以用常理想象，就是老式假道学必然日将消灭，以维持道统自命的作风不能不变，从新做人。这从一部分先生们四十以后力学时髦，放他那一双精神上小脚时的行为可以看出。新式假道学又必将从战争上学得一些新说明，来热热闹闹度过他由二十岁到三十五岁一段生涯。文化或文明，从表面上看，是这些读书人在维持，在享受，余人无分。可是真正异常深刻的看明白这个社会的一切，或用笔墨或用行动来改造，来建设活

---

[1] 华威先生，张天翼短篇小说《华威先生》之主人公。阿Q，鲁迅小说《阿Q正传》之主人公。
[2] 《颜氏家训》，书名。北齐颜之推著，以儒家思想为立身治家之道。

人的观念，社会的组织，说不定倒是要一群不折不扣的俗人来努力。

　　真俗人不易得，假俗人也不怎么多，这或者正说出了数年前有人提出的那一个问题，"为什么中国无伟大文学作品产生？"伟大文学作品条件必贴近人生，透澈了解人生。用直率而单纯的心与眼，从一切生活中生活过来的人，才有希望写作这种作品。世上多雅人，多假道学，多蜻蜓点水的生活法，多情感被阉割的人生观，多轻微妒嫉，多无根传说，大多数人的生命如一堆牛粪，在无热无光中慢慢的燃烧，且都安于这种燃烧形式，不以为异。如不相信，随意看看我们身边人事，就明白过半了。我们当前的问题，倒是上层分子俗人少，用闷劲与朴实的人生观来处世，为人，服务的俗人太少，结果什么都说不上。多有几个仿佛极俗的作家，肯三十年一成不变，继续做他的事业，情形会不同多了。

本篇发表于1939年5月15日《中央日报》

谈保守

一提"保守"很容易想起英国。多数人都觉得英国以保守著名的。社会组织上，个人性格上，给人的印象，都仿佛比任何国家任何民族富于保守性。同时且觉得这种"守成"与"照旧"成就了英国的伟大，正如现代的德、意、苏联，其他国家用"违反传统"所能成就的一样。帝国商务的推进，领土的维持，是由保守成功的。但有一点我们容易疏忽处，英国人对于支持传统虽十分注意，正因为支持传统，举凡一切进步的技术，可并不轻视。他保守，在工业上却不落后，在武备上也不落后，在人事管理上也不落后。保守毫不妨碍它的进步，且从不因保守而排斥进步理想。它的保守是有条件的，经过选择的。

中国也富于保守性，好些场合中国人且以此自夸。可是这种"守成"与"照旧"，却招来外侮与内患。孙中山先生明白贫弱与愚是中国民族的病根，想把这个民族振作起来，在应付人事道德上固然有条件保留些旧有东西，在谋生存技术上却极力讲求进步。因此对于政治组织与富国计划中，费了数十万文字来说明。孙先生死后，国民都觉得他的人格伟大而识见深远。不过这种敬仰仿佛是一回事，个人愚而自私又另是一回事。换言之，就是敬仰他的从不学习他、摹仿他。正因为若干人依然还是愚而自私，通常且以能保守自誉自慰。当政者则用保守为一种政略，支持其现成权利，家道小康的中层阶级，血气既衰，毫无远志，亦乐于在一种道德的自足与安全中打发日子。一切进步既包含变革，一种由不合理转为合理的变革，对于个人权利，凡在保守中用不正当方式取得者，如贪污，对于个人义务，凡在保守中用不正当方式规避者，如门阀，社会若进步，即不免失去其保障。因此一来，"进步"便成为多数人惶恐与厌恶名辞。这些人惧怕进步，生存态度即极端妨碍进步。对进步惶恐与厌恶，因之诅咒它，诋毁它，盲目耗费力量极多。倘如把这点抵制进步的力量转移到另一相反方面去，中国便不会像当前情形了。试从中国两件近事取例：山东的韩复榘，妄想用一部《施公案》[1]统治一省，用极端保守方式支持他的政权，不知国家为何物，结果战争一起，局面一变，组织崩溃，误国殃民，自身不保。广西的李、白[2]两人，眼光较远大，凡事知从大处看，肯从大处注意，对内政建设一切用近代技术处理，抗战期中，成绩昭著，足为全国模范。保守与进步不同处，它的得失，从上述两例，即可明白了然。

对保守情绪作进一步观察，我们便知道它原来与"迷信"有关，同发源于人类的自私与无知，鲁滨孙在他的《心理的改造》一书中认为这是人类蛮性之遗留。他说——

> 研究原始人生活特质的人，往往惊讶其根深蒂固的保守性，不必要的束缚个人自由和绝望的惯例。人类和普通植物一样，每易一代一代因循下去，其生活与祖先生活无异。必有强烈的经验逼迫着他们，方能使其有所变革，并且每易藉端回复到旧习惯。因为旧习惯比较简单粗陋而自然——总之，更与他们的本性和原始性相近。现在的人往往以他的保守主义自骄，以为人类是天生好乱的动物，幸有远见保守派所阻遏，而不知正与事理相背驰。殊不知人类天生是保守的，好作茧自缚，阻挠变革，畏怖变革，致使他们自生存以来，差不多全部时期处于一种原始状态中，而至今犹有人在这种近代社会中，维持各种野蛮的习惯。所以根据什么主张或什么教条的保守家，在态度上是毫无疑义的原人。这种人进步的地方，只在他能够为保持旧心境随时举出若干好听理由来罢了。

这位先生谈的是世界人类问题，针对的是支配世界顽固保守者、强权者，所以说到进步，他还认为只要这些人观念上能有所变革，人类就幸福多

---

[1] 韩复榘，原为冯玉祥部将，曾任河南、山东省政府主席，抗战爆发后任国民党第五战区司令长官，因不战而弃山东，被蒋介石下令逮捕处决。《施公案》，长篇小说，清无名氏著，叙清康熙年间施仕纶断案故事。
[2] 李、白，指李宗仁和白崇禧，国民党高级军政人员，桂系代表人物。

了。他说的虽是世界，拿来给中国人看倒也有一二点似乎很相似处。他的希望，是人们对于自身行为及其观念上的改变，以为只要观念一改，国家的夸大，种族的仇视，政治的腐败，以及一切缺点，必都可望降低至危险点以下。

困难或许是观念的改变。所以斯多噶派[1]的古谚说：人们感受的痛苦，实起因于他们对事物的意见，而非由于事物本身。我们国人的弱点，也很可说正是做人的意见不大高明。

社会由于私与愚而来的保守家到处存在，他们的意见成为社会的意见，所以三十年来的中国，在物质方面，虽可从沿海各地工商业物品竞争摹仿上，见出一点进步，在负责者作公民的态度上，情形就令人怀疑。尤其是一种顽固保守家，经过一度化装，在新的社会组织里成为中坚以后，因对于任何进步理想都难于适应，感到惶恐，对进步特殊仇视，"进步"在中国更容易成为一个不祥的名辞。

人类天性是易于轻信，且容易为先人印象所迷惑，受因习惯例所束缚的。尤其是中国这种社会，至今还充满了鬼神的迷信，大多数读书人还在圆光，算命，念佛，打坐，求神，许愿种种老玩意儿中过日子。大多数人都习惯将生命交给不可知的运与数，或在贿赂，阿谀交换中支持他的地位，发展他的事业。从这么一种社会组织中，我们对于进步实无希望可言。

年青人都渴望进步，一切进步不能凭空而来。譬如种树，必有其生根处。统治者便于治理，中产者便于维持，薪水阶级便于生活，守常成为当然的趋势。进步种子放在守常土壤中，即生根发芽，生长得也实在太慢了。这事从中国教育即可看出。普通教育的目的，应侧重在养成大多数良好公民的人格和知识。一个人对于国家得到公民权利以前，先知所以尽国民义务。爱国家，知大体。对职务责任不马虎苟且，处世做人时知自重自爱。

不幸之至，教育收成正恰得其反。中国农民中固有的朴厚，刚直，守正义而不贪取非分所当得种种品德，已一扫而光。代替这种性格而来的特点是虚伪与油滑；虚伪以对上，就成为面谀。貌作恭顺虔敬，其实无事不敷衍做作，毫不认真。油滑以驭下，则成为无数以利分合的小团体竞争。有一点相同，即上下一致将无知平民当作升官发财对象，切实奉行老子所谓"圣人

---

[1] 斯多噶派，古希腊罗马哲学学派。

不仁以百姓为刍狗"[1]格言。三十年来的新教育，成就了少数专家学者，同时便成就了多数这种坏人。受教育者有许多尚不知公民道德为何物，尚不配称为良好公民，却居然成为社会负责者。这些人堕落了国家的地位，民族的人格，自己还不明白。因为社会上这类人占有相当多数，所以一切使民族向上的名辞，都失去了良好的反应，不是变得毫无意义，就是变得非常可怕。一切使国家进步的事实，都认为不足重视。全个社会任这种"混下去"的情形下听其自然推迁，不特个人事情付之命运，国家民族问题也同样付之命运。即以少数优秀知识分子而论，其中自然不乏远见者，明白如此混，混不下去。但结果亦不免在宿命观趋势中付之一叹。或怀抱一种不合作傲世离俗情绪，沉默无声。毫无勇气和信心，以为人类的事既有错误，尚可由人手来重新安排，使之渐渐合理。顺天委命的人生观，正说明过去教育有一根本缺点，即是：只教他们如何读书，从不教他们如何作人。

昔人说"我们由怀疑而生问题，从事搜求则可得真理。"当前四十岁以上的中国人，追求真理毫无兴味，对"真理"两字，似乎已看得十分平淡，无希望可以兴奋其神经。大多数人对眼边事从不怀疑，少数人更不敢怀疑。"疑"既不能在生命上成为一种动力，"信"亦不能成为生命上一种动力。凡由疑与信两方面刺激人影响人的能力，在四十岁以上的人，似乎因种种相对力量在经验上活动，活动结果是相互抵消，因之产生一种主义，就是无可救药的个人主义。这种自私为己精神用积极方式出现，则表现于公务人员纳贿贪赃作为上，用消极方式出现，则表现于知识分子独善其身苟全乱世生活态度上。所以由怀疑而发现真理，求人类理知抬头，对迷信与惰性作战，取得胜利，把这类事希望四十岁以上的人，无可希望。

"五四"运动之起，可说是少数四十岁以上的读书人，与多数年青人，对于中国人"顺天委命"行为之抗议，以及"重新做人"之觉醒。伴同"五四"而来的新文学运动，便是这种抗议与自觉的表现。拿笔的多有用真理教育他人的意识。惟理论多而杂，作者亦龙蛇不一，因此二十年来新文学作家在中国成一特殊阶级，有一稀奇成就：年事较长的，视之为捣乱分子，满怀无端厌恶与恐惧，以为社会一切坏处统由此等人生事。年事较轻的，又

[1] 语出老子《道德经》。老子，春秋时哲学家。

视之为惟一指导者,盲目崇拜与重视,以为未来中国全得这种人负责。两方面对文学作者的功用与能力估计得都过分了一点。加上文学作者自身对于社会的态度,因外来影响,一部分成为实际政治的附庸,能力不足者则反复取巧,以遂其意;另一部分却与社会分离,以嘲讽调笑为事,另一部分又结合浪漫情绪与宗教情绪而为一,对于常态人生不甚注意,对于男女爱欲却夸大其辞。教育他人的渐渐忘了教育自己,结果二十年来的新文学运动,虽促进了某一方面的解放与进步,同时也就增加某一方面的纷乱和堕落。文字所能建设的抽象信仰,得失参半。

　　人事既有新陈代谢,当前二十岁上下的青年,就是此后二十年社会负责者。一个文学作者若自觉为教育青年而写作,对于真理正义十分爱重,与其在作品上空作预言,有信仰即可走近天堂,取得其"信",不如注入较多理性,指明社会上此可怀疑,彼可怀疑,养成其"疑"。用明智而产生的疑,来代替由愚昧而保有的信。因疑则问题齐来,因搜求问题分析问题即接近真理。文学理想若必需贴近人生,这样来使用它时,也许容易建设一较健康作风与良好影响。我们所需要的真理无它,即全个民族,应当好好的活下去,去掉不可靠的原人迷信,充实以一切合理的知识与技术,支配自然,处置人事,力求进步,使这个民族在任何忧患艰难情形中,还能够站得住,不至于堕落灭亡罢了。认识这种真理需要理性比热情多,实现这种真理需要韧性比勇敢多。

　　尼采[1]说:"证明一事是不够的,应该将人们向之引诱下去,或启迪上来,因此一个知识分子应该学着将他的智慧说出来,不碍其好像愚蠢。"实证真理很容易邻于愚蠢,知识阶级对于各事之沉默,即类乎对此"蠢愚"之趋避。然而时间却将为这种不甘沉默者重作注解,即:社会需要这种人用韧性来支持他的意见,人类方能进步,有人敢对传统怀疑,且能引起多数人疑其所当疑,将保守与迷信分离(与自私和愚昧分离),这人即为明日之先知。

六月十四昆明作七月七日改
本篇发表于1938年7月《新动向》

---

[1] 尼采,德国哲学家。唯意志论者。

元旦日致《文艺》读者

在前文中，我说到作者间因迷信而成为异常懒惰的一件事情。这懒惰倘若别作诠释，另外是不是找得出一个原因？为了把作者本身错误减轻一点，我们似乎还可以要历史去负一点儿责任。

一个民族已经那么敝旧了，按照过去的历史而言，则哲学的贫困与营养不足，两件事莫不影响到我们这个民族的生存态度，号称黄帝冢嗣的我们，承受的既是个懒惰文化，加上三千年作臣仆的世故，思想皆浮在小小人事表面上爬行，生活皆无热无光，是一件自然而然的事情。他们第一件事胃口就不好。我们做什么总没有气力。我们多数人成天便仿佛在打盹里过日子。我们的懒惰，可以说是曾祖著的书，祖父穿的衣服，爸爸吃的东西的结果。作家天生就有个容易在"天才""灵感"这些字眼儿上中毒的气质，因迷信而更其懒惰，也是必然的事！

或人将说：

"欧洲许多有识的历史学家，莫不称赞我们民族是个能够忍劳耐苦稀有的民族。同时我们自己对于中国农村若多具一分理解，也必能够认识我这本国的农民，是一种如何不懒惰的农民！"

是的，不独从外人论断以及自己观察，对于农民皆可以得到个乐观的结论。便是一个美国留学生，他也会告诉我们，中国大学生在美国学习什么时，在功课上如何不让于人。一个上海人，也就会说上海乐华足球队，在国际赛时所取得的光荣。一个稍有内战经验的军官，他还会用他的名誉，证明他所参加的内战，凡是一切兵士，在壕沟边作战时，是一种如何勇于牺牲的英雄！农民，留学生，乐华足球队员，以及万千的兵士，他们的勤苦，聪明，活泼，勇敢，谁能怀疑，谁能否认？

· 253 ·

但这些人对于目前的中国有什么用处？

中国成为问题的，不是农民不愿耕田，却是大多数农民无田可耕。不是留学生不配作一个美国或英国好公民，却是这些人留学回来不知如何来作一个中国目前所需要的好公民。……不是足球队员无能，更不是兵士懦弱。明明白白的只是大部分有理性的人皆懒于思索！人人厌烦现状，却无人不是用消极的生活态度，支持现状。人人皆知道再想敷衍下去实在敷衍不下去，却无人愿从本身生活起始，就来改变一下，大家皆俨然明白国际压力与国内一塌糊涂的情形，使这个民族已堕落到一个不可希望的悲惨境遇里去，因此大家便只有混着活下去一个办法，结束自己，到自己死亡时，仿佛一切也就完事了。

这些独善其身的君子，大家且俨然以为一切现在坏处的责任，应由帝国主义的侵略，鸦片烟的流毒去担负，此后民族复兴的责任，也就应由帝国主义者的觉悟，与鸦片烟自己的觉悟，方能弄好的。在这里我用了个"鸦片烟自己觉悟"的名词，并没有什么错误。我们只看看周内所有知识阶级对于这种毒物流行的漠视态度，如何近于相信"鸦片烟自己会觉悟！"

事实上则所谓帝国主义与鸦片烟，极左倾的残杀与极右倾的独裁，农村破产与土匪割据，……一切现存的坏处，虽可以由历史上的人物，书本，饮食，各种东西去负责，但这个民族未来的存亡，却必需由我们活到这地面上的人来负责的。如今老年人好像已不能为后人思索，年轻人又还不会来为自己思索，有知识有理性的中坚份子，则大多数在不敢思索情形中鬼混下去，这样一个国家，纵想在地球上存在，还配在地球上存在下去吗？

在多数愚人心目中，皆希望一个奇迹；来一个领袖，来一个英雄，把全国民族命运皆交给这样一个人。且皆由于愚昧，由于其他一片地面所有领袖作出的事业，得到一个证据，皆期待这样一个人，以为这样一个人有一天终会来到的。

一个作者天才的迷信，既可以在他本身生活中发生懒惰的影响，倘若把这点迷信移植到一个其他人物方面去时，也必依然使他懒惰，发出种种懒惰的谬论，与懒惰的人生观，因这种人生观去期望一个主人或一种政体，且依赖到这个希望异常懒惰活下去。

在这样情形下,我们实在需要些作家!一个具有独立思想的作家,能够追究这个民族一切症结的所在,并弄明白了这个民族人生观上的虚浮,懦弱,迷信,懒惰,由于历史所发生的坏影响,我们已经受了什么报应,若此后再糊涂愚昧下去,又必然还有什么悲惨场面;他又能理解在文学方面,为这个民族自存努力下,能够尽些什么力,且应当如何去尽力。

我们实在是很需要作家的。这作家他最先就必是个无迷信的人。他不迷信自己是天才,也不迷信某一种真命天子一个人就可以使民族强大起来。他明白自己在这社会上的关系,在他作品上,他所注意的,必然是对于现状下一切坏处的极端憎恨,而同时还能给读者一个新的人格的自觉,他努力于这种作品产生,就为得是他还明白,只有从这种作品上,方能把自己力量渗入社会里去!

我们需要的是这种朴实作家。倘若我们还相信文学可以修正这个社会制度的错误,纠正这个民族若干人的生活观念的错误,使独善其身的绅士知耻,使一切迷信不再存在,使……缺少这种作家,是不能产生我们所理想的这种作品的。

二十三年元月

本篇发表于1934年1月1日天津《大公报》

给某作家

××：

你的长信接到了，你说的事情我了解。你自己以为说得极乱，我看时却清楚得很。凡是你觉得对的，我希望你能做得极顺手，凡是你以为我看错了的，我希望我到某时节不会再错。这是关于做文章一方面而言。关于做人呢，即如说关于"政治"或"文学"或"人生"见解呢，莫即说我的，只说你的。我以为你太为两件事扰乱到心灵：一件是太偏爱读法国革命史，一件是你太容易受身边一点儿现象耗费感情了。前者增加你的迷信，后者增加你的痛苦，两件事混在一块，说增加你活在这个世界上感觉方面的孤独。因此会自然而然有些爱憎苦恼你，尤其是当你单独一人在某一处时，尤其是你单独写文章或写信时。说不定你还会感觉到世界上只有你孤单，痛苦，爱人类而又憎人类，可是，这值得讨论。你也许熟读法国史，但对于中国近百年史未必发生兴味。你也许感觉理想孤独，仿佛成天在同人类的劣性与愚性作战，独当一面，爱憎皆超越一切，但事实这个世界上比你更感觉理想孤独，更痛苦，更执着爱憎皆有人，至少同你相似的还有人。客观一点去看看，你就会不同一点。再不然，你若勇敢些，去江西四川××里过阵日子，去边省任何一个军队里过阵日子，去长江流域什么工厂过阵日子，去西北灾荒之区过阵日子，去毒物充斥的××过阵日子，再来检查一下自己，你一切观点会不同些。生活变动的太多，自然残忍了一点，一切陌生，一切不习惯，感受的压力不易支持。但我相信至少是你目前的乱处热处必有摇动。再好好去研究一下这个东方民族，如何活下这么许多年，如何思索同战争发展到如今，你的热和乱，一定也调和起来，成为另一个新人了。你对这个"现在"理解多一点，你的气愤也就会少一点。不信么？你试试就相信了。你对于生命还少实证的机会。你看书多，看事少。为正义人类而痛苦自然十分神圣，但这种痛苦以至于使感情有时变得过分偏持，不能容物，你所仰望的理想中正义却依然毫无着落。这种痛苦虽为"人类"而得，却于人类并无什么好处。这样下去除了使你终于成个疯子以外，还有什么？"与绅士妥协"不是我劝你的话。我意思只是一个伟大的人，必需使自己灵魂在人事中有种"调和"，把哀乐爱憎看得清楚一些，能分析它，也能节制它。简单说，就是因为他自己还是个人，他得多知道点人的事情。知道的多，能够从各个观点去解释，他一切理想方有个根。假若他是有力量的。结果必更知道他的力量应使用到什么地方去。他明白如何方不糟蹋自己的力量。他轻视一切？不，他不轻视，只怜悯。他必柔和一点，宽容一点。（他客观点去看一切，能客观了。）使人类进步的事，外国方面我的知识不够说话资格。从中国历史而言，最先一个孔子，最后一个×××，就是必先调和自己的心灵，他的力量从自己方面始能移植到人类方面去。这两个人我们得承认他们实在比我们更看得清楚人类的愚与坏，可是他们与人类对面时，却不生气，不灰心，不乱，只静静的向前。不只政治理想家如此，历史上著名玩耍刀刀枪枪的大人物何尝不如此？雷电的一击，声音光明皆眩目吓人，但随即也就完了。一盏长明灯或许更能持久些，对人类更合用些。生命人格，如雷如电自然极其美丽眩目，但你若想过对于人类有益是一种义务，你得作灯。一切价值皆从时间上产生，你若有理想，你的理想也得在一分长长的岁月中方能实现。你得承认时间如何控制到你同世界，结果也并不妨害你一切革命前进观念的发展。你弄明白了自己与时间关系，自己便不至于因生活或感情遭受挫折时使尔灰心了。你即或相信法国革命大流血，那种热闹的历史场面还会搬到中国来重演一次，也一定同时还明白排演这历史以前的酝酿，排演之时的环境了。使中国进步，使人类进步，必需这样排演吗？能够这样排演吗？你提历史，历史上一切民族的进步，皆得取大流血方式排演吗？阳燧[1]取火自然是一件事实，然而人类到今日，取火的简便方法多得很了，人类光明从另外一个方式上就得不到吗？人类光明不是从理性更容易得到吗？你自己那么热，你很容易因此把一切"冲动"与"否认"皆认为生气或朝气。且相信这冲动与否认就可以把世界变得更好，安排得更合理。不过照我看来，我却以为假使这种冲动与否认是一时个人心中的东西，我

---

[1] 阳燧，古代向日取火的用器。

们就应当好好的控制它，运用它。（××便如此存在与发展。）若是属于自己心中的东东西，就得节制它调和它。（如你目前情形。）必如此方能把自己这点短短生命中所有的力量，凝聚到一件行为上去；必如此方能把生命当真费到"为人类"努力。你不觉得你还可以为人类某一埋想的完成，把自己感情弄得和平一点？你看许多人皆觉得"平庸"，你自己其实就应当平庸一点。人活到世界上，所以成为伟人，他并不是同人类"离开"，实在是同人类"贴近"，你，书本上的人真影响了你，地面上身边的人影响你可太少了！你也许曾经那么打算过，"为人类找寻光明"，但你就不曾注意过中国那么一群人要如何方可以有光明。一堆好书一定增加过了你不少的力量，但它们却并不增加你多少对于活在这地面上四万万人欲望与挣扎的了解。你知道些国际情形，中国人的将来命运你看到了一点，你悲痛，苦恼，可是中国人目前大多数人的挣扎，你却不曾客观一点来看看。你带着游侠者的感情，同情××，憎恶××，（你代表了多数年青人的感情，也因此得到多数年青人的爱敬。）你却从不注意到目前所谓×××，向光明走尽了些什么力，××又作了些什么事。你轻视绅士，否认××，你还同一般人差不多，就从不曾把"绅士""××"所概括的好坏弄个明白，也不过让这两个名词所包含的恶德，给你半催眠的魔力，无意思的增加你的嫌恶罢了。你感情太热，理性与感情对立时，却被感情常常占了胜利。也正因其如此，你有许多地方极高超，同时还有许多地方极伟大，不过倘若多有点理性时，你的高超伟大理想也许对于人类更合用点，影响力量更大一点。罗伯斯比尔[1]若学得苏格拉底[2]一分透澈，很显然的，法国史就得另外重写了。你称赞科学，一个科学家在自然秩序上证明一点真理，得如何凝静从一堆沉默日子里讨生活！我看你那么爱理会小处，什么米米大[3]的小事如×××之类闲言小语也使你动火，把这些小东小西也当成敌人，我觉得你感情的浪费真极可惜。我说得"调和"，意思也就希望你莫把感情火气过分糟蹋到这上面……

本篇发表于1935年12月16日《文学月刊》

---

[1] 罗伯斯比尔，法国大革命时期雅各宾派政府的实际首脑。
[2] 苏格拉底，古希腊哲学家。
[3] 米米大，凤凰方言，极细小之意。

给驻长沙一个炮队小军官

××：

得你信，很久不回复，因为从附来相片看，实在想不起那么一个胖胖的小军官是谁。直到昨天我这里来了另外一个漂漂亮亮小军官，他叫×××，刚从缅甸突围走回，谈起家乡中年青人时，才知道你们是同街坊的小伙伴！我还以为田家儒圆八一三驾坦克车在上海作战，一直冲到杨树浦江边，车辆被烧后还能回来，算是家乡小英雄模范，想不到同样的小英雄还很多！

闻你叔叔升了团长，照他的为人说来，也许还应当升师长、军长。民国八年我和他在沅陵总爷巷一个小衙门里作小事，他就有个军官派头，大家又穷又脏精神可极好。现在轮到他来带一千人和敌人作战，自然应当更有精神的！他若升了军长时，说不定我会到他身边来作个"教练官"。这个位置比我在大学校还相宜。我的理想是要教教小军官在炮火中那点"学习"精神，会读会写，每个人都还有升学的远志和雄心！这事情对你们说有些困难，我很明白，可是慢慢地努力总可做得到。日月江河还是时间做成的，人要向上就必然可战胜环境。

你既然当炮手，若不是时时刻刻放炮，每天就很可抽出一点空闲来学许多不是放炮用的知识，或与放炮有关的高深知识。当年拿破仑[1]也是个炮手，如不用脑子，不过永远是个炮兵小军官罢了。凡事无妨从小处着手，做人勇敢，做事认真，莫吃烟酒，更莫只想吃肥肉。二十年前伟人多大胖子，到走路时自己搬不动自己身体，就特别被人敬畏，认为是天生福相福气。现代伟人可不同了点，要能跑能跳才够，太胖了是容易成为目标的！无事时能把字写好，又敏捷又整齐，将来升学对你有用处。我看不惯流行"伟人字"和美

---

[1] 拿破仑，法国政治家、军事家，法兰西第一帝国及百日王朝皇帝。

术字。还是应该让张飞、张宗昌[1]写伟人字，三脚猫艺术家写美术字，你就为准备升学来写"记笔记"作战时抄"报告"的普通字吧。

你说到装备能增加士兵勇气，一个新上战场的士兵，头上有顶钢盔也许在勇气和虚荣上都有点儿作用。至于一个现代军官，单是头上有钢盔并不济事，还要同时武装那个脑子才够格！钢盔只能防备流弹，可并不能抵抗社会中流行愚蠢有毒的观念和打算。流弹不可怕，随时随处都可以发现的糊涂小气才是最可怕东西！在军队中多有几个钱，能用来买书读，比买自来水笔或镶金牙齿有意义多了。要能管自己，从小处又严又狠地来管自己，要学习，从各方面学习，这才像是个理想军官！

你羡慕"教授"，二十年前我和你爸爸一辈人，在军队中混日子，糊糊涂涂地玩下去，耽误了正经事，所以才轮到如今不文不武地来在普通学校中教书。教授有什么稀奇？我看到过一些专家教授，在五年战争中，受不住生活变动的试验，精神萎靡，一切国家向上理想，都随同他个人生活的不稳定而失去，就只会用玩牌赌博消遣日子，唯一希望是等待和平回家。这种人目前过日子方式，实在是不值得羡慕的！学术知识可尊重，因为一般学术知识的发展，正可表示这个民族的进步。至若知识与做人气概脱了节，对国家无信仰，对战争逃避责任，这种人的知识，平时既造成了他过多的特权，战争时且作成他一种有传染性的消极态度，在学校即使大学生受坏影响，在目前社会，真可说是毫无用处的！为的是我们这个国家在患难中，想挣扎，想翻身，最需要的就是从大处看从远处想的做人气概！知识阶级有些不争气的，也有些特别值得敬重的。照例用"时间"来淘汰，十分公正！凡知自尊自重又永远有青年精神，对个人工作十分认真，对目前环境挫折永不消极的，必然得到世人应有的敬重。因为这也是一种勇敢战士！此外低能的、生性懒惰的、工作成就拿不出手，在埋怨中颓废下来，活得恹恹无生气的，可说是精神上的败北之士。即或会诪张为幻，逢迎投机谋个一官半职，在应景凑趣场合中也好像活得有声有色，其实不过三五年，还不是原来叭儿狗原形出现。正因为一切的逐渐进步，终会把这些人丑处和不中用处显露的。

过去的人物，过去的希望打算，都应当随同一去不返的时间，完全成

---

[1] 张宗昌，奉系军阀，第二次直奉战争后入据山东。

为过去了。这回轮到你们来奋斗作人,给历史上见出一点奇迹了,打了五年仗,年青人在炮火经验当中,虽事事都见出可乐观的征兆,可是空洞乐观并不能应付事实。事实是在一切职务上,国家设计上,抵抗敌人的火力或修正习惯上弱点,都需要万千优秀青年来担当分内事情。所以凡是一个有自尊心的中国人,就一定要好好地有计划地来活几十年。我们和敌人有形战争,也许三五年内因国际局势转好转劣都可以告个结束。另外民族与民族间,却有个永远不能完结的无形战争!谁个民族能团结向上,谁就存在,且活得又自由又尊严。谁个民族懒散而不振作,谁就败北,只会在奴隶身分中讨生活。三十年来社会方面有人把事情稍微做得好一点,有点小小成就,就给你们许多鼓励,增加不少求生存求上进的勇气和信心,你们假若一切作得更好些,岂不是对年青一辈有更大帮助?

凡事得慢慢来。"信仰"是要靠"韧性"来支持,不能单凭"冲动"来表现的。湖南人单纯性急处于事实无补,只作成到处冲突精力对销的机会。一个新的湖南青年,若不参加"政治"并不可羞,若缺少做一个新中国青年的气概,才真正可羞!

所谓湖南精神若只知"打仗"或"打架",那未免太小了。我以为真的湖南精神应奠基于做人态度。要紧处是对工作理想在任何情形下都不放松,谈改造尤其是能用耐心和勇气去求实现。努力时永远不灰心,学习中永远不自满,小小成功永远不自骄,困难来临时永远有办法去克服战胜。重视"人"而不迷信"神"。明白国家转好,完全出于多数人的意志,大家只要有信心和勇气,修正一切积习上的错误,自然免不了有牺牲,个人不幸被这种除旧布新的战争毁去了时,就沉默地死去,让更年青更结实的填补上去。若经营的是一种新的职业事业,不幸破了产时,也如此不声不响,休息一会儿再想办法重新做起。这才是我们所需要的"新湖南精神"!这点精神在长沙三次战役中,新军人方面已有了充分表现。我们还应当努力表现于其它各方面。我相信这是办得到的!

云南局面虽紧而不紧。向缅边前线补上去的部队,士气都很旺,相信可以把敌人打败。在城市中传述谣言的,多是发财太多或贪心不足的商人,有的想在谣言中走路,有的又想从谣言中发财,所以川湘两地都传说昆明有

一时节已炸平,事实上近九个月来,我还不曾见日本飞机在市空上飞过。谣言说昆明人已跑光,事实上新来的人想找个住处即不容易。且以联大一校而言,就依然还有三千学生照常上课,照常比球,照常演戏,而且还有少数顽皮学生,照常为同学起绰号,像你那么一个人,就会有人叫你做"迫击炮弹",恰恰如像别的什么女人应分叫作"航空母舰"一样。他们日子过得相当苦,精神却并不坏。使人苦恼的不是敌机敌人,倒是当地法币多,以及当局对这种游资的活动无从控制。虽有数万万游资,只闻在有限现存货物上转手增加物价,从不曾有人用过十万块钱到出版业上投资,增加多数人一点理性或知识。三十万人口大城市中,除了四家报馆,只有一个定期刊物,还是从国家拿钱,带点救济性敷衍下去,完全缺少学术上自由批评检讨的精神,俨然只为装点场面而存在。比起桂林五十个印书的书店,五十种期刊向全国各处分布,二十家报馆,供给本市需要,我们也就大略可以看出一点"钱多也要会用"的情形来了。若不会用钱,在家庭或社会,是都只能造成一种不必要的纷乱,丝毫无补于实际的。随同商业荣枯而流行的谣言,虽能增加一点生意人的财富,和神经不健全分子的悲观(再增加他们用胡闹消磨生命的理由),然而对明白责任、且不失去做一个中国人的自尊心的年青人,是不会有多少作用的。这也正如伤风噎食一类小病小痛,对于你那么一个体力极健的小军官无作用一样。

卅一年九月昆明
本篇发表于1942年10月15日《文学创作》

致一个作者的公开信

先生，谢谢你的来信。某君信寄还。你要我作的不知是什么事。是不是说应当多写点小论文？是不是说评评《水星》[1]？若说的只是要我写点对于创作的态度和意见，我本来有几篇讲演稿子，说的话也许同一般人稍稍不同。但不成，这文章我不想发表。第一件事就是每个人脑子乃"生活"同"一堆书"安排的，观念同情感是一片生活一堆书籍的反映。同样的生活，同样读了那么一堆书，但体质稍稍不同一些，到结果也就变成两份东西了。人与人原来很不同！你尽管相信人类应当平等，但事实上人与人有时候比人与猴子差别得还多，你得承认。我说的是差别不是智愚。我的生活同一堆书与人不一样，这个真如你说的很帮助了我，使我想到的写出的皆走了一条新路。这自然是事实。五年内我若不病死，十年内又还不自杀，我也想到我一定还可以在这一堆日子里作出许多事情！我可以写出些比目前完美的文章，一定的。但我今日明日实在还不配教人，不配指导人。大多数人受过"学校教育"，我受的却是"人事教育"。受学校教育的人，作人观念似乎就不大宜于文学，用功地方也完全不对。他们爱憎皆太近于一个"人"了。一个像人的人，同社会哀乐爱憎原应当一致的。但一个饱受人事教育的人呢，他热得怕人也冷酷得怕人。对于生活上得失既全不动心；他不要及格，他不需奖励，他有他自己；整个的有他自己。对于工作则只知死死的扣着。看书时不受书支配，却只利用书。过日子时一切不在乎。他没有伟人和渺小的感觉，也没有成功失败的快乐和失望。他听机会安排住处同饮食，这些好坏不能分他的心，可是他决不放松每一个日子。不问生活怎么样，环境怎么样，他要作的事，总得在这一天里去作。他什么都不怕，只怕糟蹋日子到琐碎意气

---
[1] 《水星》，现代文学月刊，1934年10月创刊，巴金、靳以、郑振铎等编辑。

上。他无牢骚，无恩怨。他写文章，单纯的写下去，到死为止。先生，是的，我说的是到死为止。他需要报酬和快乐，在工作上他已得到了报酬，得到了快乐。人事上成功了，与他无关，失败了，他不过问。先生，这种写作态度，一个从大学校出来的人受得了？大多数人皆太需要社会，却太不知如何爱惜自己了。多数人皆习惯于受社会上的奖惩所控制，我却劝人抛开一切，自己来控制自己，先生，这对人有多少益处？你说。其次是关于写作的思索、安排，这是用脑子的问题，比作人更难说。我想到的别人想不到，恰如别人想到的我想不到一样。这件事若我能够帮助朋友，不是我来说教，倒是用我小说同散文作例，用篇章所及的各种形式，文字所及的各种形式作例，也许对人有小小益处。另外来解释怎么写就写得好，有说教者与骗子两种人，一个人若不相信自己，就去听他们指挥好了。

　　如今我可以同朋友说的，不是告人如何写作，传授什么秘诀仙方，只希望大家能够单纯一点，结实一点，共同来努力。中国新文学要点成绩，要点在历史上国际上站得住的成绩，就正需要那么一群人干下去。我盼望国内各处皆有这种人。这些人或者是小事务员，或者是门房，或者是剃头师傅，或者是大兵。……不要看轻这些人，他们的性格，他们的情感，比一个大学教授或一个大学生，实在更适宜于从事创作？这些人中有许多人一切条件皆具备，只缺少拿笔的勇气同信心。你既说不是个在学校读书的人，为什么还只关心到"及格"这件事。你希望得到广大读者群的注意，是的，你不能缺少他们，但你得先有你"自己"，整个有你自己，然后才会得到他们！……

　　总不要因为小小失意就气馁！跌倒了，赶快爬起来。失败了，换个方式再干。原谅那些作编辑的，不要把从社会上种种习气所受的苛刻，不要把从学校所受的坏习气，来埋怨编辑，这是初初从事文学最不可少的德性！

十二月二十
本篇发表于1934年12月26日天津《大公报》

一周间给五个人的信摘录

甲

不要为回忆把自己弄成衰弱东西，一切回忆都是有毒的。

不要尽看那些旧书，我们已没有义务再去担负那些过去时代过去人物所留下的趣味同观念了。在我们未老之前，看了过多由于那些老年人为一个长长的民族历史所困苦融合了向坟墓攒去的道教与佛教的隐遁避世感情，而写成的种种书籍，比回忆还更容易使你"未老先衰"。

乙

大概人是要受一种辖治才能像一个人。不拘受神的、受人的、受法律的、受医生的、受金钱或名誉、受过去权威或未来希望，……多少要一点从外而来或自内而发的限制，他才能够好好的生活下去，"奴性"原是人类一种本能，一个人无所倾心，就不大像一个人了。

失恋使你痛苦也是当然的事，就因为这是你自己选定的主人。这主人初初离开你时，你的自由为你所不习惯，所以女人的印象才折磨到你的灵魂。觉得痛苦，就让它痛苦下去，不要用酒或用别的东西去救济，也用不着去书本上找寻那些哲理名言。酒只是无用处的人和懦弱的人才靠到它来壮胆气的东西，哲理名言差不多完全是别一个人生活过来思索过来后说出的话语，你的经验，应当使你去痛苦，去深深的思索，打发一些日子。唯一的医药还是"时间"。时间使一个时代的人类污点也可以去尽，让时间治疗一下你这个人为失去了"主人"、因理性与感情的自由而发生的痛苦，实在太容易了。

丙

你来信尽提到作家，不要羡慕那些作家，还是好好的作你的物理实验吧。一个写小说的人算什么？他知道许多，想过许多，写了许多，其实就永远不能用他那点知识救济一下他自己。他的工作使他身心皆十分疲劳，他的习惯罚他孤单独立。……他自己永远同一切生活离开，站得远远的，他却尽幻想到人世上他所没有的爱情和其他东西。他是一个拿了金碗讨饭的乞丐，因为各处讨乞什么也得不到，才一面呻吟一面写出许多好梦噩梦到这世界上来。一个健康人的观念，对于这些人是只有"怜悯"的。

丁

决定一个民族的命运，是能用思索的人就目前环境重新去打算，重新去编排，不是仅仅保守那点遵王复古的感情弄得好的。

与其把大部分信仰力量倾心到过去不再存在的制度上去，不如用到一个崭新的希望上去。

不要因为一些在你眼前的人小小牺牲，就把胆气弄小了。去掉旧的，换上新的，要杀死许多人，饿死许多人，这数目应当很大很大！综合成一篇用血写成吓人的账目，才会稍有头绪！

戊

一个女人本来就要你们给她思想她才会思想，给她地位她才有地位，同时用"规则"或"法律"范围她，使她生活得像样一点，她才能够有希望像样一点！

女子自己不是能生产罪过的！上帝造女子时并不忘记他的手续，第一使她美丽，第二使她聪明，第三使她用情男子；上帝毫不忽略已尽了他造人的责任。可是你们男子，办教育的，作丈夫的，以及其他制香料化妆品的，贩卖虚荣的，说谎话的，唱戏扮王子小生的，缝衣的，发明鞋子帽子的，……却把女子完全弄堕落了。

廿一年八月（载《现代》杂志）

本篇收入《废邮存底》一书前，曾刊载于1932年9月1日《现代》杂志

自 传

北京解放已一年。一年来，在北京进行的一连串大事，无疑和国家新生世界和平都相关。我个人却是在一种病痛的回复中度过的。二十年工作离群，生活又拘束于一个小小范围里，工作不知节制，用笔也少检点它所作成的社会效果。解放前后，外多窘迫，内有矛盾，神经在过分疲乏中，终于逐渐失去常度。大病之后，生存意义全失。新的学习，人事书本接触范围都极窄，某些方面或小有进步，某些方面实依然故我：

小有进步处是理性回复，明白由于万千人民种种不断努力，已建立一个新的国家根基，领导者凡事小心谨慎，实事求是，发展下去，社会必然可望日益趋于合理。旧社会所有人剥削人、人糟蹋人的种种，都不至于重复在新社会发生，而新的国家中新的人民，将是健康朴实，心怀坦荡，抱着弘愿和坚信，在一定计划中，分工合作，齐向生产技术和文化知识高峰进取，以丰饶人类生命为目标，克服应有挫折，奋迅而前，将历史带入一个崭新荣光里。这个远景实现虽还要些时间，惟觉醒后的中国人民，总会慢慢来完成的。

依然故我处是"政治"给我的印象实权力过大，易失协调。在变革过程中，人力物力易作成不必要牺牲。这种印象在过去，即形成我工作对于政治的游离，厌恶政治。在当前，因之即对于新的时代充满深爱和关心，个人仍不免粘着于一己。政治使人失去意义。

我的全部生命，是从一个比较复杂过程中生长的。从十岁起，即如完全单独进入社会。由于禀赋脆弱，便用"谦退"和"沉默"接受外来一切压迫和打击，继续于困难中向前。（二十岁年青知识分子，出身小资产阶级，或官僚地主儿女，于近乎温室的学校中长大，欢喜说战斗，是不易设想学校以外的社会，有多少人求生存，求知识，需要用一种什么精力和忍受来战

斗的!）一面受区域性的楚人气质束缚，一面用习得性的工作方式适应，发展下来，自然即形成一种性格，能孤立学习，不善合作同功。性格中且见出鲜明矛盾：固执又通脱，坚强兼脆弱，大方中有小气，成熟中多天真，重情分，处世知识却不发达平衡。对实际权力财富少兴致追求，对于知识上的进取心，却永不满足。想象纵驰，举措取予又异常拘泥。有热忱，少计划。对于自然景物和造型艺术爱好，都达到近乎病态程度，但经营经济事务，可完全不在行。对专门知识，异常敬重，因之于社会分工理想，觉得十分合理。对政治上的专门家，却容易看成苏秦张仪。即本来是个在文化方面有特殊贡献人物，一作苏秦张仪，还不免变成帮助强霸统治者奴役人民工具。这种人即事功赫赫，对人类贡献，自然远不如老庄荀墨。现代政治家意识形态，虽和过去时代大不相同，依然不如现代科学家和文学艺术家对人类进步有益有用，为的是前者扩大死亡而后者丰饶生命。这可说对于现实社会的规避，和对于阶级斗争的无知。但在另一面，也明白近五十年中国或世界人民追求进步方式，梁任公的影响虽大，实不如孙中山工作彻底；列宁的努力，比恩斯坦工作实更艰难；我个人从事工作，也并不比一个普通政治工作人员对人类进步全程为多贡献。为的是调排文字，组织思想，似难而易，个人努力可以成功。处分人事，主持行动，加上一个多变易的时代，必有个集团并善于运用集团方能成事。一个真正现代政治家所从事的工作，实无疑比艺术还更艺术。可是或由于环境限制，对近三十年社会发展印象，总以为唯和平方能进步，我和许多知识分子一样，都不免走了一条争取学术思想独立的路，也可说即是妥协的道路。认为社会本是一个在变易发展中的有机体，政治现实极不合理，流血无结果，唯知识必可促进人和自然和社会的新的关系。一切专门知识如充分抬头，社会中的对立矛盾，也就可望不必经过正反斗争，方能得到那个合。这自然是知识分子的幻想，无基础，无边际，和社会现实从另外一个斗争规律发展不符合。这个发展过程，是必在正与反中广泛流血斗争，方能达到那个合的。我的思想，我的工作，和这份生辣辣现实一接触，统统失去了意义，取予进退，百无是处。到末后，即自然病倒了。

一年中随事学习，随时自省，将两者所得加以综合：第一点是明白人不能离群，离群必病。第二点是若为一己作计，游离和孤立，还是可做点事；

若为全体人民设想，必需把个人一点点能力从束缚中解放出来，用到更多数年青一代需要上去，我得想办法重新归队。归向全国人民所趋向的方向。用过去把握工作追求知识的热忱和虔敬态度，来向万千人民流血苦撑所把握的原则，谨慎谦虚从头一一学起。弄明白新的国家社会发展过程，和向前的步骤，以及人和人关系重造方式及种种不同问题，也方可望明白自己能作些什么，应当怎么去作。

这次拟入华大四部，是个人一个新的学习起始。在新的政治文件中，常提到知识分子改造的困难，及改造过程的痛苦，这我应当是事实。以文学运动而言，从十二年有革命文学，十六年有大革命，直到三十一年，方有个延安文艺座谈会讲话，将文学理论面向工农兵的原则方式，作成素朴的统一，达到一个新的起点，于党的发展，于文学的发展，都影响极大。政治革命由乡村进入城市后，由否定传统到建设生产，一些问题随发展而不同，理论或待修正，方式或要重新摸索。我的学习的第二步，大致是在这方面要明白文学创作的实践，和马列毛泽东思想结合的方法，有若干假定。文学与政治结合、提高政治的现实，有若干假定。希望从工作实践中，来学习，来实验，看这些假定有若干能证实。而文学面向工农兵，从一个旧的传统中，又还有些什么可以取法，作成更新的综合，也是要从学习并实践中明白的。

我的天分经验都极有限，惟随事学习的耐性，或可补足许多短处。终于用笔自大的弱点，早被一本党员修养克服了。

一九五〇年二月廿一日

本文是1949年后，作者按规定所写并以《自传》为题的第一份文件

第二部分 做人